Nº 123.

LE
THÉATRE
DE
M. DE VOLTAIRE.

NOUVELLE ÉDITION,

Qui contient un Recüeil complet de toutes les Pièces de Théâtre que l'Auteur a données jusqu'ici.

TOME PREMIER.

A AMSTERDAM,

Chez FRANÇOIS-CANUT RICHOFF, près le Comptoir de Cologne.

M. DCC. LXII.

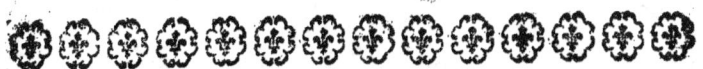

TABLE

Des Ouvrages Dramatiques contenus en ce Volume : avec les Piéces qui font rélatives à chacun.

*A*Vertiffement fur l'Œdipe. Page 3
Lettre de M. de Voltaire au Père Porée, Jéfuite. 3
Préface d'une Edition d'Œdipe de 1729. 8
ŒDIPE, Tragédie. 17
Avertiffement fur Hérode & Mariamne. 89
Préface. 91
MARIAMNE, Tragédie. 99
Dédicace à Madame la Marquife de Prie. 161
L'INDISCRET, Comédie. 163
Difcours fur la Tragédie à Mylord Bolingbrooke. 201
BRUTUS, Tragédie. 223
Lettera del Signor Conte Algarotti al Signor Abate Franchini inviato del Gran Duca di Tofcana a Parigi. 291
LA MORT DE CESAR, Tragédie. 299
Avertiffement fur Samfon. 345
SAMSON, Opéra. 347
PANDORE, Opéra. 385

Fin de la Table du premier Volume.

ã ij

PREFACE.

QUOIQUE M. de Voltaire soit par-tout lui-même, & que tout ce qui est véritablement de lui dans les Livres qui paroissent sous son nom, soit digne de lui, il suffit qu'il ait écrit dans différens genres, pour qu'il ne puisse, par chaque sorte de production, plaire également à chaque sorte de Lecteurs. Ses ouvrages Philosophiques & Didactiques peuvent faire les délices des esprits sérieux, des Philosophes, & ne piquer que médiocrement le goût de ceux qui ne lisent que pour s'amuser. Toute sa Prose, fût-elle inférieure à ses Poësies, leur sera préférée par ceux à qui le plus beau langage des Dieux plaît toûjours moins que celui des hommes ; & une collection qui la leur présenteroit de suite leur feroit, sans doute, plus de plaisir, que celles où elle se trouve éparse parmi ses Pièces en Vers. Entre les amateurs même de la Poësie, il y a autant de différens goûts qu'il y a de diverses sortes de Poëmes. Le sublime & le merveilleux de l'Epopée enchantent les uns. Les Epigrammes, les Madrigaux, & les autres Pièces légères, qui ne fixent qu'un moment l'attention, s'accordent mieux avec la vi-

a iij

PREFACE.

vacité, ou, si l'on veut, avec l'inapplication des autres. L'Ode a ses partisans; la Satyre, les siens, & peut-être en plus grand nombre. L'un veut de la pompe & de l'emphase dans les Vers: l'autre y préfère la naïveté. En un mot, il n'est aucun genre de Poëme, auquel ceux qui aiment à lire des Vers, comme ceux qui s'amusent à en faire, ne s'attachent par préférence, quelquefois même à l'exclusion de tous les autres. Mais parmi ceux qui, sans se mêler d'en faire, se bornent au plaisir d'en lire, le goût le plus commun est, sans contredit, celui du Poëme Dramatique. La raison en est dans nous-mêmes, dans notre cœur, dans sa sensibilité, dans ses passions. Les esprits ne se ressemblent non plus par le discernement, que par le goût : mais par le sentiment presque tous les cœurs se ressemblent. Le brillant d'un trait d'imagination, le sel d'un bon mot, la délicatesse d'une allusion, la subtilité d'une pensée, la justesse d'un raisonnement, enfin, tout ce qui n'est fait que pour l'esprit peut être autant de perdu pour l'esprit même, faute de pénétration de sa part. Mais rien ne se perd pour le cœur de ce qui est fait pour lui, quand c'est un Ouvrier habile qui l'a manié. Or les Pièces de Théâtre sont faites pour le cœur. C'est au cœur, que visent leurs Auteurs, quand ils visent droit. Leur objet est de l'émouvoir; le grand secret de leur art, est d'y réussir; & le plus ou le moins de leur succès dépend du plus ou du moins d'émotion qu'ils causent. Cette émotion, qui fait la gloire & la

PREFACE.

vogue de l'Auteur qui l'excite, fait en même tems les délices des Spectateurs ou des Lecteurs qui la ressentent. Que ce soit une émotion de joye, comme dans la Comédie; de compassion ou de terreur, comme dans la Tragédie, elle est toûjours délicieuse. Tel est le pouvoir de la peinture des passions, quand elle est de main de maître. Quelque affligeantes, quelque turbulentes, quelque horribles même que soient ces passions dans la réalité, rien ne nous plaît tant que ce qui nous les représente mieux : plus elles sont vivement dépeintes, plus nous trouvons de charmes dans le saisissement que leur peinture nous cause, dans les larmes qu'elle nous fait répandre, & dans l'horreur même qu'elle nous inspire. Ne cherchons pas d'autre raison de la prédilection qu'on a communément pour les Pièces de Théâtre, puisqu'elles sont (car il s'agit ici des bonnes) les peintures les plus expressives, les plus vivantes, les plus pathétiques des passions humaines. C'est donc pour s'accommoder à ce goût, qu'on suppose avec tant de fondement le plus général, qu'on s'est borné dans cette Edition à donner au public le Théâtre de M. de Voltaire ; c'est-à-dire, les Tragédies, les Comédies & les Opéra que ce grand Poëte a jusqu'ici mis au jour. On a suivi la derniére Edition faite à Genève sous les yeux de l'Auteur ; on a employé de petits caractères, pour tout renfermer en quatre volumes ; & on a mis les volumes en petite forme, pour les rendre plus commodes à porter. Bien des personnes

PREFACE.

aiment à lire en Campagne, à la promenade, à l'ombre d'un arbre, sur le bord d'un ruisseau ou d'une riviere. Si quelques Ouvrages peuvent augmenter d'agrémens par ces circonstances, les Tragédies & le Comédies doivent pour le moins aller en cela du pair avec les Romans. La petitesse des volumes facilitera ce plaisir à ceux qui voudront en assaisonner la lecture des Pièces dont on leur présente ici le Recuëil.

L'ŒDIPE,

L'ŒDIPE,
TRAGEDIE.

Avec des Chœurs & une Préface, dans laquelle on combat les sentimens de M. de la Motte sur la Poësie.

Représentée pour la premiere fois en 1718.

AVERTISSEMENT
SUR
L'ŒDIPE.

L'AUTEUR composa cette Piéce à l'âge de dix-neuf ans. Elle fut jouée en mille sept-cens dix-huit, quarante-cinq fois de suite. Ce fut le Sieur du Frêne, célébre Acteur, de l'âge de l'Auteur, qui joua le rôle d'Œdipe; Mademoiselle Desmarès, très-grande Actrice, joua celui de Jocaste, & quitta le Théatre quelque tems après. On a rétabli dans cette nouvelle Edition le rôle de Philoctete, tel qu'il fut joué à la premiere représentation.

LETTRE
DE MONSIEUR
DE VOLTAIRE,
AU PERE PORÉE,
JESUITE.

JE vous envoye, mon cher Pere, la nouvelle Edition qu'on vient de faire de la Tragédie d'Œdipe. J'ai eu soin d'effacer autant que je l'ai pû, les couleurs fades d'un amour déplacé, que j'avois mêlées malgré moi aux traits mâles & terribles que ce sujet exige.

Je veux d'abord que vous sachiez pour ma justification, que tout jeune que j'étois quand je fis l'Œdipe, je le composai à peu près tel que vous le voyez aujourdhui. J'étois plein de la lecture des Anciens & de vos leçons, & je connaissois fort peu le Théatre de Paris, je travaillai à peu près comme si j'avois été à Athénes. Je consultai Monsieur Dacier, qui étoit du païs. Il me conseilla de mettre un Chœur dans toutes les scénes à la maniere des Grecs. C'étoit me conseiller de me promener dans les ruës de Paris avec

LETTRE AU PERE POREE.

la robe de Platon. J'eus bien de la peine seulement à obtenir que les Comédiens de Paris voulûssent exécuter les Chœurs, qui paroissent trois ou quatre fois dans la piece; j'en eus bien davantage à faire recevoir une Tragédie presque sans amour. Les Comédiennes se moquerent de moi, quand elles virent, qu'il n'y avoit point de rôle pour *l'Amoureuse*. On trouva la scéne de la double confidence entre Œdipe & Jocaste, tirée en partie de Sophocle, tout à-fait insipide. En un mot, les Acteurs, qui étoient dans ce tems-là petits Maîtres & grands Seigneurs, refuserent de représenter l'ouvrage. J'étois extrêmement jeune, je crus qu'ils avoient raison. je gâtai ma Piéce pour leur plaire en affadissant par des sentimens de tendresse un sujet qui le comporte si peu. Quand on vit un peu d'amour, on fut moins mécontent de moi; mais on ne voulut point de tout de cette grande scéne entre Jocaste & Œdipe, on se moqua de Sophocle & de son Imitateur. Je tins bon, je dis mes raisons, j'employai des amis. Enfin ce ne fut qu'à force de protection que j'obtîns qu'on joueroit Œdipe. Il y avoit un Acteur nommé Quinaut, qui dit tout haut, que pour me punir de mon opiniâtreté il falloit jouer la Piéce telle qu'elle étoit avec ce mauvais quatriéme Acte tiré du Grec. On me regardoit d'ailleurs comme un téméraire, d'oser traiter un sujet où Pierre Corneille avoit si bien réüssi. On trouvoit alors l'Œdipe de Corneille excellent, je le trouvois un fort mauvais ouvrage, & je n'ofois le dire. Je ne le dis enfin qu'au bout de douze ans, quand tout le monde eſt de mon avis. Il faut ſouvent bien du tems pour que juſtice ſoit exactement renduë. On l'a fait un peu plûtôt aux deux Œdipes de Monſieur de la Motte. Le Reverend Pere de Tournemine a dû vous communiquer la petite Préface dans laquelle je lui livre bataille. Monſieur de la Motte a bien de l'eſprit, il eſt un peu comme cet Athlete Grec, qui, quand il étoit terraſſé, prouvoit qu'il avoit le deſſus.

Je ne ſuis de ſon avis ſur rien. Mais vous m'avez appris à faire une guerre d'honnête-homme. J'écris avec tant de civilité contre lui, que je l'ai demandé lui-même pour examinateur de cette Préface, où je tâche de lui prouver ſon tort à chaque ligne, & il a lui-même approuvé ma petite diſſertation polémique. Voilà comme les Gens de Lettres devroient ſe combattre, voilà comme ils en uſeroient s'ils avoient été à votre école; mais ils ſont plus mordans d'ordinaire que des Avocats, & plus emportés que des Janſeniſtes. Les Lettres humaines ſont devenuës très-inhumaines. On injurie, on cabale, on calomnie, on fait des couplets. Il eſt plaiſant qu'il ſoit permis de dire aux gens par écrit, ce qu'on n'oſeroit pas leur dire en face. Vous m'avez appris, mon cher Pere, à fuir ces baſſeſſes, & à ſavoir vivre, comme à ſavoir écrire.

AU PERE PORE'E.

Les Muses filles du Ciel
Sont des Sœurs sans jalousie,
Elles vivent d'Ambroisie
Et non d'absinte & de fiel,
Et quand Jupiter appelle
Leur assemblée immortelle,
Aux Fêtes, qu'il donne aux Dieux,
Il défend que le Satire
Trouble le son de leur lire
Par ses sons audacieux.

Adieu, mon cher & Reverend Pere, je suis pour jamais à vous & aux vôtres, avec la tendre reconnaissance que je vous dois, & que ceux qui ont été élevés par vous ne conservent pas toûjours.

A Paris,
ce 7. Janvier 1729.

PRÉFACE
D'UNE ÉDITION D'ŒDIPE
de mille sept cent vingt-neuf.

L'ŒDIPE, dont on donne cette nouvelle Édition, fut représentée pour la première fois au commencement de l'année 1718. Le Public le reçut avec beaucoup d'indulgence. Depuis même, cette Tragédie s'est toûjours soûtenuë sur le Théatre, & on la revoit encore avec quelque plaisir malgré ses défauts ; ce que j'attribuë en partie à l'avantage qu'elle a toûjours eu d'être très-bien représentée, & en partie à la pompe & au pathétique du spectacle même.

Le Pere Folard, Jésuite, & M. de la Motte de l'Académie Française, ont depuis traité tous deux le même sujet, & tous deux ont évité les défauts dans lesquels je suis tombé. Il ne m'appartient pas de parler de leurs Piéces ; mes critiques, & même mes louanges paraîtroient également suspectes. (*a*)

Je suis encore plus éloigné de prétendre

(*a*) M. de la Motte donna deux Œdipes en 1726. l'un eu rimes, & l'autre en prose non rimée. L'Œdipe en rimes fut joué 4. fois, l'autre n'a jamais été joué.

PREFACE.

donner une Poëtique à l'occasion de cette Tragédie; je suis persuadé que tous ces raisonnemens délicats, tant rebattus depuis quelques années, ne valent pas une Scéne de génie, & qu'il y a bien plus à apprendre dans Polyeucte & dans Cinna, que dans tous les préceptes de l'Abbé d'Aubignac. Sévere & Pauline sont les véritables Maîtres de l'Art. Tant de livres faits sur la Peinture par des connaisseurs n'instruiront pas tant un éleve, que la seule vûë d'une tête de Raphaël.

Les principes de tous les arts, qui dépendent de l'imagination, sont tous aisés & simples, tous puisés dans la nature & dans la raison. Les Pradons & les Boyers les ont connus aussi bien que les Corneilles & les Racines; la différence n'a été & ne sera jamais que dans l'application. Les Auteurs d'Armide & d'Issé, & les plus mauvais Compositeurs, ont eu les mêmes régles de Musique. Le Poussin a travaillé sur les mêmes principes que Vignon. Il paraît donc aussi inutile de parler de régles à la tête d'une Tragédie, qu'il le seroit à un Peintre de prévenir le Public par des dissertations sur ses Tableaux, ou à un Musicien de vouloir démontrer, que sa Musique doit plaire.

Mais puisque M. de la Motte veut établir des régles toutes contraires à celles qui ont guidé nos grands Maîtres; il est juste de défendre ces anciennes Loix, non pas parce qu'elles sont anciennes; mais parce qu'elles sont bonnes & nécessaires, & qu'elles pourroient avoir dans un homme de son mérite un Adversaire redoutable.

Des trois Unités. M. de la Motte veut d'abord proscrire l'unité d'action, de lieu & de tems.

Les Français sont les premiers d'entre les Nations modernes, qui ont fait revivre ces sages régles du Théatre ; les autres Peuples ont été long-tems sans vouloir recevoir un joug, qui paraissoit si sévere ; mais comme ce joug étoit juste, & que la raison triomphe enfin de tout, ils s'y sont soumis avec le tems. Aujourdhui même en Angleterre, les Auteurs affectent d'avertir au-devant de leurs Piéces, que la durée de l'action est égale à celle de la représentation ; & ils vont plus loin que nous, qui en cela avons été leurs Maîtres.

Toutes les Nations commencent à regarder comme barbares les tems où cette pratique étoit ignorée des plus grands Génies, tels que Don Lopez de Vega & Shakespear. Elles avoüent l'obligation qu'elles nous ont de les avoir retirées de cette barbarie. Faut-il qu'un Français se serve aujourdhui de tout son esprit pour nous y ramener ?

Quand je n'aurois autre chose à dire à M. de la Motte, sinon que Messieurs Corneille, Racine, Moliere, Addisson, Congreve, Maffey, ont tous observé les Loix du Théatre, c'en seroit assez pour devoir arrêter quiconque voudroit les violer : Mais M. de la Motte mérite qu'on le combatte par des raisons plus que par des autorités.

Qu'est-ce qu'une Piéce de Théatre ? La

PREFACE.

représentation d'une action. Pourquoi d'une seule & non de deux ou trois ? C'est que l'esprit humain ne peut embrasser plusieurs objets à la fois ; c'est que l'intérêt, qui se partage, s'anéantit bien tôt ; c'est que nous sommes choqués de voir même dans un tableau deux évenemens ; c'est qu'enfin la nature seule nous a indiqué ce précepte, qui doit être invariable comme elle.

Par la même raison l'unité de lieu est essentielle ; car une seule action ne peut se passer en plusieurs lieux à la fois. Si les personnages que je vois, sont à Athénes au premier Acte, comment peuvent-ils se trouver en Perse au second ? M. le Brun a-t'il peint Alexandre à Arbelles & dans les Indes sur la même toile ? ” Je ne serois ” pas étonné, dit adroitement M. de la ” Motte, qu'une Nation sensée, mais moins ” amie des régles, s'accommodât de voir ” Coriolan condamné à Rome au premier ” Acte, reçû chez les Volsques au troisié- ” me, & assiégeant Rome au quatriéme, ” &c.

Premierement, je ne conçois point qu'un Peuple sensé & éclairé ne fût pas ami des régles, toutes puisées dans le bon-sens, & toutes faites pour son plaisir. Secondement, qui ne sent que voilà trois Tragédies, & qu'un pareil projet, fût-il exécuté même en beaux Vers ne seroit jamais qu'une Piéce de Jodelle ou de Hardy versifiée par un Moderne habile.

L'unité de tems est jointe naturellement

aux deux premieres. En voici, je crois, une preuve bien sensible.

J'assiste à une Tragédie, c'est-à-dire, à la représentation d'une action. Le sujet est l'accomplissement de cette action unique. On conspire contre Auguste dans Rome : je veux savoir ce qui va arriver d'Auguste & des Conjurés. Si le Poëte fait durer l'action quinze jours, il doit me rendre compte de ce qui se sera passé dans ces quinze jours ; car je suis là pour être informé de ce qui se passe, & rien ne doit arriver d'inutile. Or s'il met devant mes yeux quinze jours d'évenemens, voilà au moins quinze actions différentes, quelques petites qu'elles puissent être. Ce n'est plus uniquement cet accomplissement de la conspiration, auquel il falloit marcher rapidement ; c'est une longue histoire qui ne sera plus intéressante, parce qu'elle ne sera plus vive, parce que tout se sera écarté du moment de la décision, qui est le seul que j'attends. Je ne suis point venu à la Comédie pour entendre l'histoire d'un Héros ; mais pour voir un seul évenement de sa vie.

Il y a plus. Le Spectateur n'est que trois heures à la Comédie, il ne faut donc pas que l'action dure plus de trois heures. Cinna, Andromaque, Bajazet, Œdipe, soit celui du grand Corneille, soit celui de M. de la Motte, soit même le mien, (si j'ose en parler) ne durent pas davantage. Si quelques autres Piéces exigent plus de tems, c'est une licence, qui n'est

PREFACE.

pardonnable qu'en faveur des beautés de l'Ouvrage ; & plus cette licence est grande, plus elle est faute.

Nous étendons souvent l'unité de tems jusqu'à vingt-quatre heures, & l'unité de lieu à l'enceinte de tout un Palais. Plus de sévérité rendroit quelquefois d'assez beaux sujets impraticables, & plus d'indulgence ouvriroit la carriere à de trop grands abus. Car s'il étoit une fois établi, qu'une action théatrale pût se passer en deux jours, bientôt quelqu'Auteur y employeroit deux semaines, & un autre deux années ; & si l'on ne réduisoit pas le lieu de la Scène à un espace limité, nous verrions en peu de tems des Piéces telles que l'ancien Jules César des Anglais, où Cassius & Brutus sont à Rome au premier Acte, & en Thessalie dans le cinquiéme.

Ces Loix observées, non-seulement servent à écarter des défauts, mais elles amenent de vrayes beautés ; de même que les régles de la belle Architecture exactement suivies, composent nécessairement un Bâtiment qui plaît à la vûë. On voit qu'avec l'unité de tems, d'action & de lieu, il est bien difficile qu'une Piéce ne soit pas simple ; aussi voilà le mérite de toutes les Piéces de M. Racine, & celui que demandoit Aristote. M. de la Motte, en défendant une Tragédie de sa composition, préfere à cette noble simplicité la multitude des évenemens; il croit son sentiment autorisé par le peu de cas qu'on fait de Bérénice, par l'estime où est encore le Cid.

PRÉFACE.

Il est vrai que le Cid est plus touchant que Bérénice ; mais Bérénice n'est condamnable que parce que c'est une Elégie plûtôt qu'une Tragédie simple, & le Cid, dont l'action est véritablement tragique, ne doit point son succès à la multiplicité des évenemens ; mais il plaît malgré cette multiplicité, comme il touche malgré l'Infante, & non pas à cause de l'Infante.

M. de la Motte croit qu'on peut se mettre au-dessus de toutes ces régles, en s'en tenant à l'unité d'intérêt, qu'il dit avoir inventée, & qu'il appelle un paradoxe : Mais cette unité d'intérêt ne me paraît autre chose que celle de l'action. *Si plusieurs Personnages,* dit-il, *sont diversement intéressés dans le même évenement, & s'ils sont tous dignes que j'entre dans leurs passions, il y a alors unité d'action & non pas unité d'intérêt.*

Depuis que j'ai pris la liberté de disputer contre M. de la Motte sur cette petite question, j'ai relu le Discours du grand Corneille sur les trois unités, il vaut mieux consulter ce grand Maître que moi. Voici comme il s'exprime : *Je tiens donc, & je l'ai déja dit, que l'unité d'action consiste en l'unité d'intrigue & en l'unité de péril.* Que le Lecteur lise cet endroit de Corneille, & il décidera bien vîte entre M. de la Motte & moi ; & quand je ne serois pas fort de l'autorité de ce grand Homme, n'ai-je pas encore une raison plus convaincante ? C'est l'expérience. Qu'on lise nos meilleures Tragédies Françaises, on trouvera toûjours les Personnages principaux diversement inté-

PREFACE.

ressés; mais ces intérêts divers se rapportent tous à celui du Personnage principal, & alors il y a unité d'action.

Si au contraire tous ces intérêts différens ne se rapportent pas au principal Acteur, si ce ne sont pas des lignes qui aboutissent à un centre commun, l'intérêt est double, & ce qu'on appelle *action* au Théatre, l'est aussi. Tenons-nous-en donc comme le grand Corneille, aux trois unités, dans lesquelles les autres régles, c'est-à-dire, les autres beautés se trouvent renfermées.

M. de la Motte les appelle *des principes de fantaisie*, & prétend qu'on peut fort bien s'en passer dans nos Tragédies, parce qu'elles sont négligées dans nos Opéra. C'est ce me semble, vouloir réformer un Gouvernement régulier sur l'exemple d'une Anarchie.

L'Opéra est un Spectacle aussi bizarre que magnifique, où les yeux & les oreilles sont plus satisfaits que l'esprit, où l'asservissement à la Musique rend nécessaires les fautes les plus ridicules, où il faut chanter des *Ariettes* dans la destruction d'une Ville, & danser autour d'un Tombeau, où l'on voit le Palais de Pluton & celui du Soleil, des Dieux, des Démons, des Magiciens, des Préstiges, des Monstres, des Palais formés & détruits en un clin d'œil. On tolére ces extravagances, on les aime même, parce qu'on est là dans le Païs des Fées, & pourvû qu'il y ait du Spectacle, de belles Danses, une belle Musique, quelques Scénes intéressantes, on est content. Il seroit

De l'Opéra.

PREFACE.

auſſi ridicule d'exiger dans Alceſte l'unité d'action, de lieu & de tems, que de vouloir introduire des Danſes & des Démons dans Cinna ou dans Rodogune.

Cependant quoique les Opéra ſoient diſpenſés de ces trois régles, les meilleurs ſont encore ceux où elles ſont le moins violées : On les trouve même, ſi je ne me trompe, dans pluſieurs, tant elles ſont néceſſaires & naturelles, & tant elles ſervent à intéreſſer le Spectateur. Comment donc M. de la Motte peut-il reprocher à notre Nation la légereté de condamner dans un Spectacle les mêmes choſes que nous approuvons dans un autre ?

Il n'y a perſonne qui ne pût répondre à M. de la Motte : J'exige avec raiſon beaucoup plus de perfection d'une Tragédie que d'un Opéra ; parce qu'à une Tragédie mon attention n'eſt point partagée, que ce n'eſt ni d'une Sarabande, ni d'un pas de deux que dépend mon plaiſir ; que c'eſt à mon ame uniquement qu'il faut plaire. J'admire qu'un homme ait ſçû amener & conduire dans un ſeul lieu, & dans un ſeul jour, un ſeul évenement que mon eſprit conçoit ſans fatigue, & où mon cœur s'intéreſſe par dégrés. Plus je vois combien cette ſimplicité eſt difficile, plus elle me charme, & ſi je veux enſuite me rendre raiſon de mon plaiſir, je trouve que je ſuis de l'avis de M. Deſpreaux, qui dit :

Qu'en un lieu, qu'en un jour, un ſeul fait accompli
Tienne juſqu'à la fin le Théatre rempli.

J'ai

PREFACE.

J'ai pour moi encore, pourra-t'il dire, l'autorité du grand Corneille; j'ai plus encore, j'ai son exemple & le plaisir que me font ses Ouvrages à proportion qu'il a plus ou moins obéï à cette régle.

M. de la Motte ne s'est pas contenté de vouloir ôter du Théâtre ses principales régles, il veut encore lui ôter la Poësie, & nous donner des Tragédies en Prose.

Cet Auteur ingénieux & fécond, qui n'a fait que des Vers en sa vie, ou des Ouvrages de Prose à l'occasion de ses Vers, écrit contre son Art même, & le traite avec le même mépris qu'il a traité Homere, que pourtant il a traduit. Jamais Virgile, ni le Tasse, ni M. Despreaux, ni M. Racine, ni M. Pope, ne se sont avisés d'écrire contre l'harmonie des Vers, ni M. de Lully contre la Musique, ni M. Newton contre les Mathématiques. On a vû des hommes qui ont eu quelquefois la faiblesse de se croire supérieurs à leur Profession, ce qui est le sûr moyen d'être au-dessous; mais on n'en avoit point encore vû qui voulussent l'avilir. Il n'y a que trop de personnes qui méprisent la Poësie faute de la connaître. Paris est plein de gens de bon sens, nés avec des organes insensibles à toute harmonie, pour qui de la Musique n'est que du bruit, & à qui la Poësie ne paraît qu'une folie ingénieuse. Si ces personnes apprennent qu'un homme de mérite, qui a fait cinq ou six volumes de Vers, est de leur avis, ne se croiront-ils pas en droit

Théâtre, Tome I.   B

de regarder tous les autres Poëtes comme des foux, & celui-là comme le seul à qui la raison est revenuë. Il est donc nécessaire de lui répondre pour l'honneur de l'Art, & j'ose dire pour l'honneur d'un Païs qui doit une partie de sa gloire, chez les Etrangers, à la perfection de cet Art même.

M. de la Motte avance que la rime est un usage barbare inventé depuis peu.

Cependant tous les Peuples de la terre, excepté les anciens Romains & les Grecs, ont rimé & riment encore. Le retour des mêmes sons est si naturel à l'homme qu'on a trouvé la rime établie chez les Sauvages, comme elle l'est à Rome, à Paris, à Londres & à Madrid. Il y a dans *Montagne* une Chanson en rimes Amériquaines traduite en Français; on trouve dans un des Spectateurs de M. Addisson une traduction d'une Ode Laponne rimée, qui est pleine de sentimens.

Les Grecs, *quibus dedit ore rotundo Musa loqui*, nés sous un Ciel plus heureux, & favorisés par la Nature d'organes plus délicats que les autres Nations, formérent une Langue dont toutes les syllabes pouvoient par leur longueur ou leur briéveté exprimer les sentimens lents, ou impétueux de l'ame. De cette variété de syllabes & d'intonations, résultoit dans leurs Vers, & même aussi dans leur Prose, une harmonie que les anciens Italiens sentirent, qu'ils imiterent, & qu'aucune Nation n'a pû saisir après eux. Mais soit rime, soit

PRÉFACE.

syllabes cadencées, la Poësie, contre laquelle M. de la Motte se révolte, a été & sera toûjours cultivée par tous les Peuples.

Avant Hérodote, l'Histoire même ne s'écrivoit qu'en Vers chez les Grecs, qui avoient pris cette coûtume des anciens Egyptiens, le Peuple le plus sage de la terre, le mieux policé, & le plus savant. Cette coûtume étoit très-raisonnable; car le but de l'Histoire étoit de conserver à la postérité la mémoire du petit nombre des Grands-Hommes, qui lui devoient servir d'exemple. On ne s'étoit point encore avisé de donner l'Histoire d'un Couvent ou d'une petite Ville en plusieurs volumes in-folio. On n'écrivoit que ce qui en étoit digne, que ce que les hommes devoient retenir par cœur. Voilà pourquoi on se servoit de l'harmonie des Vers pour aider la mémoire. C'est pour cette raison que les premiers Philosophes, les Législateurs, les Fondateurs des Religions, & les Historiens, étoient tous Poëtes.

Il semble que la Poësie dût manquer communément dans de pareils sujets ou de précision ou d'harmonie : mais depuis que Virgile a réüni ces deux grands mérites qui paroissent si incompatibles, depuis que M. M. Despreaux & Racine ont écrit comme Virgile, un homme qui les a lûs tous trois, & qui sait, que tous trois sont traduits dans presque toutes les Langues de l'Europe, peut-il avilir à ce point un talent qui lui a fait tant d'honneur à lui-même ? Je placerai nos Despreaux & nos Racines à côté de Virgile pour le mérite de la versification ; parce que si l'Auteur de l'Enéide étoit né à Paris, il auroit rimé comme eux, & si ces deux Français avoient été du tems d'Auguste, ils auroient fait le même usage que Virgile de la mesure des Vers Latins. Quand donc M. de la Motte appelle la Versification *un travail méchanique & ridicule*, c'est charger de ce ridicule, non seulement tous nos grands Poëtes, mais tous ceux de l'Antiquité. Virgile & Horace se sont asservis à un travail aussi méchanique que nos Auteurs. Un arrangement heureux de spondées & de dactyles, étoit bien aussi pénible que nos rimes & nos hemistiches. Il faut que ce travail fût bien laborieux, puisque l'Enéide après onze années n'étoit pas encore dans sa perfection.

M. de la Motte prétend, qu'au moins une Scéne de Tragédie mise en Prose ne perd rien de sa grace ni de sa force. Pour le prouver il tourne en Prose la premiere Scene de Mithridate, & personne ne peut la lire.

Mais, dit-il, nos voisins ne riment point dans leurs Tragédies. Cela est vrai ; mais ces Piéces sont en Vers parce qu'il faut de l'harmonie à tous les Peuples de la terre. Il ne s'agit donc plus que de savoir, si nos Vers doivent être rimés ou non. MM. Corneille & Racine ont em-

PREFACE. 21

ployé la rime ; craignons que si nous voulons ouvrir une autre carriere, ce ne soit plûtôt par l'impuissance de marcher dans celle de ces grands Hommes, que par le désir de la nouveauté. Les Italiens & les Anglais peuvent se passer de rime, parce que leur Langue a des inversions, & leur Poësie mille libertés qui nous manquent. Chaque langue a son génie déterminé par la nature de la construction des ses phrases, par la fréquence de ses voyelles ou de ses consonnes, ses inversions, ses verbes auxiliaires, &c. Le génie de notre Langue est la clarté & l'élégance ; nous ne permettons nulle licence à notre Poësie, qui doit marcher comme notre Prose dans l'ordre précis de nos idées. Nous avons donc un besoin essentiel du retour des mêmes sons, pour que notre Poësie ne soit pas confonduë avec la Prose. Tout le monde connaît ces Vers :

Où me cacher ? Fuyons dans la nuit infernale.
Mais que dis-je ? Mon Pere y tient l'Urne fatale,
Le sort, dit-on, l'a mise en ses sévéres mains ;
Minos juge aux Enfers tous les pâles humains.

Mettez à la place :

Où me cacher ? Fuyons dans la nuit infernale.
Mais que dis-je ? Mon Pere y tient l'Urne funeste,
Le sort, dit-on, l'a mise en ses sévéres mains ;
Minos juge aux Enfers tous les pâles mortels.

Quelque poëtique que soit ce morceau,

B 3

fera-t'il le même plaisir, dépouillé de l'agrément de la rime? Les Anglais & les Italiens diroient également, comme les Grecs & les Romains, *les pâles humains Minos aux Enfers juge*, & enjamberoient avec grace sur l'autre Vers. La maniere même de réciter des Vers en Italien & en Anglais fait sentir des syllabes longues & bréves, qui soutiennent encore l'harmonie sans besoin de rimes. Nous qui n'avons aucun de ces avantages, pourquoi voudrions-nous abandonner ceux que la nature de notre Langue nous laisse?

M. de la Motte compare nos Poëtes, c'est-à-dire, nos Corneilles, nos Racines, nos Despreaux, à des faiseurs d'Acrostiches, & à un Charlatan, qui fait passer des grains de millet par le trou d'une éguille; & ajoûte, que toutes ces puérilités n'ont d'autre mérite que celui de la difficulté surmontée.

J'avouë, que les mauvais Vers sont à peu près dans ce cas. Ils ne différent de la mauvaise Prose que par la rime, & la rime seule ne fait ni le mérite du Poëte ni le plaisir du Lecteur. Ce ne sont point seulement des dactyles & des spondées qui plaisent dans Virgile & dans Homere. Ce qui enchante toute la Terre, c'est l'harmonie charmante qui naît de cette mesure difficile. Quiconque se borne à vaincre une difficulté pour le mérite seul de la vaincre, est un fou; mais celui qui tire du fond de ces obstacles mêmes des beautés qui

PREFACE. 23

plaisent à tout le monde, est un homme très-sage & presque unique. Il est très-difficile de faire de beaux Tableaux, de belles Statuës, de bonne Musique, de bons Vers. Aussi les noms des hommes supérieurs qui ont vaincu ces obstacles, dureront-ils beaucoup plus peut-être que les Royaumes où ils sont nés.

Je pourrois prendre encore la liberté de disputer avec M. de la Motte sur quelques autres points ; mais ce seroit peut-être marquer un dessein de l'attaquer personnellement, & faire soupçonner une malignité dont je suis aussi éloigné que de ses sentimens. J'aime beaucoup mieux profiter des réfléxions judicieuses & fines qu'il a répanduës dans son Livre, que m'engager à en refuter quelques-unes qui me paraissent moins vrayes que les autres. C'est assez pour moi d'avoir tâché de défendre un Art que j'aime, & qu'il eût dû défendre lui-même.

Je dirai seulement un mot, (si M. de la Faye veut bien me le permettre) à l'occasion de l'Ode en faveur de l'Harmonie, dans laquelle il combat en beaux Vers le système de M. de la Motte, & à laquelle ce dernier n'a répondu qu'en Prose. Voici une Stance dans laquelle M. de la Faye a rassemblé en Vers harmonieux & pleins d'imagination, presque toutes les raisons que j'ai alléguées.

De la contrainte rigoureuse,
Où l'esprit semble resserré,

> Il reçoit cette force heureuſe,
> Qui l'éleve au plus haut dégré.
> Telle dans des canaux preſſée
> Avec plus de force élancée
> L'onde s'éleve dans les airs,
> Et la régle qui ſemble auſtére
> N'eſt qu'un art plus certain de plaire
> Inſéparable des beaux Vers.

Je n'ai jamais vû de comparaiſon plus juſte, plus gracieuſe, ni mieux exprimée. M. de la Motte, qui n'eût dû y répondre qu'en l'imitant ſeulement, examine ſi ce ſont les canaux qui font que l'eau s'éleve, ou ſi c'eſt la hauteur dont elle tombe qui fait la meſure de ſon élevation. Or où trouvera-t'on, continue-t'il, *dans les Vers plûtôt que dans la Proſe cette premiere hauteur des Penſées*, &c.

Je croi que M. de la Motte ſe trompe comme Phyſicien, puiſqu'il eſt certain, que ſans la gêne de ces canaux dont il s'agit, l'eau ne s'éleveroit point du tout, de quelque hauteur qu'elle tombât : mais ne ſe trompe-t'il pas encore plus comme Poëte ? Comment n'a-t'il pas ſenti, que comme la gêne de la meſure des Vers produit une harmonie agréable à l'oreille, ainſi cette priſon où l'eau coule renfermée produit un jet d'eau qui plaît à la vûë ? La comparaiſon n'eſt-elle pas auſſi juſte que riante ? M. de la Faye a pris ſans doute un meilleur parti que moi. Il s'eſt conduit comme ce

PREFACE.

Philosophe, qui pour toute réponse à un Sophiste qui nioit le mouvement, se contenta de marcher en sa présence. M. de la Motte nie l'harmonie des Vers : M. de la Faye lui envoye des Vers harmonieux; cela seul doit m'avertir de finir ma Prose.

ACTEURS.

ŒDIPE, Roi de Thebes.
JOCASTE, Reine de Thébes.
PHILOCTETE, Prince d'Eubée.
LE GRAND-PRETRE.
ARASPE, Confident d'Œdipe.
EGINE, Confidente de Jocaste.
DIMAS, Ami de Philoctete.
PHORBAS, Vieillard Thébain.
ICARE, Vieillard de Corinthe.
CHŒUR de Thébains.

La Scéne est à Thébes.

ŒDIPE,
TRAGEDIE.

ACTE PREMIER.

SCENE I.
PHILOCTETE, DIMAS.

DIMAS.

Hiloctete, est-ce vous ? quel coup affreux du sort
Dans ces lieux empestés vous fait chercher la mort ?
Venez-vous de nos Dieux affronter la colére ?
Nul mortel n'ose ici mettre un pied téméraire ;
Ces climats sont remplis du céleste courroux,
Et la mort dévorante habite parmi nous.
Thébe depuis long-tems aux horreurs consacrée,
Du reste des vivans semble être séparée :
Retournez....

PHILOCTETE.

Ce séjour convient aux malheureux.
Va, laisse-moi le soin de mes destins affreux,
Et dis-moi, si des Dieux la colére inhumaine,
En accablant ce Peuple a respecté la Reine.

DIMAS.

Oui, Seigneur, elle vit ; mais la contagion
Jusqu'au pied de son Trône apporte son poison.
Chaque instant lui dérobe un serviteur fidelle,
Et la mort par dégrés semble s'approcher d'elle.
On dit qu'enfin le Ciel, après tant de courroux,
Va retirer son bras appesanti sur nous.
Tant de sang, tant de morts ont dû le satisfaire.

PHILOCTETE.

Eh ! quel crime a produit un courroux si sévere ?

DIMAS.

Depuis la mort du Roi....

PHILOCTETE.

Qu'entends-je ? quoi Laïus....

DIMAS.

Seigneur, depuis quatre ans ce Héros ne vit plus :

PHILOCTETE.

Il ne vit plus ! Quel mot a frappé mon oreille ?
Quel espoir séduisant dans mon cœur se réveille ?
Quoi, Jocaste ! les Dieux me seroient-ils plus doux ?
Quoi ! Philoctete enfin pourroit-il être à vous ?
Il ne vit plus ?.... Quel sort a terminé sa vie !

DIMAS.

Quatre ans sont écoulés depuis qu'en Béotie,
Pour la derniere fois le sort guida vos pas.
A peine vous quittiez le sein de vos Etats,
A peine vous preniez le chemin de l'Asie,
Lorsque d'un coup perfide une main ennemie
Ravit à ses Sujets ce Prince infortuné.

TRAGEDIE.

PHILOCTETE.
Quoi ! Dimas, votre Maître est mort assassiné ?
DIMAS.
Ce fut de nos malheurs la premiere origine ;
Ce crime a de l'Empire entraîné la ruine.
Du bruit de son trépas mortellement frappés,
A répandre des pleurs nous étions occupés :
Quand du courroux des Dieux ministre épouvantable,
Funeste à l'innocent sans punir le coupable,
Un Monstre (loin de nous que faisiez-vous alors)
Un Monstre furieux vient ravager ces bords.
Le Ciel industrieux dans sa triste vengeance
Avoit à le former épuisé sa puissance.
Né parmi des rochers au pied du Cithéron,
Ce Monstre à voix humaine, Aigle, Femme & Lion,
De la Nature entiere execrable assemblage,
Unissoit contre nous l'artifice & la rage.
Il n'étoit qu'un moyen d'en préserver ces lieux.
  D'un sens embarrassé dans des mots captieux,
Le Monstre chaque jour dans Thébe épouvantée
Proposoit une Enigme avec art concertée,
Et si quelque mortel vouloit nous secourir,
Il devoit voir le Monstre, & l'entendre, ou périr :
A cette loi terrible il nous fallut souscrire ;
D'une commune voix Thébe offrit son Empire
A l'heureux Interprête inspiré par les Dieux,
Qui nous dévoileroit ce sens mystérieux.
Nos Sages, nos Vieillards, séduits par l'espérance,
Oserent sur la foi d'une vaine science,
Du Monstre impénétrable affronter le courroux ;
Nul d'eux ne l'entendit, ils expirerent tous.
Mais Oedipe, héritier du Sceptre de Corinthe,
Jeune & dans l'âge heureux qui méconnait la crainte ;
Guidé par la fortune en ces lieux pleins d'effroi,
Vint, vit ce Monstre affreux, l'entendit & fut Roi.

Il vit, il régne encor ; mais fa trifte puiffance
Ne voit que des mourans fous fon obéiffance.
Hélas ! nous nous flattions que fes heureufes mains
Pour jamais à fon Trône enchaînoient les Deftins.
Déja même les Dieux nous fembloient plus faciles,
Le Monftre en expirant laiffoit fes murs tranquilles ;
Mais la ftérilité fur ce funefte bord,
Bien-tôt avec la faim nous rapporta la mort.
Les Dieux nous ont conduit de fupplice en fupplice,
La famine a ceffé, mais non leur injuftice,
Et la contagion dépeuplant nos Etats
Pourfuit un faible refte échappé du trépas.
Tel eft l'état horrible où les Dieux nous réduifent ;
Mais vous, heureux Guerrier, que ces Dieux favo-
  rifent,
Qui du fein de la gloire a pû vous arracher,
Dans ce féjour affreux que venez-vous chercher ?

PHILOCTETE.

J'y viens porter mes pleurs & ma douleur profonde,
Apprends mon infortune & les malheurs du Monde.
Mes yeux ne verront plus ce digne fils des Dieux,
Cet appui de la Terre, invincible comme eux.
L'innocent opprimé perd fon Dieu tutelaire,
Je pleure mon ami, le Monde pleure un pere.

DIMAS.

Hercule eft mort ?

PHILOCTETE.

    Ami, ces malheureufes mains
Ont mis fur le bucher le plus grand des Humains,
Je rapporte en ces lieux ces fléches invincibles
Du fils de Jupiter, préfens chers & terribles.
Je rapporte fa cendre, & viens à ce Héros
Attendant des Autels élever des Tombeaux.
Croi-moi, s'il eût vécu, fi d'un préfent fi rare
Le Ciel pour les humains eût été moins avare,

TRAGEDIE.

J'aurois loin de Jocaste achevé mon destin ;
Et dût ma passion renaître dans mon sein,
Tu ne me verrois point, suivant l'amour pour guide,
Pour servir une femme abandonner Alcide.

DIMAS.

J'ai plaint long-tems ce feu si puissant & si doux,
Il naquit dans l'enfance, il croissoit avec vous.
Jocaste par un pere à son hymen forcée,
Au Trône de Laïus à regret fut placée.
Hélas ! par cet Hymen, qui coûta tant de pleurs,
Les Destins en secret préparoient nos malheurs.
Que j'admirois en vous cette vertu suprême,
Ce cœur digne du Trône, & vainqueur de soi-même !
En vain l'amour parloit à ce cœur agité,
C'est le premier tyran que vous avez dompté.

PHILOCTETE.

Il fallut fuir pour vaincre : oui, je te le confesse,
Je luttai quelque-tems, je sentis ma faiblesse :
Il fallut m'arracher de ce funeste lieu,
Et je dis à Jocaste un éternel adieu.
Cependant l'Univers tremblant au nom d'Alcide
Attendoit son destin de sa valeur rapide ;
A ses divins travaux j'osai m'associer,
Je marchai près de lui ceint du même Laurier.
C'est alors en effet que mon ame éclairée
Contre les passions se sentit assurée.
L'amitié d'un grand homme est un bienfait des Dieux ;
Je lisois mon devoir & mon sort dans ses yeux.
Des vertus avec lui je fis l'apprentissage,
Sans endurcir mon cœur, j'affermis mon courage :
L'infléxible vertu m'enchaîna sous sa loi,
Qu'eussai-je été sans lui ? Rien que le fils d'un Roi ;
Rien qu'un Prince vulgaire, & je serois peut-être
Esclave de mes sens, dont il m'a rendu maître.

DIMAS.

Ainſi donc déſormais, ſans plainte & ſans courroux,
Vous reverrez Jocaſte & ſon nouvel époux.
PHILOCTETE.
Comment ? que dites-vous ? un nouvel hymenée?
DIMAS.
Oedipe à cette Reine a joint ſa deſtinée,
PHILOCTETE.
Oedipe eſt trop heureux. Je n'en ſuis point ſurpris.
Et qui ſauva ſon Peuple eſt digne d'un tel prix.
Le Ciel eſt juſte.
DIMAS.
Oedipe en ces lieux va paraître,
Tout le Peuple avec lui conduit par le Grand-Prêtre,
Vient des Dieux irrités conjurer les rigueurs.
PHILOCTETE.
Je me ſens attendri, je partage leurs pleurs.
O toi du haut des Cieux veille ſur ta Patrie,
Exauce en ſa faveur un ami qui te prie,
Hercule, ſois le Dieu de tes Concitoyens,
Que leurs vœux juſqu'à toi montent avec les miens!

✧✧✧✧✧✧✧✧✧✧✧✧✧✧✧✧✧✧✧✧✧

SCENE II.

Le GRAND-PRETRE, Le CHŒUR.

(La porte du Temple s'ouvre, & le Grand-Prêtre paraît au milieu du Peuple.)

I. PERSONNAGE DU CHOEUR.

Eſprit contagieux, Tyrans de cet Empire,
  Qui ſoufflez dans ces murs la mort qu'on y
    reſpire,
Redoublez contre nous votre lente fureur,

Et

TRAGEDIE.

Et d'un trépas trop long épargnez-nous l'horreur.

SECOND PERSONNAGE.

Frappez, Dieux tout-puissans, vos Victimes sont prêtes :
O Monts, écrasez-nous.... Cieux, tombez sur nos têtes !
O Mort, nous implorons ton funeste secours !
Mort, viens nous sauver, viens terminer nos jours !

LE GRAND-PRETRE.

Cessez, & retenez ces clameurs lamentables,
Foible soulagement aux maux des misérables ;
Fléchissons sous un Dieu qui veut nous éprouver,
Qui d'un mot peut nous perdre, & d'un mot nous sauver.
Il sait, que dans ces murs la mort nous environne,
Et les cris des Thébains sont montés vers son Trône,
Le Roi vient, par ma voix, le Ciel va lui parler,
Les destins à ses yeux veulent se dévoiler ;
Les tems sont arrivés, cette grande journée
Va du Peuple & du Roi changer la destinée.

SCENE III.

ŒDIPE, JOCASTE, LE GRAND-PRÊTRE, EGINE, DIMAS, ARASPE, LE CHŒUR.

OEDIPE.

PEuples, qui dans ce Temple apportant vos douleurs,
Présentez à nos Dieux des Offrandes de pleurs,
Que ne puis-je sur moi détournant leurs vengeances

De la mort qui vous suit étouffer les semences !
Mais un Roi n'est qu'un homme en ce commun
 danger,
Et tout ce qu'il peut faire est de le partager.

Au Grand-Prêtre.

Vous, Ministres des Dieux que dans Thébe on adore,
Dédaignent-ils toûjours la voix qui les implore ?
Verront-ils sans pitié finir nos tristes jours ?
Ces Maîtres des humains sont-ils muëts & sourds ?

LE GRAND-PRETRE.

Roi, Peuple, écoutez-moi... Cette nuit à ma vûë
Du Ciel sur nos Autels la flamme est descenduë.
L'ombre du grand Laïus a paru parmi nous,
Terrible, & respirant la haine & le courroux,
Une effrayante voix s'est fait alors entendre :
» Les Thébains de Laïus n'ont point vengé la cen-
 » dre ;
» Le meurtrier du Roi respire en ces Etats,
» Et de son souffle impur infecte vos climats.
» Il faut qu'on le connaisse, il faut qu'on le punisse.
» Peuples, votre salut dépend de son supplice.

OEDIPE.

Thébains, je l'avoüerai, vous souffrez justement
D'un crime inexcusable un rude châtiment ;
Laïus vous étoit cher, & votre négligence
De ses Mânes sacrés a trahi la vengeance.
Tel est souvent le sort des plus justes des Rois,
Tant qu'ils sont sur la terre on respecte leurs Loix :
On porte jusqu'au Cieux leur justice suprême,
Adorés de leur Peuple, ils sont des Dieux eux-mê-
 mes ;
Mais après leur trépas, que sont-ils à vos yeux ?
Vous éteignez l'encens que vous brûliez pour eux ;
Et comme à l'intérêt l'ame humaine est liée,
La vertu qui n'est plus est bien-tôt oubliée.

Ainsi du Ciel vengeur implorant le courroux,
Le sang de votre Roi s'éleve contre vous.
Appaisons son murmure, & qu'au lieu d'Hécatombe
Le sang du Meurtrier soit versé sur sa tombe.
A chercher le coupable appliquons tous nos soins.
Quoi, de la mort du Roi n'a-t'on point de témoins ?
Et n'a-t'on jamais pû parmi tant de prodiges
De ce crime impuni retrouver les vestiges ?
On m'avoit toûjours dit que ce fut un Thébain
Qui leva sur son Prince une coupable main.

A Jocaste.

Pour moi qui de vos mains recevant sa Couronne
Deux ans après sa mort ai monté sur son Trône,
Madame, jusqu'ici respectant vos douleurs,
Je n'ai point rappellé le sujet de vos pleurs ;
Et de vos seuls périls chaque jour allarmée,
Mon ame à d'autres soins sembloit être fermée.

JOCASTE.

Seigneur, quand le destin, me réservant à vous,
Par un coup imprévû m'enleva mon époux,
Lorsque de ses Etats parcourant les frontieres,
Ce Héros succomba sous des mains meurtrieres,
Phorbas en ce voyage étoit seul avec lui,
Phorbas étoit du Roi le conseil & l'appui.
Laïus qui connaissoit son zéle & sa prudence,
Partageoit avec lui le poids de sa puissance :
Ce fut lui qui du Prince à ses yeux massacré
Rapporta dans nos murs le corps défiguré :
Percé de coups lui-même il se traînoit à peine,
Il tomba tout sanglant aux genoux de sa Reine.
» Des inconnus, dit-il, ont porté ces grands coups,
» Ils ont devant mes yeux massacré votre époux ;
» Ils m'ont laissé mourant, & le pouvoir céleste
» De mes jours malheureux a ranimé le reste.
Il ne m'en dit pas plus, & mon cœur agité

C 2

Voyoit fuir loin de lui la triste vérité :
Et peut-être le Ciel, que ce grand crime irrite,
Déroba le coupable à ma juste poursuite :
Peut-être accomplissant ses décrets éternels,
Afin de nous punir, il nous fit criminels.
Le Sphinx bien-tôt après désola cette rive,
A ses seules fureurs Thébe fut attentive,
Et l'on ne pouvoit guére en un pareil effroi
Venger la mort d'autrui, quand on trembloit pour soi.

OEDIPE.

Madame, qu'a-t'on fait de ce sujet fidéle ?

JOCASTE.

Seigneur, on paya mal son service & son zéle :
Tout l'Empire en secret étoit son ennemi :
Il étoit trop puissant pour n'être point haï ;
Et du Peuple & des Grands la colére insensée
Brûloit de le punir de sa faveur passée.
On l'accusa lui-même, & d'un commun transport,
Thébe entiere à grands cris me demanda sa mort :
Et moi de tous côtés redoutant l'injustice,
Je tremblois d'ordonner sa grace, ou son supplice,
Dans un Château voisin conduit secretement
Je dérobai sa tête à leur emportement.
Là depuis quatre Hyvers ce Vieillard vénérable,
De la faveur des Rois exemple déplorable,
Sans se plaindre de moi, ni du peuple irrité,
De sa seule innocence attend sa liberté.

OEDIPE.

A sa Suite.

Madame, c'est assez. Courez, que l'on s'empresse,
Qu'on ouvre sa prison, qu'il vienne, qu'il paraisse.
Moi-même devant vous je veux l'interroger ;
J'ai tout mon Peuple ensemble & Laïus à venger.
Il faut tout écouter, il faut d'un œil sévere

TRAGEDIE. 37

Sonder la profondeur de ce triste mystère.
Et vous, Dieux des Thébains, Dieux qui nous exaucez,
Puniſſez l'Aſſaſſin, vous qui le connaiſſez.
Soleil, cache à ſes yeux le jour qui nous éclaire :
Qu'en horreur à ſes fils, exécrable à ſa mere,
Errant, abandonné, proſcrit dans l'Univers,
Il raſſemble ſur lui tous les maux des enfers ;
Et que ſon corps ſanglant, privé de ſépulture,
Des Vautours dévorans devienne la pâture.

LE GRAND-PRETRE.
A ces ſermens affreux nous nous uniſſons tous.

OEDIPE.
Dieux, que le crime ſeul éprouve enfin nos coups ;
Ou ſi de vos décrets l'éternelle juſtice
Abandonne à mon bras le ſoin de ſon ſupplice,
Et ſi vous êtes las enfin de nous haïr,
Donnez en commandant le pouvoir d'obéïr.
Si ſur un inconnu vous pourſuivez un crime,
Achevez votre ouvrage, & nommez la victime.
Vous, retournez au Temple, allez, que votre voix
Interroge ces Dieux une ſeconde fois :
Que vos vœux parmi nous les forcent à deſcendre ;
S'ils ont aimé Laïus, ils vengeront ſa cendre ;
Et conduiſant un Roi facile à ſe tromper,
Ils marqueront la place où mon bras doit frapper.

Fin du premier Acte.

ACTE II.

SCENE PREMIERE.
JOCASTE, EGINE, ARASPE, LE CHŒUR.

ARASPE.

Ouï, ce Peuple expirant dont je suis l'Interprête,
D'une commune vois accuse Philoctete,
Madame, & les Destins dans ce triste séjour,
Pour nous sauver sans doute, ont permis son retour.

JOCASTE.
Qu'ai-je entendu, grands Dieux !

EGINE.
                Ma surprise est extrême.

JOCASTE.
Qui, lui ! qui, Philoctete ?

ARASPE.
                Ouï, Madame, lui-même.
A quel autre en effet pourroient-ils imputer
Un meurtre qu'à nos yeux il sembla méditer ?
Il haïssoit Laïus, on le sait, & sa haine
Aux yeux de votre époux ne se cachoit qu'à peine.
La jeunesse imprudente aisément se trahit ;
Son front mal déguisé découvroit son dépit,
J'ignore quel sujet animoit sa colére :

TRAGEDIE.

Mais, au seul nom du Roi, trop prompt & trop sincere,
Esclave d'un courroux qu'il ne pouvoit dompter,
Jusques à la menace il osoit s'emporter.
Il partit : & depuis sa destinée errante
Ramena sur nos bords sa fortune flottante ;
Même il étoit dans Thébe en ces tems malheureux,
Que le Ciel a marqués d'un parricide affreux.
Depuis ce jour fatal avec quelque apparence
De nos Peuples sur lui tomba la défiance.
Que dis-je, assez long-tems les soupçons des Thébains
Entre Phorbas & lui flotterent incertains :
Cependant ce grand nom qu'il s'acquit dans la guerre,
Ce titre si fameux de Vengeur de la Terre,
Ce respect qu'aux Héros nous portons malgré nous,
Fit taire nos soupçons, & suspendit nos coups.
Mais les tems sont changés, Thébe en ce jour funeste,
D'un respect dangereux dépoüillera le reste,
En vain sa gloire parle à ces cœurs agités,
Les Dieux veulent du sang, & sont seuls écoutés.

I. PERSONNAGE DU CHOEUR.
O Reine, ayez pitié d'un Peuple qui vous aime :
Imitez de ces Dieux la justice suprême ;
Livrez-nous leur victime, adressez-leur nos vœux :
Qui peut mieux les toucher qu'un cœur si digne d'eux ?

JOCASTE.
Pour fléchir leur courroux s'il ne faut que ma vie,
Hélas ! c'est sans regret que je la sacrifie :
Thébains, qui me croyez encor quelques vertus,
Je vous offre mon sang, n'exigez rien de plus.
Allez....

C 4

SCENE II.
JOCASTE, EGINE.

EGINE.

Que je vous plains !
JOCASTE.
Hélas ! je porte envie
A ceux qui dans ces murs ont terminé leur vie.
Quel état, quel tourment pour un cœur vertueux !
EGINE.
Il n'en faut point douter votre sort est affreux.
Ces Peuples qu'un faux zéle aveuglément anime,
Vont bien-tôt à grands cris demander leur victime.
Je n'ose l'accuser ; mais quelle horreur pour vous,
Si vous trouvez en lui l'assassin d'un époux ?
JOCASTE.
Lui ! qu'un assassinat ait pû souiller son ame !
Des lâches Scélerats c'est le partage infâme.
Il ne manquoit, Egine, au comble de mes maux,
Que d'entendre d'un crime accuser ce Héros ;
Apprens, que ces soupçons irritent ma colére,
Et qu'il est vertueux puisqu'il m'avoit sçû plaire.
EGINE.
Cet amour si constant....
JOCASTE.
Ne crois pas que mon cœur
De cet amour funeste ait pû nourrir l'ardeur.
Je l'ai trop combattu.... cependant, chere Egine,
Quoi que fasse un grand cœur où la vertu domine,
On ne se cache point ces secrets mouvemens,
De la nature en nous indomptables enfans :
Dans les replis de l'ame ils viennent nous surprendre,

Ces feux qu'on croit éteints renaissent de leur cendre,
Et la vertu sévere en de si durs combats,
Résiste aux passions, & ne les détruit pas.

EGINE.

Votre douleur est juste autant que vertueuse,
Et de tels sentimens. . . .

JOCASTE.

Que je suis malheureuse !
Tu connais, chere Egine, & mon cœur & mes maux ;
J'ai deux fois de l'Hymen allumé les flambeaux ;
Deux fois de mon destin subissant l'injustice,
J'ai changé d'esclavage, ou plûtôt de supplice,
Et le seul des mortels dont mon cœur fut touché,
A mes vœux pour jamais devoit être arraché.
Pardonnez-moi, grands Dieux, ce souvenir funeste ;
D'un feu que j'ai dompté c'est le malheureux reste.
Egine, tu nous vis, l'un de l'autre charmés,
Tu vis nos nœuds rompus aussi-tôt que formés.
Mon Souverain m'aima, m'obtint malgré moi-même,
Mon front chargé d'ennuis fut ceint du Diadême ;
Il falut oublier dans ses embrassemens
Et mes premiers amours, & mes premiers sermens.
Tu sais qu'à mon devoir toute entiere attachée,
J'étouffai de mes sens la révolte cachée,
Et déguisant mon trouble & dévorant mes pleurs,
Je n'osois à moi-même avoüer mes douleurs.

EGINE.

Comment donc pouviez-vous du joug de l'Hymenée
Une seconde fois tenter la destinée ?

JOCASTE.

Hélas !

EGINE.

M'est il permis de ne vous rien cacher ?

OEDIPE,
JOCASTE.

Parle.

EGINE.

Oedipe, Madame, a paru vous toucher ;
Et votre cœur du moins sans trop de résistance,
De vos Etats sauvés donna sa récompense.

JOCASTE.

Ah, grands Dieux !

EGINE.

Etoit-il plus heureux que Laïus ?
Ou Philoctete absent ne vous touchoit-il plus ?
Entre ces deux Héros étiez-vous partagée !

JOCASTE.

Par un Monstre cruel Thébe alors ravagée,
A son Libérateur avoit promis ma foi,
Et le vainqueur du Sphinx étoit digne de moi.

EGINE.

Vous l'aimiez ?

JOCASTE.

Je sentis pour lui quelque tendresse,
Mais que ce sentiment fut loin de la faiblesse !
Ce n'étoit point, Egine, un feu tumultueux,
De mes sens enchantés enfant impétueux.
Je ne reconnus point cette brûlante flâme
Que le seul Philoctete a fait naître en mon ame,
Et qui sur mon esprit répandant son poison,
De son charme fatal a séduit ma raison.
Je sentois pour Oedipe une amitié sévere.
Oedipe est vertueux, sa vertu m'étoit chere,
Mon cœur avec plaisir le voyoit élevé
Au Trône des Thébains qu'il avoit conservé.
Mais enfin sur ses pas aux Autels entraînée,
Egine, je sentis dans mon ame étonnée,
Des transports inconnus que je ne conçus pas ;
Avec horreur enfin je me vis dans ses bras.

Cet Hymen fut conclu sous un affreux augure.
Egine, je voyois dans une nuit obscure,
Près d'Oedipe & de moi je voyois des Enfers
Les gouffres éternels à mes pieds entr'ouverts ;
De mon premier époux l'ombre pâle & sanglante
Dans cet abîme affreux paraissoit ménaçante :
Il me montroit mon fils, ce fils qui dans mon flanc
Avoit été formé de son malheureux sang ;
Ce fils dont ma pieuse & barbare injustice
Avoit fait à nos Dieux un secret sacrifice.
De les suivre tous deux ils sembloient m'ordonner;
Tous deux dans le Tartare ils sembloient m'entraîner.
De sentimens confus mon ame possedée
Se présentoit toûjours cette effroyable idée ;
Et Philoctete encor trop présent dans mon cœur,
De ce trouble fatal augmentoit la terreur.
EGINE.
J'entends du bruit, on vient, je le voi qui s'avance.
JOCASTE.
C'est lui-même : je tremble ; évitons sa présence.

SCENE III.
JOCASTE PHILOCTETE.
PHILOCTETE.

NE fuyez point, Madame, & cessez de trembler :
Osez me voir, osez m'entendre & me parler ;
Ne craignez point ici que mes jalouses larmes
De votre Hymen heureux troublent les nouveaux charmes.
N'attendez point de moi de reproches honteux,
Ni de lâches soupirs indignes de tous deux ;

Je ne vous tiendrai point de ces discours vulgaires
Que dicte la mollesse aux Amans ordinaires ;
Un cœur qui vous cherit, & (s'il faut dire plus,
S'il vous souvient des nœuds que vous avez rompus)
Un cœur pour qui le vôtre avoit quelque tendresse,
N'a point appris de vous à montrer de faiblesse.

JOCASTE.

De pareils sentimens n'appartenoient qu'à nous ;
J'en dois donner l'exemple, ou le prendre de vous.
Si Jocaste avec vous n'a pû se voir unie,
Il est juste avant tout que je m'en justifie.
Je vous aimois, Seigneur : une suprême loi
Toûjours malgré moi-même a disposé de moi ;
Et du Sphinx & des Dieux la fureur trop connuë,
Sans doute à votre oreille est déja parvenuë.
Vous savez quels fléaux ont éclaté sur nous,
Et qu'Oedipe ....

PHILOCTETE.

Je sai qu'Oedipe est votre époux ;
Je sai qu'il en est digne, & malgré sa jeunesse
L'empire des Thébains sauvé par sa sagesse
Ses exploits, ses vertus, & sur-tout votre choix,
Ont mis cet heureux Prince au rang des plus grands
    Rois.
Ah ! pourquoi la fortune à me nuire constante,
Emportoit-elle ailleurs ma valeur imprudente ;
Si le Vainqueur du Sphinx devoit vous conquerir,
Falloit-il loin de vous ne chercher qu'à périr ;
Je n'aurois point percé les ténèbres frivoles
D'un vain sens déguisé sous d'obscures paroles.
Ce bras, que votre aspect eût encore animé,
A vaincre avec le fer étoit accoûtumé.
Du monstre à vos génoux j'eusse apporté la tête....
D'un autre cependant Jocaste est la conquête :
Un autre a pû joüir de cet excès d'honneur ! ....

JOCASTE.

Vous ne connaissez pas quel est votre malheur.

PHILOCTETE.

Je perds Alcide & vous, qu'aurai-je à craindre encore?

JOCASTE.

Vous êtes dans des lieux qu'un Dieu vengeur abhore ?
Un feu contagieux annonce son courroux,
Et le sang de Laïus est retombé sur nous :
Du Ciel qui nous poursuit la justice outragée
Venge ainsi de ce Roi la cendre négligée ;
On doit sur nos Autels immoler l'Assassin :
On le cherche, on vous nomme, on vous accuse
 enfin.

PHILOCTETE.

Madame, je me tais ; une pareille offense
Etonne mon courage & me force au silence.
Qui moi de tels forfaits ! moi des assassinats !
Et que de votre époux.... vous ne le croyez pas.

JOCASTE.

Non, je ne le crois point, & c'est vous faire injure
Que daigner un moment combattre l'imposture.
Votre cœur m'est connu, vous avez eu ma foi,
Et vous ne pouvez point être indigne de moi.
Oubliez ces Thébains que les Dieux abandonnent,
Trop dignes de périr depuis qu'ils vous soupçonnent.
Fuyez-moi, c'en est fait ; nous nous aimions en vain,
Les Dieux vous réservoient un plus noble destin.
Vous étiez né pour eux ; leur sagesse profonde
N'a pû fixer dans Thébe un bras utile au Monde,
Ni souffrir que l'amour remplissant ce grand cœur,
Enchaînât près de moi votre obscure valeur
Non, d'un lien charmant le soin tendre & timide
Ne dut point occuper le successeur d'Alcide ;
Ce n'est qu'aux malheureux que vous devez vos
 soins.

De toutes vos vertus comptable à leurs besoins,
Déja de tous côtés les Tyrans reparaissent,
Hercule est sous la tombe, & les Monstres renaissent.
Allez, libre des feux dont vous fûtes épris,
Partez, rendez Hercule à l'Univers surpris.

 Seigneur, mon Epoux vient, souffrez que je
  vous laisse;
Non que mon cœur troublé redoute sa faiblesse;
Mais j'aurois trop peut-être à rougir devant vous,
Puisque je vous aimois, & qu'il est mon Epoux.

SCENE IV.

ŒDIPE, PHILOCTETE, ARASPE.

OEDIPE.

ARaspe, c'est donc là le Prince Philoctete?

PHILOCTETE.

Oui, c'est lui qu'en ces murs un sort aveugle jette,
Et que le Ciel encor à sa perte animé
A souffrir des affronts n'a point accoûtumé.
Je sai de quels forfaits on veut norcir ma vie,
Seigneur, n'attendez pas que je m'en justifie;
J'ai pour vous trop d'estime, & je ne pense pas,
Que vous puissiez descendre à des soupçons si bas.
Si sur les mêmes pas nous marchons l'un & l'autre,
Ma gloire d'assez près est unie à la vôtre.
Thesée, Hercule & moi, nous vous avons montré
Le chemin de la gloire, où vous êtes entré:
Ne deshonorez point par une calomnie
La splendeur de ces noms, où votre nom s'allie,
Et soutenez sur-tout par un trait généreux
L'honneur que vous avez d'être placé près d'eux.

TRAGEDIE.

OEDIPE.

Etre utile aux Mortels, & sauver cet Empire,
Voilà, Seigneur, voilà l'honneur seul où j'aspire,
Et ce que m'ont appris en ces extrêmités
Les Héros que j'admire, & que vous imitez.
Certes je ne veux point vous imputer un crime;
Si le Ciel m'eût laissé le choix de la victime,
Je n'aurois immolé de victime que moi.
Mourir pour son Païs, c'est le devoir d'un Roi :
C'est un honneur trop grand pour le céder à d'autres ;
J'aurois tranché mes jours, & défendu les vôtres;
J'aurois sauvé mon Peuple une seconde fois :
Mais, Seigneur, je n'ai point la liberté du choix.
C'est un sang criminel que nous devons répandre :
Vous êtes accusé, songez à vous défendre ;
Paraissez innocent, il me sera bien doux
D'honorer dans ma Cour un Héros tel que vous,
Et je me tiens heureux s'il faut que je vous traite,
Non comme un accusé, mais comme Philoctete.

PHILOCTETE.

Je veux bien l'avoüer, sur la foi de mon nom
J'avois osé me croire au-dessus du soupçon.
Cette main qu'on accuse, au défaut du tonnerre,
D'infâmes Assassins a délivré la terre ;
Hercule à les dompter avoit instruit mon bras :
Seigneur, qui les punit, ne les imite pas.

OEDIPE.

Ah! je ne pense point qu'aux exploits consacrées
Vos mains par des forfaits se soient deshonorées,
Seigneur, & si Laïus est tombé sous vos coups,
Sans doute avec honneur il expira sous vous.
Vous ne l'avez vaincu qu'en Guerrier magnanime,
Je vous rends trop justice.

PHILOCTETE.
Eh ! quel seroit mon crime ?
Si ce fer chez les morts eût fait tomber Laïus,
Ce n'eût été pour moi qu'un triomphe de plus.
Un Roi pour ses Sujets est un Dieu qu'on révére;
Pour Hercule & pour moi c'est un homme ordinaire.
J'ai défendu des Rois, & vous devez songer
Que j'ai pû les combattre, ayant pû les venger.

OEDIPE.
Je connais Philoctete à ces illustres marques ;
Des Guerriers comme vous sont égaux aux Monarques.
Je le sai ; cependant, Prince, n'en doutez pas,
Le Vainqueur de Laïus est digne du trépas ;
Sa tête répondra des malheurs de l'Empire,
Et vous . . . .

PHILOCTETE.
Ce n'est point moi ; ce mot doit vous suffire :
Seigneur, si c'étoit moi j'en ferois vanité ;
En vous parlant ainsi je dois être écouté.
C'est aux hommes communs, aux ames ordinaires,
A se justifier par des moyens vulgaires ;
Mais un Prince, un Guerrier tel que vous, tel que moi,
Quand il a dit un mot, en est crû sur sa foi.
Du meurtre de Laïus Oedipe me soupçonne !
Ah ! ce n'est point à vous d'en accuser personne.
Son Sceptre & son Epouse ont passé dans vos bras ;
C'est vous qui recueillez le fruit de son trépas ;
Ce n'est pas moi sur-tout de qui l'heureuse audace
Disputa sa dépoüille & demanda sa place.
Le Trône est un objet qui n'a pû me tenter.
Hercule à ce haut rang dédaignoit de monter.
Toûjours libre avec lui, sans Sujets & sans Maître,
J'ai fait des Souverains, & n'ai point voulu l'être.
Mais

TRAGEDIE.

Mais c'est trop me défendre & trop m'humilier,
La vertu s'avilit à se justifier.
OEDIPE.
Votre vertu m'est chere, & votre orgueïl m'offense.
On vous jugera, Prince, & si votre innocence
De l'équité des Loix n'a rien à redouter,
Avec plus de splendeur elle en doit éclater.
Demeurez parmi nous....
PHILOCTETE.
J'y resterai sans doute,
Il y va de ma gloire, & le Ciel qui m'écoute,
Ne me verra partir que vengé, de l'affront,
Dont vos soupçons honteux ont fait rougir mon front.

SCENE V.
ŒDIPE, ARASPE.
OEDIPE.

JE l'avoüerai, j'ai peine à le croire coupable.
D'un cœur tel que le sien l'audace inébranlable
Ne sait point s'abaisser à des déguisemens ;
Le mensonge n'a point de si hauts sentimens.
Je ne puis voir en lui cette bassesse infame
Je te dirai bien plus, je rougissois dans l'ame
De me voir obligé d'accuser ce grand cœur ;
Je me plaignois à moi de mon trop de rigueur.
Nécessité cruelle, attachée à l'Empire !
Dans le cœur des humains les Rois ne peuvent lire,
Souvent sur l'innocence ils font tomber leurs coups,
Et nous sommes, Araspe, injustes malgré nous.
Mais que Phorbas est lent pour mon impatience !
C'est sur lui seul enfin que j'ai quelque espérance ;

Car les Dieux irrités ne nous répondent plus,
Ils ont par leur silence expliqué leur réfus.
ARASTE.
Tandis que par vos soins vous pouvez tout ap-
prendre,
Quel besoin que le Ciel ici se fasse entendre ;
Ces Dieux dont le Pontife a promis le secours,
Dans leurs Temples, Seigneur, n'habitent point
toûjours ;
On ne voit point leur bras si prodigue en miracles,
Ces antres, ces Trépieds, qui rendent leurs Oracles,
Ces organes d'airain que nos mains ont formés,
Toûjours d'un souffle pur ne sont point animés.
Ne nous endormons point sur la foi de leurs Prêtres ;
Au pied du Sanctuaire il est souvent des Traîtres,
Qui nous asservissant sous un pouvoir sacré,
Font parler les Destins, les font taire à leur gré.
Voyez, examinez avec un soin extrême.
Philoctete, Phorbas, & Jocaste elle-même.
Ne nous fions qu'à nous, voyons tout par nos yeux,
Ce sont-là nos Trépieds, nos Oracles, nos Dieux.
OEDIPE.
Seroit-il dans le Temple un cœur assez pefide ;
Non, si le Ciel enfin de nos destins décide ;
On ne le verra point mettre en d'indignes mains
Le dépôt précieux du salut des Thébains.
Je vais, je vais moi-même, accusant leur silence,
Par mes vœux redoublés fléchir leur inclémence.
Toi, si pour me servir tu montres quelque ardeur,
De Phorbas que j'attends cours hâter la lenteur.
Dans l'état déplorable où tu vois que nous sommes,
Je veux interroger & les Dieux & les Hommes.

Fin du second Acte.

ACTE III.

SCENE PREMIERE.
JOCASTE, EGINE.

JOCASTE.

OUï, j'attends Philoctete, & je veux qu'en ces lieux
Pour la derniere fois il paraisse à mes yeux.

EGINE.

Madame, vous sçavez jusqu'à quelle insolence
Le Peuple a de ses cris fait monter la licence.
Ces Thébains, que la mort assiége à tout moment,
N'attendent leur salut que de son châtiment.
Vieillards, femmes, enfans, que leur malheur accable,
Tous sont intéressés à le trouver coupable ;
Vous entendez d'ici leurs cris séditieux,
Ils demandent son sang de la part de nos Dieux.
Pourrez-vous résister à tant de violence ?
Pourrez-vous le servir & prendre sa défense ?

JOCASTE.

Moi ! si je la prendrai ? dûssent tous les Thébains
Porter jusques sur moi leurs parricides mains,
Sous ces murs tous fumans dûssai-je être écrasée,
Je ne trahirai point l'innocence accusée.
Mais une juste crainte occupe mes esprits.
Mon cœur de ce Héros fut autrefois épris;

On le fait, on dira, que je lui facrifie
Ma gloire, mes Epoux, mes Dieux & ma Patrie,
Que mon cœur brûle encore....
EGINE.
Ah! calmez cet effroi;
Cet amour malheureux n'eut de témoin que moi,
Et jamais....
JOCASTE.
Que dis-tu? Crois-tu qu'une Princeffe
Puiffe jamais cacher fa haine ou fa tendreffe?
Des Courtifans fur nous les inquiets regards
Avec avidité tombent de toutes parts:
A travers les refpects leurs trompeufes foupleffes
Pénétrent dans nos cœurs, & cherchent nos faibleffes:
A leur malignité rien n'échappe & ne fuit,
Un feul mot, un foupir, un coup d'œil nous trahit;
Tout parle contre nous, jufqu'à notre filence:
Et quand leur artifice & leur perféverance
Ont enfin malgré nous arraché nos fecrets,
Alors avec éclat leurs difcours indifcrets
Portant fur notre vie une trifte lumiere,
Vont de nos paffions remplir la terre entiere.
EGINE.
Eh! qu'avez-vous, Madame, à craindre de leurs coups?
Quels regards fi perçans font dangereux pour vous?
Quel fecret pénétré peut flétrir votre gloire?
Si l'on fait votre amour, on fait votre victoire,
On fait que la vertu fut toûjours votre appui.
JOCASTE.
Et c'eft cette vertu qui me trouble aujourdhui.
Peut-être à m'accufer toûjours prompte & févere,
Je porte fur moi-même un regard trop auftére:
Peut-être je me juge avec trop de rigueur;

Mais enfin Philoctete a regné sur mon cœur.
Dans ce cœur malheureux son image est tracée,
Ma vertu ni le tems ne l'ont point effacée.
Que dis je ? Je ne sai, quand je sauve ses jours,
Si la seule équité m'appelle à son secours.
Ma pitié me paraît trop sensible & trop tendre,
Je sens trembler mon bras tout prêt à le défendre.
Je me reproche enfin mes bontés & mes soins,
Je le servirois mieux, si je l'eusse aimé moins.

EGINE.

Mais voulez-vous qu'il parte ?

JOCASTE.

Ouï, je le veux sans doute
C'est ma seule espérance, & pour peu qu'il m'écoute,
Pour peu que ma priere ait sur lui de pouvoir,
Il faut qu'il se prépare à ne me plus revoir :
De ces funestes lieux qu'il s'écarte, qu'il fuye,
Qu'il sauve en s'éloignant & ma gloire & sa vie;
Mais qui peut l'arrêter ? il devroit être ici :
Chere Egine, va, cours.

SCENE II.

JOCASTE, PHILOCTETE, EGINE.

JOCASTE.

AH! Prince, vous voici.
Dans le mortel effroi dont mon ame est émuë,
Je ne m'excuse point de chercher votre vûë,
Mon devoir, il est vrai, m'ordonne de vous fuir,
Je dois vous oublier, & non pas vous trahir ;
Je crois que vous savez le sort qu'on vous apprête.

PHILOCTETE.

Un vain Peuple en tumulte a demandé ma tête :
Du jour qui m'importune il veut me délivrer.

JOCASTE.

Ah ! de ce coup affreux fongeons à nous parer :
Partez, de votre fort vous êtes encor maître ;
Mais ce moment, Seigneur, eſt le dernier peut-être,
Où je puis vous fauver d'un indigne trépas.
Fuyez, & loin de moi précipitant vos pas,
Pour prix de votre vie heureuſement fauvée,
Oubliez que c'eſt moi qui vous l'ai conſervée.

PHILOCTETE.

Daignez montrer, Madame, à mon cœur agité
Moins de compaſſion, & plus de fermeté ;
Préferez comme moi mon honneur à ma vie,
Commandez que je meure, & non pas que je fuye,
Et ne me forcez point, quand je ſuis innocent,
A devenir coupable en vous obéïſſant.
Des biens que m'a ravis la colére céleſte,
Ma gloire, mon honneur eſt le ſeul qui me reſte ;
Ne m'ôtez pas ce bien dont je ſuis ſi jaloux,
Et ne m'ordonnez pas d'être indigne de vous.
J'ai vêcu j'ai rempli ma triſte deſtinée,
Madame, à votre Epoux ma parole eſt donnée ;
Quelque indigne ſoupçon qu'il ait conçû de moi,
Je ne ſai point encor, comme on manque de foi.

JOCASTE.

Seigneur, au nom des Dieux, au nom de cette flâme,
Dont la triſte Jocaſte avoit touché votre ame,
Si d'une ſi parfaite & ſi tendre amitié
Vous conſervez encore un reſte de pitié ;
Enfin s'il vous ſouvient, que promis l'un à l'autre
Autrefois mon bonheur a dépendu du vôtre,
Daignez ſauver des jours de gloire environnés,

Des jours à qui les miens ont été destinés.
PHILOCTETE.
Je vous les consacrai, je veux que leur carriere,
De vous, de vos vertus, soit digne toute entiere ;
J'ai vécu loin de vous ; mais mon sort est trop beau,
Si j'emporte en mourant votre estime au tombeau.
Qui sait même, qui sait, si d'un regard propice
Le Ciel ne verra point ce sanglant sacrifice ?
Qui sait si sa clémence au sein de vos Etats,
Pour m'immoler à vous, n'a point conduit mes pas ?
Sans doute il me devoit cette grace infinie
De conserver vos jours aux dépens de ma vie.
Peut-être d'un sang pur il peut se contenter,
Et le mien vaut du moins qu'il daigne l'accepter.

SCENE III.
ŒDIPE, JOCASTE, PHILOCTETE, EGINE, ARASPE, SUITE.
OEDIPE.
PRince, ne craignez point l'impétueux caprice
D'un Peuple dont la voix presse votre supplice ;
J'ai calmé son tumulte, & même contre lui
Je vous viens, s'il le faut, présenter mon appui.
On vous a soupçonné, le Peuple a dû le faire.
Moi, qui ne juge point ainsi que le vulgaire,
Je voudrois que perçant un nuage odieux,
Déja votre innocence éclatât à leurs yeux.
Mon esprit incertain, que rien n'a pû résoudre,
N'ose vous condamner, mais ne peut vous absoudre.
C'est au Ciel que j'implore à me déterminer.
Ce Ciel enfin s'appaise, il veut nous pardonner,
Et bien-tôt retirant la main qui nous opprime,

Par la voix du Grand-Prêtre il nomme la victime;
Et je laisse à nos Dieux, plus éclairés que nous,
Le soin de décider entre mon Peuple & vous.

PHILOCTETE.

Votre équité, Seigneur, est inflexible & pure;
Mais l'extrême justice est une extrême injure,
Il n'en faut pas toûjours écouter la rigueur.
Des Loix que nous suivons la premiere est l'Honneur.
Je me suis vû réduit à l'affront de répondre
A de vils Délateurs que j'ai trop sçû confondre.
Ah! sans vous abaisser à cet indigne soin,
Seigneur, il suffisoit de moi seul pour témoin:
C'étoit, c'étoit assez d'examiner ma vie;
Hercule, appui des Dieux, & vainqueur de l'Asie,
Les Monstres, les Tyrans qu'il m'apprit à dompter,
Ce sont-là les témoins qu'il me faut confronter.
De vos Dieux cependant interrogez l'organe;
Nous apprendrons de lui, si leur voix me condamne.
Je n'ai pas besoin d'eux, & j'attends leur Arrêt.
Par pitié pour ce Peuple, & non par intérêt.

✳✳✳✳✳✳✳✳✳✳✳✳✳✳✳✳✳✳✳✳✳✳✳

SCENE IV.

ŒDIPE, JOCASTE, LE GRAND-PRETRE, ARASPE, PHILOCTETE, EGINE, SUITE, LE CHŒUR.

OEDIPE.

EH bien, les Dieux touchés des vœux qu'on leur adresse,
Suspendent-ils enfin leur fureur vengeresse!
Quelle main parricide a pû les offenser.

TRAGEDIE.
PHILOCTETE.
Parlez, quel eſt le ſang que nous devons verſer ?
LE GRAND-PRETRE.
Fatal préſent du Ciel ! ſcience malheureuſe !
Qu'aux mortels curieux vous êtes dangereuſe !
Plût aux cruels Deſtins qui pour moi ſont ouverts,
Que d'un voile éternel mes yeux fuſſent couverts !
PHILOCTETE.
Eh bien, que venez-vous annoncer de ſiniſtre ?
OEDIPE.
D'une haine éternelle êtes-vous le Miniſtre ?
PHILOCTETE.
Ne craignez rien.
OEDIPE.
Les Dieux veulent-ils mon trépas ?
LE GRAND-PRETRE
à Oedipe.

Ah ! ſi vous m'en croyez, ne m'interrogez pas.
OEDIPE.
Quel que ſoit le deſtin que le Ciel nous annonce,
Le ſalut des Thébains dépend de ſa réponſe.
PHILOCTETE.
Parlez.
OEDIPE.
Ayez pitié de tant de malheureux ;
Songez qu'Oedipe...
LE GRAND-PRETRE.
Oedipe eſt plus à plaindre qu'eux,
I. PERSONNAGE DU CHOEUR.
Oedipe a pour ſon Peuple une amour paternelle ;
Nous joignons à ſa voix notre plainte éternelle ;
Vous, à qui le Ciel parle, entendez nos clameurs.
II. PERSONNAGE DU CHOEUR.
Nous mourons, ſauvez-nous, détournez ſes fureurs.
Nommez cet Aſſaſſin, ce Monſtre, ce Perfide.

OEDIPE,

I. PERSONNAGE DU CHOEUR.
Nos bras vont dans son sang laver son parricide.

LE GRAND-PRETRE.
Peuples infortunés, que me demandez vous?

I. PERSONNAGE DU CHOEUR.
Dites un mot, il meurt, & vous nous sauvez tous.

LE GRAND-PRETRE.
Quand vous serez instruits du destin qui l'accable,
Vous fremirez d'horreur au seul nom du coupable.
Le Dieu, qui par ma voix vous parle en ce moment,
Commande que l'exil soit son seul châtiment;
Mais bien-tôt éprouvant un désespoir funeste,
Ses mains ajoûteront à la rigueur céleste.
De son supplice affreux vos yeux seront surpris,
Et vous croirez vos jours trop payez à ce prix.

OEDIPE.
Obéïssez.

PHILOCTETE.
Parlez.

OEDIPE.
C'est trop de résistance.

LE GRAND-PRETRE
à Oedipe.

C'est vous qui me forcez à rompre le silence.

OEDIPE.
Que ces retardemens allument mon courroux?

LE GRAND-PRETRE.
Vous le voulez... eh bien... c'est...

OEDIPE.
Acheve; qui?

LE GRAND-PRETRE
à Oedipe.

Vous.

OEDIPE.
Moi?

TRAGEDIE.

LE GRAND-PRETRE.
Vous, malheureux Prince.
II. PERSONNAGE DU CHOEUR.
Ah ! que viens-je d'entendre ?
JOCASTE.
Interprête des Dieux, qu'ofez-vous nous apprendre ?
à Oedipe.
Quoi ! vous de mon Epoux vous feriez l'affaffin ?
Vous à qui j'ai donné fa Couronne & ma main ?
Non, Seigneur, non, des Dieux l'Oracle nous abufe;
Votre vertu dément la voix qui vous accufe.
I. PERSONNAGE DU CHOEUR.
O Ciel, dont le pouvoir préfide à notre fort,
Nommez une autre tête, ou rendez-nous la mort.
PHILOCTETE.
N'attendez point, Seigneur, outrage pour outrage;
Je ne tirerai point un indigne avantage
Du revers inouï qui vous preffe à mes yeux ;
Je vous crois innocent malgré la voix des Dieux.
Je vous rends la juftice enfin qui vous eft dûë,
Et que ce Peuple & vous ne m'avez point renduë.
Contre vos ennemis je vous offre mon bras,
Entre un Pontife & vous je ne balance pas.
Un Prêtre, quel qu'il foit, quelque Dieu qui l'infpire,
Doit prier pour fes Rois, & non pas les maudire.
OEDIPE.
Quel excès de vertu ! mais quel comble d'horreur !
L'un parle en Demi-Dieu, l'autre en Prêtre impofteur.
Au Grand-Prêtre.
Voilà donc des Autels quel eft le privilége,
Grace à l'impunité, ta bouche facrilége,
Pour accufer ton Roi d'un forfait odieux,
Abufe infolemment du commerce des Dieux !
Tu crois que mon courroux doit refpecter encore
Le Miniftère faint que ta main deshonore.

Traître, aux pieds des Autels il faudroit t'immoler
A l'aspect de tes Dieux que ta voix fait parler.
LE GRAND-PRETRE.
Ma vie est en vos mains, vous en êtes le maître ;
Profitez des momens que vous avez à l'être,
Aujourdhui votre Arrêt vous sera prononcé,
Tremblez malheureux Roi, votre Régne est passé ;
Une invisible main suspend sur votre tête
Le glaive menaçant que la vengeance aprête.
Bien-tôt de vos forfaits vous même épouvanté,
Fuyant loin de ce Trône où vous êtes monté,
Privé des feux sacrés & des eaux salutaires,
Remplissant de vos cris les Antres solitaires,
Par-tout d'un Dieu vengeur vous sentirez les coups,
Vous chercherez la mort, la mort fuira de vous.
Le Ciel, ce Ciel témoin de tant d'objets funèbres,
N'aura plus pour vos yeux que d'horribles ténèbres.
Au crime, au châtiment malgré vous destiné,
Vous seriez trop heureux de n'être jamais né.
OEDIPE.
J'ai forcé jusqu'ici ma colére à t'entendre ;
Si ton sang méritoit qu'on daignât le répandre,
De ton juste trépas mes regards satisfaits,
De ta prédiction préviendroient les effets.
Va, fui, n'excite plus le transport qui m'agite,
Et respecte un courroux que ta présence irrite ;
Fui, d'un mensonge indigne abominable Auteur.
LE GRAND-PRETRE.
Vous me traitez toûjours de Traître, d'Imposteur ;
Votre pere autrefois me croyoit plus sincere.
OEDIPE.
Arrête... que dis-tu ? quoi Polibe... mon pere ?
LE GRAND-PRETRE.
Vous apprendrez trop tôt votre funeste sort,
Ce jour va vous donner la naissance & la mort.

TRAGEDIE.

Vos destins sont comblés, vous allez vous connaître.
Malheureux, savez-vous quel sang vous donna l'être?
Entouré de forfaits à vous seul réservés,
Savez-vous seulement avec qui vous vivez ?
O Corinthe ! ô Phocide ! exécrable hymenée !
Je vois naître une race impie, infortunée,
Digne de sa naissance, & de qui la fureur
Remplira l'Univers d'épouvante & d'horreur.
Sortons.

SCENE V.

ŒDIPE, PHILOCTETE, JOCASTE.

OEDIPE.

Ces derniers mots me rendent immobile.
Je ne sai où je suis, ma fureur est tranquile :
Il me semble qu'un Dieu descendu parmi nous,
Maître de mes transports, enchaîne mon couroux,
Et prêtant au Pontife une force divine,
Par sa terrible voix m'annonce ma ruïne.

PHILOCTETE.

Si vous n'aviez, Seigneur, à craindre que des Rois,
Philoctete avec vous combattroit sous vos loix ;
Mais un Prêtre est ici d'autant plus redoutable,
Qu'il vous perce à nos yeux par un trait respectable.
Fortement appuyé sur des Oracles vains,
Un Pontife est souvent terrible aux Souverains,
Et dans son zéle aveugle un peuple opiniâtre,
De ses liens sacrés imbécile idolâtre,
Foulant par pieté les plus saintes des Loix,
Croit honorer les Dieux en trahissant ses Rois ;
Sur-tout quand l'intérêt, pere de la licence,

Vient de leur zéle impie enhardir l'insolence.
OEDIPE.
Ah ! Seigneur, vos vertus redoublent mes douleurs,
La grandeur de votre ame égale mes malheurs ;
Accablé sous le poids du soin qui me dévore,
Vouloir me soulager, c'est m'accabler encore.
Quelle plaintive voix crie au fond de mon cœur !
Quel crime ai-je commis ! Est-il vrai, Dieu vengeur ?
JOCASTE.
Seigneur, c'en est assez, ne parlons plus de crime :
A ce Peuple expirant il faut une victime,
Il faut sauver l'Etat, & c'est trop differer :
Epouse de Laïus, c'est à moi d'expirer ;
C'est à moi de chercher sur l'infernale rive
D'un malheureux Epoux l'ombre errante & plaintive.
De ses Mânes sanglans j'appeserai les cris ;
J'irai.....puissent les Dieux satisfaits à ce prix,
Contens de mon trépas n'en point exiger d'autre,
Et que mon sang versé puisse épargner le vôtre.
OEDIPE.
Vous mourir, vous Madame ! ah ! n'est-ce point assez
De tant de maux affreux sur ma tête amassés ?
Quittez, Reine, quittez ce langage terrible,
Le sort de votre Epoux est déja trop horrible,
Sans que de nouveaux traits venant me déchirer,
Vous me donniez encor votre mort à pleurer.
Suivez mes pas, rentrons ; il faut que j'éclaircisse
Un soupçon que je forme avec trop de justice.
Venez.
JOCASTE.
Comment, Seigneur, vous pourriez...
OEDIPE.
Suivez-moi,
Et venez dissiper, ou combler mon effroi.

Fin du troisiéme acte.

TRAGEDIE.

ACTE IV.

SCENE I.

ŒDIPE, JOCASTE.

OEDIPE.

Non, quoique vous difiez, mon ame inquietée
De foupçons importuns n'eſt pas moins agitée.
Le Grand-Prêtre me gêne, & prêt à l'excufer.
Je commence en fecret moi-même à m'accufer.
Sur tout ce qu'il m'a dit, plein d'une horreur extrême,
Je me fuis en fecret interrogé moi-même,
Et mille évenemens de mon ame effacés
Se font offert en foule à mes efprits glacés.
Le paffé m'interdit, & le préfent m'accable ;
Je lis dans l'avenir un fort épouvantable,
Et le crime par-tout femble fuivre mes pas.

JOCASTE.

Et quoi, votre vertu ne vous raffure pas ?
N'êtes-vous pas enfin fûr de votre innocence ?

OEDIPE.

On eſt plus criminel quelquefois qu'on ne penfe.

JOCASTE.

Ah ! d'un Prêtre indifcret dédaignant les fureurs,
Ceffez de l'excufer par ces lâches terreurs.

OEDIPE.

Au nom du grand Laïus, & du couroux célefte,

Quand Laïus entreprit ce voyage funeste,
Avoit-il près de lui des Gardes, des Soldats?

JOCASTE.

Je vous l'ai déja dit, un seul suivoit ses pas.

OEDIPE.

Un seul homme ?

JOCASTE.

    Ce Roi, plus grand que sa fortune,
Dédaignoit comme vous une pompe importune :
On ne voyoit jamais marcher devant son Char
D'un Bataillon nombreux le fastueux rempart :
Au milieu des Sujets soumis à sa puissance,
Comme il étoit sans crainte, il marchoit sans dé-
 fense ;
Par l'amour de son Peuple il se croyoit gardé.

OEDIPE.

O Héros! par le Ciel aux mortels accordé,
Des véritables Rois exemple auguste & rare,
Oedipe a-t'il sur toi porté sa main barbare ;
Dépeignez-moi du moins ce Prince malheureux.

JOCASTE.

Puisque vous rappellez un souvenir fâcheux,
Malgré le froid des ans dans sa mâle vieillesse,
Ses yeux brilloient encor du feu de sa jeunesse ;
Son front cicatrisé sous ses cheveux blanchis
Imprimoit le respect aux mortels interdits ;
Et si j'ose, Seigneur, dire ce que j'en pense,
Laïus eut avec vous assez de ressemblance,
Et je m'applaudissois de retrouver en vous,
Ainsi que les vertus, les traits de mon Epoux.
Seigneur, qu'a ce discours qui doive vous surprendre?

OEDIPE.

J'entrevois des malheurs que je ne puis comprendre;
Je crains que par les Dieux le Pontife inspiré
Sur mes destins affreux ne soit trop éclairé.

          Moi,

TRAGEDIE.

Moi, j'aurois massacré ! Dieux ! seroit-il possible ?
JOCASTE.
Cet organe des Dieux est-il donc infaillible ?
Un Ministère saint les attache aux Autels :
Ils approchent des Dieux ; mais ils sont des mortels.
Pensez-vous qu'en effet au gré de leur demande
Du vol de leurs oiseaux la vérité dépende ?
Que sous un fer sacré des Taureaux gémissans
Dévoilent l'avenir à leurs regards perçans,
Et que de leurs festons ces Victimes ornées,
Des humains dans leurs flancs portent les destinées ?
Non, non, chercher ainsi l'obscure vérité,
C'est usurper les droits de la Divinité.
Nos Prêtres ne sont point ce qu'un vain Peuple pense,
Notre crédulité fait toute leur science.
OEDIPE.
Ah Dieux ! s'il étoit vrai, quel seroit mon bonheur !
JOCASTE.
Seigneur, il est trop vrai, croyez-en ma douleur ;
Comme vous autrefois pour eux préoccupée,
Hélas ! pour mon malheur je fus bien détrompée,
Et le Ciel me punit d'avoir trop écouté
D'un Oracle imposteur la fausse obscurité.
Il m'en coûta mon fils : Oracles que j'abhorre,
Sans vos ordres, sans vous, mon fils vivroit encore.
OEDIPE.
Votre fils ! par quels coups l'avez-vous donc perdu ?
Quel Oracle sur vous les Dieux ont-ils rendu ?
JOCASTE.
Apprenez, apprenez dans ce péril extrême,
Ce que j'aurois voulu me cacher à moi-même,
Et d'un Oracle faux ne vous allarmez plus.
  Seigneur, vous le savez, j'eus un fils de Laïus ;
Sur le sort de mon fils ma tendresse inquiéte
Consulta de nos Dieux la fameuse Interprète.

Théâtre, Tome I. E

Quelle fureur, hélas ! de vouloir arracher
Des secrets que le sort a voulu nous cacher !
Mais enfin j'étois mere, & pleine de faiblesse,
Je me jettai craintive aux pieds de la Prêtresse.
Voici ses propres mots, j'ai dû les retenir.
Pardonnez si je tremble à ce seul souvenir.
,, Ton fils tuera son pere, & ce fils sacrilège,
,, Inceste & parricide . . . . ô Dieux ! acheverai-je ?

OEDIPE.

Eh bien, Madame ?

JOCASTE.

Enfin, Seigneur, on me prédit,
Que mon fils, que ce monstre entreroit dans mon lit;
Que je le recevrois, moi, Seigneur, moi sa mere,
Dégoutant dans mes bras du meurtre de son pere,
Et que tous deux unis par ces liens affreux,
Je donnerois des fils à mon fils malheureux.
Vous vous troublez, Seigneur, à ce récit funeste,
Vous craignez de m'entendre & d'écouter le reste.

OEDIPE.

Ah Madame ! achevez . . . dites . . . que fîtes-vous
De cet enfant, l'objet du céleste courroux ?

JOCASTE.

Je crus les Dieux : Seigneur, & saintement cruelle,
J'étouffai pour mon fils mon amour maternelle.
En vain de cet amour l'impérieuse voix
S'opposoit à nos Dieux & condamnoit leurs Loix;
Il fallut dérober cette tendre victime
Au fatal ascendant qui l'entraînoit au crime,
Et pensant triompher des horreurs de son sort,
J'ordonnai par pitié qu'on lui donnât la mort.
O pitié criminelle autant que malheureuse !
O d'un Oracle faux obscurité trompeuse !
Quel fruit me revient-il de mes barbares soins ?
Mon malheureux Epoux n'en expira pas moins :

TRAGEDIE. 67

Dans le cours triomphant de ses destins prosperes
Il fut assassiné par des mains étrangeres.
Ce ne fut point son fils qui lui porta ces coups,
Et j'ai perdu mon fils sans sauver mon Epoux.
Que cet exemple affreux puisse au moins vous ins-
 truire ;
Bannissez cet effroi qu'un Prêtre vous inspire,
Profitez de ma faute, & calmez vos esprits.

OEDIPE.
Après le grand secret que vous m'avez appris,
Il est juste à mon tour que ma reconnaissance
Fasse de mes destins l'horrible confidence.
Lorsque vous aurez sû par ce triste entretien
Le rapport effrayant de votre sort au mien,
Peut-être ainsi que moi frémirez-vous de crainte.
 Le destin m'a fait naître au Trône de Corinthe;
Cependant de Corinthe & du Trône éloigné,
Je vois avec horreur les lieux où je suis né.
Un jour, ce jour affreux présent à ma pensée,
Jette encor la terreur dans mon ame glacée :
Pour la premiere fois par un don solemnel
Mes mains jeunes encore enrichissoient l'Autel.
Du Temple tout-à-coup les combles s'entr'ouvrirent,
De traits affreux de sang les Marbres se couvrirent,
De l'Autel ébranlé par de longs tremblemens
Une invisible main repoussoit mes présens,
Et les vents au milieu de la foudre éclatante,
Porterent jusqu'à moi cette voix effrayante :
,, Ne viens plus des lieux saints soüiller la pureté,
,, Du nombre des vivans les Dieux t'ont rejetté ;
,, Ils ne reçoivent point tes Offrandes impies,
,, Va porter tes présens aux Autels des Furies ;
,, Conjure leurs Serpens prêts à te déchirer ;
,, Va, ce sont-là les Dieux que tu dois implorer.
Tandis qu'à la frayeur j'abandonnois mon ame,

Cette voix m'annonça, le croirez-vous, Madame,
Tout l'assemblage affreux des forfaits inouïs,
Dont le Ciel autrefois menaça votre fils ;
Me dit que je serois l'assassin de mon pere.

JOCASTE.

Ah Dieux !

OEDIPE.

Que je serois le mari de ma mere.

JOCASTE.

Où suis-je ? Quel Démon en unissant nos cœurs,
Cher Prince, a pû dans nous rassembler tant d'horreurs ?

OEDIPE.

Il n'est pas encor tems de répandre des larmes,
Vous aprendrez bientôt d'autres sujets d'allarmes.
Ecoutez-moi, Madame, & vous allez trembler :
Du sein de ma Patrie il fallut m'exiler.
Je craignis que ma main malgré moi criminelle,
Aux destins ennemis ne fût un jour fidelle,
Et suspect à moi-même, à moi-même odieux,
Ma vertu n'osa point lutter contre les Dieux.
Je m'arrachai des bras d'une mere éplorée ;
Je partis, je courus de Contrée en Contrée,
Je déguisai par-tout ma naissance & mon nom,
Un ami de mes pas fut le seul compagnon.
Dans plus d'une avanture en ce fatal voyage,
Le Dieu qui me guidoit seconda mon courage :
Heureux si j'avois pû dans l'un de ses combats
Prévenir mon destin par un noble trépas :
Mais je suis réservé sans doute au parricide.
Enfin je me souviens qu'aux Champs de la Phocide,
(Et je ne conçois pas par quel enchantement
J'oubliois jusqu'ici ce grand événement ;
La main des Dieux sur moi si long-tems suspenduë
Semble ôter le bandeau qu'ils mettoient sur ma vûë,)

Dans un chemin étroit je trouvai deux Guerriers,
Sur un Char éclatant que traînoient deux Coursiers,
Il fallut disputer dans cet étroit passage
Des vains honneurs du pas le frivole avantage.
J'étois jeune & superbe, & nourri dans un rang,
Où l'on puisa toûjours l'orgueil avec le sang :
Inconnu, dans le sein d'une Terre étrangere,
Je me croyois encor au Trône de mon pere,
Et tous ceux qu'à mes yeux le sort venoit offrir,
Me sembloient mes Sujets, & faits pour m'obéïr.
Je marche donc vers eux, & ma main furieuse
Arrête des Coursiers la fougue impétueuse.
Loin du Char à l'instant ces Guerriers élancés
Avec fureur sur moi fondent à coups pressés.
La victoire entre nous ne fut point incertaine.
Dieux puissans ! je ne sai si c'est faveur ou haine ;
Mais sans doute pour moi contr'eux vous combattiez.
Et l'un & l'autre enfin tomberent à mes pieds.
L'un d'eux, il m'en souvient, déja glacé par l'âge.
Couché sur la poussiere observoit mon visage ;
Il me tendit les bras, il voulut me parler,
De ses yeux expirans je vis des pleurs couler ;
Moi-même en le perçant, je sentis dans mon ame,
Tout vainqueur que j'étois. . . . vous frémissez,
  Madame.

JOCASTE.
Seigneur, voici Phorbas, on le conduit ici.

OEDIPE.
Hélas ! mon doute affreux va donc être éclairci.

SCENE II.

ŒDIPE, JOCASTE, PHORBAS, SUITE.

OEDIPE.

Viens, malheureux Vieillard, viens, approche.
   à sa vûë
D'un trouble renaissant je sens mon ame émuë :
Un confus souvenir vient encor m'affliger ;
Je tremble de le voir & de l'interroger.

PHORBAS.

Eh bien ! est-ce aujourdhui qu'il faut que je périsse ?
Grande Reine, avez-vous ordonné mon supplice ?
Vous ne fûtes jamais injuste que pour moi.

JOCASTE.

Rassurez-vous, Phorbas, & répondez au Roi.

PHORBAS.

Au Roi !

JOCASTE.

  C'est devant lui que je vous fais paraître.

PHORBAS.

O Dieux ! Laïus est mort, & vous êtes mon Maître.
Vous, Seigneur ?

OEDIPE.

  Epargnons les discours superflus :
Tu fus le seul témoin du meurtre de Laïus ;
Tu fus blessé, dit-on, en voulant le défendre.

PHORBAS.

Seigneur, Laïus est mort, laissez en paix sa cendre;
N'insultez point du moins au malheureux destin
D'un fidéle Sujet blessé de votre main.

OEDIPE.

Je t'ai blessé ? qui ? moi ?

TRAGEDIE.
PHORBAS.
Contentez votre envie,
Achevez de m'ôter une importune vie.
Seigneur, que votre bras, que les Dieux ont trompé,
Verse un reste de sang qui vous est échappé ;
Et puisqu'il vous souvient de ce sentier funeste,
Où mon Roi....
OEDIPE.
Malheureux, épargne-moi le reste.
J'ai tout fait, je le voi, c'en est assez... ô Dieux ?
Enfin après quatre ans vous désillez mes yeux.
JOCASTE.
Hélas ! il est donc vrai !
OEDIPE.
Quoi ! c'est toi que ma rage
Attaqua vers Daulis en cet étroit passage ?
Oüi, c'est toi, vainement je cherche à m'abuser ;
Tout parle contre moi, tout sert à m'accuser ;
Et mon œil étonné ne peut te méconnaître.
PHORBAS.
Il est vrai, sous vos coups j'ai vû tomber mon Maître ;
Vous avez fait le crime, & j'en fus soupçonné ;
J'ai vécu dans les fers, & vous avez régné.
OEDIPE.
Va, bien-tôt à mon tour je te rendrai justice.
Va, laisse-moi du moins le soin de mon supplice ;
Laisse-moi, sauve-moi de l'affront douloureux
De voir un innocent que j'ai fait malheureux.

SCENE III.
ŒDIPE, JOCASTE.

OEDIPE.

JOcaste... car enfin la fortune jalouse,
M'interdit à jamais le tendre nom d'Epouse,
Vous voyez mes forfaits, libre de votre foi,
Frappez, délivrez-vous de l'horreur d'être à moi.

JOCASTE.

Hélas !

OEDIPE.

Prenez ce fer, instrument de ma rage,
Qu'il vous serve aujourdhui pour un plus juste usage;
Plongez-le dans mon sein.

JOCASTE.

Que faites-vous, Seigneur ?
Arrêtez, moderez cette aveugle douleur,
Vivez.

OEDIPE.

Quelle pitié pour moi vous intéresse?
Je dois mourir.

JOCASTE.

Vivez, c'est moi qui vous en presse,
Ecoutez ma priere.

OEDIPE.

Ah ! je n'écoute rien ;
J'ai tué votre Epoux.

JOCASTE.

Mais vous êtes le mien.

OEDIPE.

Je le suis par le crime.

JOCASTE.

Il est involontaire,

TRAGEDIE.

OEDIPE.

N'Importe ; il est commis.

JOCASTE.

O comble de misére !

OEDIPE.

O trop funeste hymen ! ô feux jadis si doux !

JOCASTE.

Ils ne sont pas éteints, vous êtes mon Epoux.

OEDIPE.

Non, je ne le suis plus, & ma main ennemie
N'a que trop bien rompu le saint nœud qui nous lie,
Je remplis ces Climats du malheur qui me suit :
Redoutez-moi, craignez le Dieu qui me poursuit ;
Ma timide vertu ne sert qu'à me confondre,
Et de moi désormais je ne puis plus répondre.
Peut-être de ce Dieu partageant le courroux,
L'horreur de mon destin s'étendra jusqu'à vous.
Ayez du moins pitié de tant d'autres victimes ;
Frappez, ne craignez rien, vous m'épargnez des crimes.

JOCASTE.

Ne vous accusez point d'un destin si cruel,
Vous êtes malheureux, & non pas criminel.
Dans ce fatal combat que Daülis vous vit rendre,
Vous ignoriez quel sang vos mains alloient répandre,
Et sans trop rappeller cet affreux souvenir,
Je ne puis que me plaindre, & non pas vous punir.
Vivez . . .

OEDIPE.

Moi que je vive ! il faut que je vous fuie.
Hélas ! où trainerai-je une mourante vie ?
Sur quels bords malheureux, dans quels tristes climats
Ensevelir l'horreur qui s'attache à mes pas ?
Irai-je errant encore ! & me fuyant moi-même,
Mériter par le meurtre un nouveau Diadême ?

Irai-je dans Corinthe où mon triste destin
A des crimes plus grands réserve encor ma main ?
Corinthe, que jamais ta détestable rive.

SCENE IV.
ŒDIPE, JOCASTE, DIMAS.

DIMAS.

SEigneur, en ce moment un Etranger arrive ;
Il se dit de Corinthe, & demande à vous voir.

OEDIPE.

Allons, dans un moment je vais le recevoir.

A Jocaste.

Adieu ; que de vos pleurs la source se dissipe.
Vous ne reverrez plus l'inconsolable Oedipe :
C'en est fait, j'ai régné, vous n'avez plus d'Epoux ;
En cessant d'être Roi, je cesse d'être à vous.
Je pars : je vais chercher dans ma douleur mortelle,
Des Païs où ma main ne soit point criminelle ;
Et vivant loin de vous sans Etats, mais en Roi,
Justifier les pleurs que vous versez pour moi.

Fin du quatriéme Acte.

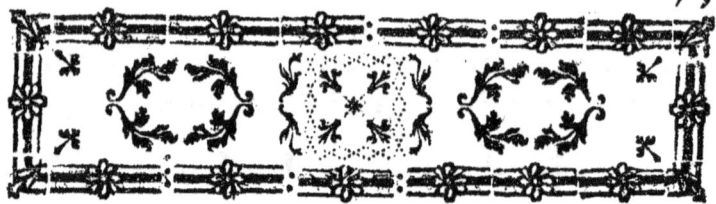

ACTE V.

SCENE PREMIERE.

ŒDIPE, ARASPE, DIMAS, SUITE.

OEDIPE.

Finissez vos regrets, & retenez vos larmes,
Vous plaignez mon exil, il a pour moi des charmes.
Ma fuite à vos malheurs assure un prompt secours,
En perdant votre Roi vous conservez vos jours.
Du sort de tout ce Peuple il est tems que j'ordonne.
J'ai sauvé cet Empire en arrivant au Trône ;
J'en descendrai du moins comme j'y suis monté,
Ma gloire me suivra dans mon adversité.
Mon destin fut toûjours de vous rendre la vie,
Je quitte mes Enfans, mon Trône, ma Patrie,
Ecoutez-moi du moins pour la derniere fois,
Puisqu'il vous faut un Roi, consultez-en mon choix ;
Philoctete est puissant, vertueux, intrépide,
Un Monarque est son Pere *, il fut l'ami d'Alcide,
Que je parte & qu'il régne ; allez chercher Phorbas,
Qu'il paraisse à mes yeux, & qu'il ne craigne pas.
Il faut de mes bontés lui laisser quelque marque,
Et descendre du moins de mon Trône en Monarque.
Que l'on fasse approcher l'Etranger devant moi.
Vous, demeurez.

* Il étoit Fils du Roi d'Eubée, aujourdhui Négrepont.

OEDIPE,

SCENE II.
ŒDIPE, ARASPE, ICARE, SUITE.

OEDIPE.

Icare, est-ce vous que je voi ?
Vous de mes premiers ans sage dépositaire,
Vous digne favori de Polibe mon pere.
Quel sujet important vous conduit parmi nous ?

ICARE.

Seigneur, Polibe est mort.

OEDIPE.

Ah ! que m'apprenez-vous ?
Mon pere....

ICARE.

A son trépas vous deviez vous attendre.
Dans la nuit du tombeau les ans l'ont fait descendre ;
Ses jours étoient remplis, il est mort à mes yeux.

OEDIPE.

Qu'êtes-vous devenus, Oracles de nos Dieux ?
Vous, qui faisiez trembler ma vertu trop timide,
Vous, qui me prépariez l'horreur d'un parricide,
Mon pere est chez les morts, & vous m'avez trompé.
Malgré vous dans son sang mes mains n'ont point
 trempé :
Ainsi de mon erreur esclave volontaire,
Occupé d'écarter un mal imaginaire,
J'abandonnois ma vie à des malheurs certains ;
Trop crédule artisan de mes tristes destins.
O Ciel ! & quel est donc l'excès de ma misére ?
Si le trépas des miens me devient nécessaire ?
Si trouvant dans leur perte un bonheur odieux,

TRAGEDIE.

Pour moi la mort d'un pere eſt un bienfait des Dieux,
Allons, il faut partir ; il faut que je m'acquite
Des funèbres tributs que ſa cendre mérite.
Partons : vous vous taiſez, je voi vos pleurs couler;
Que ce ſilence !...

ICARE.
          O Ciel ! oſerai-je parler ?

OEDIPE.
Vous reſte-t'il encor des malheurs à m'apprendre ?

ICARE.
Un moment ſans témoins daignerez-vous m'entendre ?

OEDIPE *à ſa ſuite.*
Allez retirez-vous.... Que va-t'il m'annoncer ?

ICARE.
A Corinthe, Seigneur, il ne faut plus penſer.
Si vous y paraiſſez, votre mort eſt jurée.

OEDIPE.
Eh ! qui de mes Etats me défendroit l'entrée !

ICARE.
Du Sceptre de Polibe un autre eſt l'héritier.

OEDIPE.
Eſt-ce aſſez ? & ce trait ſera-t'il le dernier ?
Pourſuis, Deſtin, pourſuis, tu ne pourras m'abattre,
Eh bien, j'allois régner, Icare, allons combattre.
A mes lâches Sujets courons me préſenter.
Parmi ces malheureux prompts à ſe révolter,
Je puis trouver du moins un trépas honorable.
Mourant chez les Thébains je mourrois en coupable;
Je dois périr en Roi. Quels ſont mes ennemis ?
Parle, quel Etranger ſur mon Trône eſt aſſis ?

ICARE.
Le gendre de Polibe ; & Polibe lui-même
Sur ſon front en mourant a mis le Diadême.
A ſon Maître nouveau tout le Peuple obéït.

OEDIPE.

Eh quoi ! mon pere auſſi, mon pere me trahit ?
De la rebellion mon pere eſt le complice ?
Il me chaſſe du Trône !

ICARE.

Il vous a fait juſtice,
Vous n'êtiez point ſon fils.

OEDIPE.

Icare....

ICARE.

Avec regret
Je revele en tremblant ce terrible ſecret :
Mais il le faut, Seigneur, & toute la Province...

OEDIPE.

Je ne ſuis point ſon fils ?

ICARE.

Non, Seigneur, & ce Prince
A tout dit en mourant; de ſes remords preſſé
Pour le ſang de nos Rois il vous a renoncé,
Et moi de ſon ſecret confident & complice,
Craignant du nouveau Roi la ſévere juſtice,
Je venois implorer votre appui dans ces lieux.

OEDIPE.

Je n'étois point ſon fils ! & qui ſuis-je, grands
    Dieux ?

ICARE.

Le Ciel, qui dans mes mains a remis votre enfance,
D'une profonde nuit couvre votre naiſſance ;
Et je ſai ſeulement, qu'en naiſſant condamné,
Et ſur un Mont déſert à périr deſtiné,
La lumiere ſans moi vous eût été ravie.

OEDIPE.

Ainſi donc mon malheur commence avec ma vie ;
J'étois dès le berceau l'horreur de ma Maiſon.
Où tombai-je en vos mains ?

TRAGEDIE.

ICARE.
Sur le Mont Cithéron

OEDIPE.
Près de Thébe ?

ICARE.
Un Thébain qui se dit votre pere,
Exposa votre enfance en ce lieu solitaire.
Quelque Dieu bienfaisant guida vers vous mes pas,
La pitié me saisit, je vous prens dans mes bras,
Je ranime dans vous la chaleur presque éteinte :
Vous vivez, & bien-tôt je vous porte à Corinthe.
Je vous présente au Prince : admirez votre sort,
Le Prince vous adopte au lieu de son fils mort;
Et par ce coup adroit, sa politique heureuse
Affermit pour jamais sa puissance douteuse.
Sous le nom de son fils vous fûtes élevé
Par cette même main qui vous avoit sauvé.
Mais le Trône en effet n'étoit point votre place;
L'intérêt vous y mit, le remords vous en chasse.

OEDIPE.
O vous, qui présidez aux fortunes des Rois,
Dieux ! faut-il en un jour m'accabler tant de fois !
Et préparant vos coups par vos trompeurs Oracles,
Contre un faible mortel épuiser les miracles ?
Mais ce Vieillard, ami, de qui tu m'as reçû,
Depuis ce tems fatal ne l'as-tu jamais vû ?

ICARE.
Jamais, & le trépas vous a ravi peut-être
Le seul qui vous eût dit quel sang vous a fait naître.
Mais long-tems de ses traits mon esprit occupé
De son image encore est tellement frappé,
Que je le connaîtrois, s'il venoit à paraître.

OEDIPE.
Malheureux ! eh pourquoi chercher à le connaître ?
Je devrois bien plûtôt, d'accord avec les Dieux,

Chérir l'heureux bandeau qui me couvre les yeux;
J'entrevois mon destin ; ces recherches cruelles
Ne me découvriront que des horreurs nouvelles.
Je le sai ; mais malgré les maux que je prévoi,
Un désir curieux m'entraîne loin de moi.
Je ne puis demeurer dans cette incertitude ;
Le doute en mon malheur est un tourment trop
    rude ;
J'abhorre le flambeau, dont je veux m'éclairer ;
Je crains de me connaître, & ne puis m'ignorer.

SCENE III.
ŒDIPE, ICARE, PHORBAS.

OEDIPE.

Ah! Phorbas, approchez.
ICARE.
               Ma surprise est extrême,
Plus je le vois, & plus... Ah! Seigneur, c'est lui-
    même,
C'est lui.
PHORBAS *à Icare.*
Pardonnez-moi, si vos traits inconnus...
ICARE.
Quoi ! du Mont Cithéron ne vous souvient-il plus ?
PHORBAS.
Comment ?
ICARE.
Quoi ! cet enfant qu'en mes mains vous remites,
Cet enfant qu'au trépas...
PHORBAS.
             Ah! qu'est-ce que vous dites,
Et

TRAGEDIE.

Et de quel souvenir venez-vous m'accabler ;

ICARE.

Allez, ne craignez rien, cessez de vous troubler,
Vous n'avez en ces lieux que des sujets de joye ;
Oedipe est cet enfant.

PHORBAS.
      Que le Ciel te foudroye !
Malheureux, qu'as-tu dit ;

ICARE à Oedipe.
      Seigneur, n'en doutez pas,
Quoi que ce Thébain dise, il vous mit dans mes bras.
Vos destins sont connus, & voilà votre pere.

OEDIPE.
O sort qui me confond ! ô comble de misére !
A Phorbas.
Je serois né de vous.... le Ciel auroit permis,
Que votre sang versé....

PHORBAS.
    Vous n'êtes point mon fils.

OEDIPE.
Eh quoi ! n'avez-vous pas exposé mon enfance ?

PHORBAS.
Seigneur, permettez-moi de fuir votre présence,
Et de vous épargner cet horrible entretien.

OEDIPE.
Phorbas, au nom des Dieux, ne me déguise rien.

PHORBAS.
Partez, Seigneur, fuyez vos Enfans & la Reine.

OEDIPE.
Répons-moi seulement, la résistance est vaine.
Cet enfant par toi-même à la mort destiné,
En montrant Icare.
Le mis-tu dans ses bras ?

PHORBAS.
     Ouï, je le lui donnai.

Théâtre. Tome I.

Que ce jour ne fut-il le dernier de ma vie !

OEDIPE.

Quel étoit son Païs ?

PHORBAS.

Thébe étoit sa Patrie.

OEDIPE.

Tu n'étois point son pere ?

PHORBAS.

Hélas ! il étoit né
D'un sang plus glorieux & plus infortuné.

OEDIPE.

Quel étoit-il enfin ?

PHORBAS *se jette aux genoux du Roi.*

Seigneur, qu'allez vous faire ?

OEDIPE.

Acheve, je le veux.

PHORBAS,

Jocaste étoit sa mere.

ICARE.

Et voilà donc le fruit de mes généreux soins !

PHORBAS.

Qu'avons-nous fait tous deux !

OEDIPE.

Je n'attendois pas moins.

ICARE.

Seigneur... !

OEDIPE.

Sortez, cruels, sortez de ma présence,
De vos affreux bienfaits craignez la récompense ?
Fuyez, à tant d'horreurs par vous seuls réservé,
Je vous punirois trop de m'avoir conservé.

SCENE IV.

OEDIPE.

LE voilà donc rempli cet Oracle exécrable,
Donc ma crainte a preſſé l'effet inévitable,
Et je me vois enfin par un mêlange affreux
Inceſte & parricide, & pourtant vertueux.
Miſérable vertu, nom ſtérile & funeſte,
Toi par qui j'ai réglé des jours que je déteſte,
A mon noir aſcendant tu n'as pû réſiſter,
Je tombais dans le piége, en voulant l'éviter.
Un Dieu plus fort que moi m'entraînoit vers le crime,
Sous mes pas fugitifs il creuſoit un abime,
Et j'étois malgré moi dans mon aveuglement,
D'un pouvoir inconnu l'eſclave & l'inſtrument.
Voilà tous mes forfaits, je n'en connais point d'autres,
Impitoyables Dieux, mes crimes ſont les vôtres,
Et vous m'en puniſſez.... où ſuis-je ! quelle nuit
Couvre d'un voile affreux la clarté qui nous luit ?
Ces murs ſont teints de ſang, je vois les Eumenides
Secouër leurs flambeaux vengeurs des parricides.
Le tonnerre en éclats ſemble fondre ſur moi,
L'Enfer s'ouvre.... ô Laïus ! ô mon pere eſt-ce toi ?
Je vois, je reconnais la bleſſure mortelle
Que te fit dans le flanc cette main criminelle.
Punis-moi, venge-toi d'un Monſtre déteſté,
D'un Monſtre qui ſoüilla les flancs qui l'ont porté.
Approche, entraîne-moi dans les demeures ſombres,
J'irai de mon ſupplice épouvanter les Ombres.
Viens, je te ſuis.

SCENE V.
ŒDIPE, JOCASTE, EGINE, LE CHŒUR.

JOCASTE.

Seigneur, dissipez mon effroi,
Vos redoutables cris ont été jusqu'à moi.
OEDIPE.
Terre, pour m'engloutir entr'ouvre tes abîmes.
JOCASTE.
Quel malheur imprévû vous accable;
OEDIPE.
                                  Mes crimes.
JOCASTE.
Seigneur.
OEDIPE.
Fuyez, Jocaste.
JOCASTE.
                  Ah trop cruel Epoux!
OEDIPE.
Malheureuse! arrêtez, quel nom prononcez-vous?
Moi votre Epoux! quittez ce titre abominable
Qui nous rend l'un à l'autre un objet exécrable.
JOCASTE.
Qu'entens-je?
OEDIPE.
          C'en est fait, nos desteins sont remplis.
Laïus étoit mon pere, & je suis votre fils.
Il sort.

I. PERSONNAGE DU CHOEUR.
O crime?

TRAGEDIE.

SECOND PERSONNAGE.
O jour affreux? jour à jamais terrible?
JOCASTE.
Egine, arrache-moi de ce Palais horrible.
EGINE.
Hélas?
JOCASTE.
Si tant de maux ont dequoi te toucher;
Si ta main sans frémir peut encor m'approcher,
Aide-moi, soutien moi, prens pitié de ta Reine.
I. PERSONNAGE DU CHOEUR.
Dieux! est-ce donc ainsi que finit votre haine?
Reprenez, reprenez vos funestes bienfaits,
Cruels, il valoit mieux nous punir à jamais.

SCENE VI.
JOCASTE, EGINE, LE GRAND-PRETRE, LE CHŒUR.

LE GRAND-PRETRE.

PEuples, un calme heureux écarte les tempêtes,
Un Soleil plus serein se leve sur vos têtes;
Les feux contagieux ne sont plus allumés,
Vos tombeaux qui s'ouvroient sont déja refermés,
La Mort fuit, & le Dieu du Ciel & de la Terre
Annonce ses bontés par la voix du tonnerre.
Ici on entend gronder la foudre, & on voit briller les éclairs.
JOCASTE.
Quels éclats! Ciel! où suis-je, & qu'est-ce que j'entends?
Barbares!....
LE GRAND-PRETRE.
C'en est fait, & les Dieux sont contents.
Laïus du sein des morts cesse de vous poursuivre,

Il vous permet encor de regner & de vivre;
Le sang d'Oedipe enfin suffit à son couroux.

LE CHOEUR.

Dieux!

JOCASTE.

O mon fils! hélas! dirai-je mon Epoux?
O des noms les plus chers assemblage effroyable!
Il est donc mort?

LE GRAND-PRETRE.

Il vit, & le sort qui l'accable
Des morts & des vivans semble le séparer;
Il s'est privé du jour avant que d'expirer.
Je l'ai vû dans ses yeux enfoncer cette épée,
Qui du sang de son pere avoit été trempée;
Il a rempli son sort, & ce moment fatal
Du salut des Thébains est le premier signal.
Tel est l'ordre du Ciel, dont la fureur se lasse:
Comme il veut aux mortels il fait justice ou grace;
Ses traits sont épuisés sur ce malheureux fils.
Vivez, il vous pardonne.

JOCASTE.

Et moi je me punis

Elle se frappe.

Par un pouvoir affreux réservée à l'inceste,
La mort est le seul bien, le seul Dieu qui me reste.
Laïus reçois mon sang, je te suis chez les morts:
J'ai vêcu vertueuse, & je meurs sans remords.

LE CHOEUR.

O malheureuse Reine! ô destin que j'abhorre!

JOCASTE.

Ne plaignez que mon fils, puisqu'il respire encore,
Prêtres, & vous Thébains, qui fûtes mes Sujets,
Honorez mon bucher, & songez à jamais,
Qu'au milieu des horreurs du destin qui m'oprime,
J'ai fait rougir les Dieux qui m'ont forcée au crime.

Fin du cinquiéme & dernier Acte.

HERODE
ET
MARIAMNE,
TRAGEDIE.

Représentée pour la premiere fois le 6. Mars 1723.

AVERTISSEMENT.

*L*A MARIAMNE *fut jouée en* 1723. *pour la premiere fois. Baron, qu'on a surnommé Æsopus des Français, joua le rôle d'Hérode ; mais il étoit trop vieux pour soutenir ce caractère violent. Adrienne le Couvreur, la meilleure Comédienne qui ait jamais été, représenta Mariamne. L'Auteur faisoit mourir cette Princesse par le poison, & on le lui donnoit sur le Théâtre. C'étoit vers le tems des Rois que la Piéce fut jouée. Un Petit-Maître dans le Parterre, voyant donner la coupe empoisonnée à Mariamne, s'avisa de crier,* la Reine boit. *Tous les Français se mirent à rire, & la Piéce ne fut point achevée. On la redonna l'année suivante. On fit mourir Mariamne d'un autre genre de mort. La Piéce eut* 40. *Représentations.*

AVERTISSEMENT.

Le Sr. Rousseau, qui commençoit à être un peu jaloux de l'Auteur, fit alors une Mariamne d'après l'ancienne Piéce de Tristan; il l'envoya aux Comédiens, qui n'ont jamais pû la jouer, & au Libraire Didot, qui n'a jamais pû la vendre. Ce fut là l'origine de la longue querelle entre notre Auteur & Rousseau.

PREFACE.

JE ne donne cette Edition qu'en tremblant. Tant d'Ouvrages, que j'ai vûs applaudis au Théâtre & méprisés à la lecture, me font craindre pour le mien le même fort. Une ou deux situations, l'art des Acteurs, la docilité que j'ai fait paraître, ont pû m'attirer des suffrages aux Représentations ; mais il faut un autre mérite pour soutenir le grand jour de l'Impression. C'est peu d'une conduite réguliére. Ce seroit peu même d'intéresser. Tout Ouvrage en Vers, quelque beau qu'il soit d'ailleurs, sera nécessairement ennuyeux, si tous les Vers ne sont pas pleins de force & d'harmonie, si on n'y trouve pas une élégance continuë, si la Piéce n'a point ce charme inexprimable de la Poësie que le génie seul peut donner, où l'esprit ne sauroit jamais atteindre, & sur lequel on raisonne si mal & si inutilement depuis la mort de M. Despreaux.

C'est une erreur bien grossiere de s'imaginer, que les Vers soient la derniere partie d'une Piéce de Théâtre, & celle qui doit le moins coûter. M. Racine, c'est-à-dire, l'Homme de la terre, qui après Virgile, a le mieux connu l'art des Vers, ne pensoit pas ainsi. Deux années entieres lui suffirent à peine pour écrire sa PHEDRE. Pradon se vante d'avoir composé la sienne en moins de trois mois. Comme le succès passager des Représentations d'une Tragédie ne dépend point du stile, mais des Acteurs & des situations, il arriva que les deux Phédres semblerent d'abord avoir une égale destinée ; mais l'impression régla bien-tôt le rang de l'une & de l'autre. Pradon, selon la coûtume des mauvais Auteurs, eut beau faire une Préface insolente, dans laquelle il traitoit ses Critiques de malhonnêtes gens ; sa Piéce tant vantée par sa cabale & par lui, tomba dans le mépris qu'elle mérite, & sans la Phédre de M. Racine, on ignoreroit aujourdhui que Pradon en a composé une.

Mais d'où vient enfin cette distance si prodigieuse entre ces deux Ouvrages ? La conduite en est à peu près la même : Phédre est mourante dans l'une & dans l'autre. Thesée est absent dans les premiers Actes ; il passe pour avoir été aux Enfers avec Pirithoüs : Hippolite son fils veut quitter Trezene ; il veut fuïr Aricie qu'il aime. Il déclare sa passion à Aricie, & reçoit avec horreur celle de Phédre ; il meurt du même genre de mort, & son Gouverneur fait le récit de sa mort.

Il y a plus. Les personnages des deux Piéces se rrouvent dans les mêmes situations, disent presque les mêmes choses ; mais c'est-là qu'on distingue le grand Homme, & le mauvais Poëte. C'est lorsque

PRÉFACE.

Racine & Pradon pensent de même, qu'ils sont les plus différens. En voici un exemple bien sensible, dans la déclaration d'Hipolite à Aricie. M. Racine fait ainsi parler Hippolite.

Moi qui contre l'amour fiérement révolté,
Aux fers de ses Captifs ai long-tems insulté;
Qui des faibles mortels déplorant les naufrages,
Pensois toûjours du bord contempler les orages,
Asservi maintenant sous la commune loi,
Par quel trouble me voi-je emporté loin de moi?
Un moment a vaincu mon audace imprudente;
Cette ame si superbe est enfin dépendante
Depuis près de six mois, honteux, désesperé,
Portant par-tout le trait dont je suis déchiré,
Contre vous, contre moi, vainement je m'éprouve,
Présente je vous fuis, absente je vous trouve.
Dans le fond des Forêts votre image me suit;
La lumiere du jour, les ombres de la nuit,
Tout retrace à mes yeux les charmes que j'évite;
Tout vous livre à l'envi le rebelle Hippolite.
Moi-même pour tout fruit de mes soins superflus,
Maintenant je me cherche, & ne me trouve plus.
Mon Arc, mes Javelots, mon Char, tout m'importune,
Je ne me souviens plus des leçons de Neptune.
Mes seuls gémissemens font retentir les Bois,
Et mes Coursiers oisifs ont oublié ma voix.

Voici comment Hippolite s'exprime dans Pradon.

Assez & trop long-tems, d'une bouche profane,
Je méprisai l'amour, & j'adorai Diane;
Solitaire, farouche, on me voyoit toûjours
Chasser dans nos Forêts les Lions & les Ours.

Mais un soin plus pressant m'occupe & m'embarrasse;
Depuis que je vous vois j'abandonne la chasse.
Elle fit autrefois mes plaisirs les plus doux,
Et quand j'y vais, ce n'est que pour penser à vous.

On ne sauroit lire ces deux Piéces de comparaison, sans admirer l'une, & sans rire de l'autre. C'est pourtant dans toutes les deux le même fond de sentimens & de pensées ; car quand il s'agit de faire parler les passions, tous les hommes ont presque les mêmes idées : Mais la façon de les exprimer distingue l'homme d'esprit d'avec celui qui n'en a point ; l'homme de génie d'avec celui qui n'a que de l'esprit ; & le Poëte d'avec celui qui veut l'être.

Pour parvenir à écrire comme M. Racine, il faudroit avoir son génie, & polir autant que lui ses Ouvrages. Quelle défiance ne dois-je donc point avoir, moi qui né avec des talens si faibles, & accablé par des maladies continuelles, n'ai ni le don de bien imaginer, ni la liberté de corriger par un travail assidu les défauts de mes Ouvrages ? Je sens avec déplaisir toutes les fautes qui sont dans la contexture de cette Piéce, aussi-bien que dans la diction. J'en aurois corrigé quelques-unes, si j'avois pû retarder cette Edition ; mais j'en aurois encore laissé beaucoup. Dans tous les Arts il y a un terme par-delà lequel on ne peut plus avancer. On est resserré dans les bornes de son talent ; on voit la perfection au-delà de soi, & on fait des efforts impuissans pour y atteindre.

PRÉFACE.

Je ne ferai point une Critique détaillée de cette Piéce : les Lecteurs la feront assez sans moi. Mais je crois qu'il est nécessaire que je parle ici d'une Critique générale qu'on a faite sur le choix du sujet de Mariamne. Comme le génie des Français est de saisir vivement le côté ridicule des choses les plus sérieuses, on disoit que le sujet de Mariamne n'étoit autre chose qu'*un vieux mari amoureux & brutal, à qui sa femme refuse avec aigreur le devoir conjugal* ; & on ajoûtoit, qu'une querelle de ménage ne pouvoit jamais faire une Tragédie. Je supplie qu'on fasse avec moi quelques réflexions sur ce préjugé.

Les Piéces tragiques sont fondées ou sur les intérêts de toute une Nation, ou sur les intérêts particuliers de quelques Princes. De ce premier genre sont l'*Iphigénie en Aulide*, où la Gréce assemblée demande le sang du fils d'Agamemnon : *les Horaces*, où trois combattans ont entre les mains le sort de Rome : l'*Œdipe*, ou le salut des Thébains dépend de la découverte du meurtre de Laïus. Du second genre sont *Britannicus*, *Phédre*, *Mithridate*, &c.

Dans ces trois dernieres tout l'intérêt est renfermé dans la Famille du Héros de la Piéce : Tout roule sur des passions que des Bourgeois ressentent comme les Princes. Et l'intrigue de ces Ouvrages est aussi propre à la Comédie qu'à la Tragédie. Otez les noms, *Mithridate n'est qu'un Vieillard amoureux d'une jeune fille : ses deux fils en sont amoureux aussi, & il se sert d'une ruse assez* basse pour découvrir celui des deux qui est aimé.

Phédre est une belle-mere, qui enhardie par une intriguante, fait des propositions à son beau-fils, lequel est occupé ailleurs.

Neron est un jeune homme impétueux qui devient amoureux tout d'un coup : qui dans le moment veut se séparer d'avec sa femme, & se cache derriere une Tapisserie pour écouter les discours de sa Maîtresse. Voilà des sujets que Moliere a pû traiter comme Racine. Aussi l'intrigue de l'avare est-elle précisément la même que celle de Mithridate. Harpagon & le Roi de Pont sont deux Vieillards amoureux ; l'un & l'autre ont leur fils pour rival ; l'un & l'autre se servent du même artifice pour découvrir l'intelligence qui est entre leur fils & leur Maîtresse : & les deux Piéces finissent par le mariage du jeune homme.

Moliere & Racine ont également réussi en traitant ces deux intrigues : l'un a amusé, a réjoüi, a fait rire les honnêtes gens ; l'autre a attendri, a effrayé, a fait verser des larmes. Moliere a joué l'amour ridicule d'un vieil Avare : Racine a représenté les faiblesses d'un grand Roi, & les a renduës respectables.

Que l'on donne une Nôce à peindre à Vateau & à le Brun. L'un représentera sous une treille des Païsans pleins d'une joye naïve, grossiere & effrenée, autour d'une table rustique, où l'yvresse, l'emportement, la débauche, le rire immoderé regneront. L'autre peindra les Nôces de Pelée & de Thétis,

PRÉFACE.

Thétis, les festins des Dieux, leur joye majestueuse. Et tous deux seront arrivés à la perfection de leur Art par des chemins différens.

On peut appliquer tous ces exemples à *Mariamne*. La mauvaise humeur d'une femme, l'amour d'un vieux mari, les *tracasseries* d'une belle-sœur, sont de petits objets comiques par eux-mêmes. Mais un Roi à qui la Terre a donné le nom de *Grand*, éperdûment amoureux de la plus belle femme de l'Univers; la passion furieuse de ce Roi si fameux par ses vertus & par ses crimes, ses cruautés passées, ses remords présens: ce passage si continuel & si rapide de l'amour à la haine, & de la haine à l'amour: l'ambition de sa sœur, les intrigues de ses Ministres, la situation cruelle d'une Princesse dont la vertu & la beauté sont célébres encore dans le monde; qui avoit vû son pere & son frere livrés à la mort par son mari, & qui pour comble de douleur se voyoit aimée du meurtrier de sa Famille; quel champ! quelle carriere pour un autre génie que le mien! Peut-on dire qu'un tel sujet soit indigne de la Tragédie? C'est-là sur-tout que *selon ce qu'on peut être, les choses changent de nom*.

ACTEURS.

VARUS, Préteur Romain, Gouverneur de Syrie.

HERODE, Roi de Palestine.

MARIAMNE, Femme d'Hérode.

SALOME, Sœur d'Hérode.

ALBIN, Confident de Varus.

MAZAEL,
IDIMAS, } Ministres d'Hérode.

NABAL, ancien Officier des Rois Asmoneens.

ELIZE, Confidente de Mariamne.

Un Garde d'Hérode, parlant.

Suite de Varus.

Suite d'Hérode.

Une Suivante de Mariamne, muette.

La Scéne est à Jérusalem.

MARIAMNE,
TRAGEDIE.

ACTE PREMIER.

SCENE I.
SALOME, MAZAEL.

MAZAEL.

Uï, cette autorité qu'Hérode vous confie,
Est par-tout reconnuë, & par-tout affermie.
J'ai volé vers Azor, & repassé soudain
Des Champs de Samarie aux Sources du Jourdain.
Madame, il étoit tems que du moins ma présence
Des Hébreux inquiets confondît l'espérance.
Hérode votre frere à Rome retenu,
Déja dans ses Etats n'étoit plus reconnu.
Le peuple pour ses Rois toûjours plein d'injustices,
Hardi dans ses discours, aveugle en ses caprices,
Publioit hautement qu'à Rome condamné,

Hérode à l'esclavage étoit abandonné,
Et que la Reine assise au rang de ses Ancêtres,
Feroit régner sur nous le sang de nos Grands-Prêtres.
Je l'avoue à regret, j'ai vû dans tous les lieux
Mariamne adorée, & son nom précieux.
Israël aime encore avec idolâtrie.
Le sang de ses Héros dont elle tient la vie.
Sa beauté, sa naissance, & sur-tout ses malheurs,
D'un peuple qui nous hait ont séduit tous les cœurs,
Et leurs vœux indiscrets la nommant Souveraine,
Sembloient vous annoncer une chûte certaine.
J'ai vû par ces faux bruits tout un peuple ébranlé :
Mais j'ai parlé, Madame, & ce peuple a tremblé.
Je leur ai peint Hérode avec plus de puissance,
Rentrant dans ses Etats suivi de la vengeance ;
Son nom seul a par-tout répandu la terreur,
Et les Juifs en silence ont pleuré leur erreur.

SALOME.

Vous ne vous trompiez point, Hérode va paraître,
L'indocile Sion va trembler sous son Maître.
Il enchaîne à jamais la Fortune à son Char ;
Le Favori d'Antoine est l'Ami de César ;
Sa Politique habile, égale à son courage,
De sa chûte imprévûe a reparé l'outrage.
Le Sénat le couronne.

MAZAEL.

     Eh ! que deviendrez-vous,
Quand la Reine en ces lieux reverra son Epoux ?
De votre autorité cette fiere Rivale,
Madame, auprès du Roi vous fut toûjours fatale :
Son esprit orgueilleux, qui n'a jamais plié,
Conserve encor pour vous la même inimitié.
Elle vous outragea, vous l'avez offensée ;
A votre abaissement elle est intéressée.
Eh ! ne craignez-vous plus ces charmes tout-puissans,

TRAGEDIE.

Du malheureux Hérode impérieux tyrans ?
Depuis près de cinq ans qu'un fatal hymenée
D'Hérode & de la Reine unit la destinée,
L'amour prodigieux dont ce Prince est épris,
se nourrit par la haine, & croît par le mépris.
Vous avez vû cent fois ce Monarque inflexible
Déposer à ses pieds sa Majesté terrible,
Et chercher dans ses yeux irrités ou distraits
Quelques regards plus doux qu'il ne trouvoit jamais.
Vous l'avez-vû frémir, soupirer & se plaindre,
La flatter, l'irriter, la ménacer, la craindre ;
Cruel dans son amour, soumis dans ses fureurs,
Esclave en son Palais, Héros par-tout ailleurs.
Que dis-je ! en punissant une ingrate Famille,
Fumant du sang du Pere il adoroit la Fille :
Le fer encor sanglant & que vous excitiez,
Etoit leve sur elle & tomboit à ses pieds.
Il est vrai que dans Rome éloigné de sa vûë,
Sa chaîne de si loin sembloit s'être rompuë :
Mais c'en est fait, Madame, il rentre en ses Etats,
Il l'aimoit, il verra ses dangereux appas ;
Ces yeux toûjours puissans, toûjours sûrs de lui
 plaire,
Reprendront malgré vous leur empire ordinaire,
Et tous ses ennemis bien-tôt humiliés,
A ses moindres regards seront sacrifiés.
Otons-lui, croyez-moi, l'intérêt de nous nuire,
Songeons à la gagner, n'ayant pû la détruire ;
Et par de vains respects, par des soins assidus. . . .

SALOME.

Il est d'autres moyens de ne la craindre plus.

MAZAEL.

Quel est donc ce dessein ? Que prétendez-vous dire ?

SALOME.

Peût-être en ce moment notre ennemie expire.

G 3

MAZAEL.

D'un coup si dangereux osez-vous vous charger,
Sans que le Roi....

SALOME.

Le Roi consent à me vanger.
Zarès est arrivé, Zarès est dans Solime,
Ministre de ma haine, il attend sa victime ;
Le lieu, le tems, le bras, tout est choisi par lui ;
Il vint hier de Rome, & nous venge aujourdhui.

MAZAEL.

Quoi ! vous avez enfin gagné cette victoire ?
Quoi ! malgré son amour Hérode a pû vous croire ?
Il vous la sacrifie ! il prend de vous des loix !

SALOME.

Je puis encor sur lui bien moins que tu ne crois.
Pour arracher de lui cette lente vengeance,
Il m'a fallu choisir le tems de son absence.
Tant qu'Hérode en ces lieux demeuroit exposé
Aux charmes dangereux qui l'ont tyrannisé :
Mazaël, tu m'as vûë avec inquiétude,
Traîner de mon destin la triste incertitude.
Quand par mille détours assurant mes succès,
De son cœur soupçonneux j'avois trouvé l'accès :
Quand je croyois son ame à moi seule renduë,
Il voyoit Mariamne, & j'étois confonduë.
Un coup d'œil renversoit ma brigue & mes desseins,
La Reine a vû cent fois mon sort entre ses mains ;
Et si sa politique avoit avec adresse
D'un Epoux amoureux ménagé la tendresse ;
Cet ordre, cet arrêt prononcé par son Roi,
Ce coup que je lui porte auroit tombé sur moi.
Mais son farouche orgueil a servi ma vengeance !
J'ai sçû mettre à profit sa fatale imprudence.
Elle a voulu se perdre, & je n'ai fait enfin
Que lui lancer les traits qu'a préparé sa main.

Tu te souviens affez de ce tems pleins d'allarmes,
Lorfqu'un bruit fi funefte à l'efpoir de nos armes,
Apprit à l'Orient, étonné de fon fort,
Qu'Augufte étoit vainqueur, & qu'Antoine étoit mort.
Tu fais comme à ce bruit nos peuples fe troublerent,
De l'Orient vaincu les Monarques tremblerent.
Mon Frere enveloppé dans ce commun malheur,
Crut perdre fa Couronne avec fon Protecteur.
Il fallut, fans s'armer d'une inutile audace,
Au Vainqueur de la Terre aller demander grace.
Rappelle en ton efprit ce jour infortuné ;
Songe à quel défefpoir Hérode abandonné,
Vit fon Epoufe altiere, abhorrant fes approches,
Détestant fes adieux, l'accablant de reproches,
Redemander encor en ce moment cruel,
Et le fang de fon frere, & le fang paternel.
Hérode auprès de moi vient déplorer fa peine ;
Je faifis cet inftant précieux à ma haine :
Dans fon cœur déchiré je repris mon pouvoir,
J'enflâmai fon courroux, j'aigris fon défefpoir,
J'empoifonnai le trait dont il fentoit l'atteinte ;
Tu le vis plein de trouble & d'horreur & de crainte,
Jurer d'exterminer les reftes dangereux
D'un fang toûjours trop cher aux perfides Hébreux ;
Et dès ce même inftant fa facile colére
Deshérita le Fils, & condamna la Mere.
  Mais fa fureur encor flattoit peu mes fouhaits :
L'amour qui la caufoit en repouffoit les traits ;
De ce fatal objet telle étoit la puiffance ;
Un regard de l'ingrate arrêtoit fa vengeance.
Je preffai fon départ ; il partit, & depuis
Mes Lettres chaque jour ont nourri fes ennuis.
Ne voyant plus la Reine, il vit mieux fon outrage,
Il eut honte en fecret de fon peu de courage :

De moment en moment ses yeux se sont ouverts,
J'ai levé le bandeau qui les avoit couverts.
Zarès, étudiant le moment favorable,
A peint à son esprit cette Reine implacable,
Son crédit, ses amis, ces Juifs séditieux,
Du sang Asmonéen partisans factieux.
J'ai fait plus, j'ai moi-même armé sa jalousie ;
Il a craint pour sa gloire, il a craint pour sa vie.
Tu sais, que dès long-tems en butte aux trahisons,
Son cœur de toutes parts est ouvert aux soupçons.
Il croit ce qu'il redoute, & dans sa défiance
Il confond quelquefois le crime & l'innocence.
Enfin j'ai sçû fixer son courroux incertain,
Il a signé l'Arrêt, & j'ai conduit sa main.

MAZAEL.

Il n'en faut point douter, ce coup est nécessaire :
Mais avez-vous prévû, si ce Préteur austére,
Qui sous les loix d'Auguste a remis cet Etat,
Verroit d'un œil tranquille un pareil attentat ?
Varus, vous le savez, est ici votre Maître ;
En vain le Peuple Hébreux prompt à vous reconnaître,
Tremble encor sous le poids de ce Trône ébranlé :
Votre pouvoir n'est rien si Rome n'a parlé.
Avant qu'en ce Palais, des mains de Varus même,
Votre Frere ait repris l'autorité suprême,
Il ne peut, sans blesser l'orgüeil du nom Romain,
Dans ses Etats encor agir en Souverain.
Varus souffrira t'il que l'on ose à sa vûë,
Immoler une Reine en sa garde reçûë ?
Je connais les Romains ; leur esprit irrité
Vengera le mépris de leur autorité.
Vous allez sur Hérode attirer la tempête ;
Dans leurs superbes mains la foudre est toûjours
    prête ;
Ces Vainqueurs soupçonneux sont jaloux de leurs
    droits,

TRAGEDIE.

Et sur-tout leur orgüeil aime à punir les Rois.
SALOME.
Non, non, l'heureux Hérode à César a sçû plaire;
Varus en est instruit, Varus le considere.
Croyez-moi; ce Romain voudra le ménager;
Mais quoiqu'il fasse enfin, songeons à nous venger.
Je touche à ma grandeur, & je crains ma disgrace;
Demain, dès aujourdhui, tout peut changer de face.
Qui sait même, qui sait, si passé ce moment
Je pourrai satisfaire à mon ressentiment?
Qui vous a répondu qu'Hérode en sa colére,
D'un esprit si constant jusqu'au bout persevere?
Je connais sa tendresse, il la faut prévenir,
Et ne lui point laisser le tems du répentir.
Qu'après Rome ménace, & que Varus foudroye,
Leur courroux passager troublera peu ma joye.
Mes plus grands ennemis ne sont pas les Romains;
Mariamne en ces lieux est tout ce que je crains.
Il faut que je périsse ou que je la prévienne,
Et si je n'ai sa tête, elle obtiendra la mienne.
Mais Varus vient à nous, il le faut éviter.
Zarès à mes regards devoit se présenter.
Je vais l'attendre, allez & qu'aux moindres allarmes
Mes Soldats en secret puissent prendre les armes.

✕✕✕✕✕✕✕✕✕✕:✕✕✕✕✕✕✕✕✕✕

SCENE II.
VARUS, ALBIN, MAZAEL,
Suite de Varus.

VARUS.
SAlome & Mazaël semblent fuir devant moi;
Dans leurs yeux étonnés je lis leur juste effroi;
Le crime à mes regards doit craindre de paraître.

Mazaël, demeurez; mandez à votre Maître,
Que ses cruels desseins sont déja découverts:
Que son Ministre infâme est ici dans les fers,
Et que Varus peut-être au milieu des supplices
Eût dû faire expirer ce monstre... & ses complices.
Mais je respecte Hérode assez pour me flâter,
Qu'il connaîtra le piége où l'on veut l'arrêter,
Qu'un jour il punira les traîtres qui l'abusent,
Et vengera sur eux la Vertu qu'ils accusent.
Vous, si vous m'en croyez, pour lui, pour son honneur,
Calmez de ses chagrins la honteuse fureur :
Ne l'empoisonnez plus de vos lâches maximes :
Songez que les Romains sont les vengeurs des crimes,
Que Varus vous connaît, qu'il commande en ces
    lieux,
Et que sur vos complots il ouvrira les yeux.
Allez, que Mariamne en Reine soit servie,
Et respectez ses loix, si vous aimez la vie.

MAZAEL.

Seigneur....

VARUS.

    Vous entendez mes ordres absolus ;
Obéïssez, vous dis-je, & ne repliquez plus.

SCENE III.
VARUS, ALBIN.

VARUS.

Ainsi donc sans tes soins, sans ton avis fidelle
Mariamne expiroit sous cette main cruelle?

ALBIN.

Le retour de Zarès n'étoit que trop suspect,
Le soin mystérieux d'éviter votre aspect,

TRAGEDIE.

Son trouble, son effroi fut mon premier indice.
VARUS.
Que ne te dois-je point pour un si grand service !
C'est par toi qu'elle vit ; c'est par toi que mon cœur
A goûté, cher Albin, ce solide bonheur,
Ce bien si précieux pour un cœur magnanime,
D'avoir pû secourir la Vertu qu'on opprime.
ALBIN.
Je reconnais Varus à ces soins généreux,
Votre bras fut toûjours l'appui des malheureux.
Quand de Rome en vos mains vous portiez le Tonnerre,
Vous étiez occupé du bonheur de la Terre.
Puissiez-vous seulement écouter en ce jour
Votre noble pitié plûtôt que votre amour !
VARUS.
Ah ! faut-il donc l'aimer pour prendre sa défense ?
Qui n'auroit comme moi chéri son innocence ?
Quel cœur indifférent n'iroit à son secours ?
Et qui pour la sauver n'eût prodigué ses jours ?
ALBIN.
Ainsi l'amour trompeur, dont vous sentez la flâme,
Se déguise en vertu pour mieux vaincre votre ame,
Et ce feu malheureux....
VARUS.
         Je ne m'en défends pas,
L'infortuné Varus adore ses appas.
Je l'aime, il est trop vrai, mon ame toute nuë
Ne craint point, cher Albin, de paraître à ta vûë :
Juge si son péril a dû troubler mon cœur !
Moi, qui borne à jamais mes vœux à son bonheur,
Moi qui rechercherois la mort la plus affreuse,
Si ma mort un moment pouvoit la rendre heureuse.
ALBIN.
Seigneur, que dans ces lieux ce grand cœur est changé !

Qu'il venge bien l'amour qu'il avoit outragé !
Je ne reconnais plus ce Romain si sévere,
Qui parmi tant d'objets empressés à lui plaire,
N'a jamais abaissé ses superbes regards
Sur ces Beautés que Rome enferme en ses remparts.

VARUS.

Ne t'en étonne point ; tu sais que mon courage
A la seule vertu réserva son hommage.
Dans nos murs corrompus ces coupables Beautés
Offroient de vains attraits à mes yeux révoltés.
Je fuyois leurs complots, leurs brigues éternelles,
Leurs amours passagers, leurs vengeances cruelles.
Je voyois leur orgueil, accru du deshonneur,
Se montrer triomphant sur leur front sans pudeur ;
L'altiére ambition, l'intérêt, l'artifice,
La folle vanité, le frivole caprice,
Chez les Romains séduits prenant le nom d'amour,
Gouverner Rome entiere, & régner tour-à-tour.
J'abhorrois, il est vrai, leur indigne conquête,
A leur joug odieux je dérobois ma tête ;
L'amour dans l'Orient fut enfin mon vainqueur.
De la triste Syrie établi Gouverneur,
J'arrivai dans ces lieux, quand le droit de la guerre
Eut au pouvoir d'Auguste abandonné la Terre,
Et qu'Hérode à ses pieds au milieu de cent Rois,
De son sort incertain vint attendre des loix.
Lieu funeste à mon cœur ! malheureuse Contrée !
C'est-là que Mariamne à mes yeux s'est montrée.
L'Univers étoit plein du bruit de ses malheurs,
Son parricide Epoux faisoit couler ses pleurs.
Ce Roi si redoutable au reste de l'Asie,
Fameux par ses exploits & par sa jalousie,
Prudent, mais soupçonneux ; vaillant, mais inhumain,
Au sang de son beau-pere avoit trempé sa main.

TRAGEDIE.

Sur ce Trône sanglant il laissoit en partage
A la fille des Rois la honte & l'esclavage.
Du sort qui la poursuit tu connais la rigueur :
Sa vertu, cher Albin, surpasse son malheur.
Loin de la Cour des Rois la Vérité proscrite,
L'aimable vérité sur ses lévres habite.
Son unique artifice est le soin généreux
D'assurer des secours aux jours des malheureux.
Son devoir est sa loi, sa tranquille innocence
Pardonne à son Tyran, méprise sa vengeance,
Et près d'Auguste encore implore mon appui,
Pour ce barbare Epoux qui l'immole aujourdhui.
   Tant de vertus enfin, de malheurs & de charmes,
Contre ma liberté sont de trop fortes armes.
Je l'aime, cher Albin, mais non d'un fol amour
Que le caprice enfante & détruise en un jour ;
Non d'une passion que mon ame troublée
Reçoive avidement par les sens aveuglée ;
Ce cœur qu'elle a vaincu sans l'avoir amoli,
Par un amour honteux ne s'est point avili ;
Et plein du noble feu, que sa vertu m'inspire,
Je prétends la venger, & non pas la séduire.

ALBIN.

Mais si le Roi, Seigneur, a fléchi les Romains,
S'il rentre en ses Etats....

VARUS.

                Et c'est ce que je crains.
Hélas ! près du Sénat je l'ai servi moi-même :
Sans doute il a déja reçû son Diadême,
Et cet indigne Arrêt que sa bouche a dicté,
Est le premier essai de son autorité.
Ah ! son retour ici lui peut être funeste ;
Mon pouvoir va finir, mais mon amour me reste.
Reine, pour vous défendre on me verra périr ;
L'Univers doit vous plaindre, & je dois vous servir.

Fin du premier Acte.

ACTE II.

SCENE PREMIERE.
SALOME, MAZAEL.

SALOME.

ENfin vous le voyez, ma haine est confonduë,
Mariamne triomphe, & Salome est perduë.
Zarès fut sur les eaux trop long-tems arrêté,
La Mer alors tranquille à regret l'a porté.
Mais Hérode en partant pour son nouvel Empire,
Revole avec les vents vers l'objet qui l'attire ;
Et les Mers & l'Amour, & Varus & le Roi,
Le Ciel, les Elemens, sont armés contre moi.
Fatale ambition que j'ai trop écoutée,
Dans quel abîme affreux m'as-tu précipitée !
Je vous l'avois bien dit, que dans le fond du cœur
Le Roi se repentoit de sa juste rigueur :
De son fatal penchant l'ascendant ordinaire
A révoqué l'Arrêt dicté dans sa colére.
J'en ai déja reçû les funestes avis ;
Et Zarès à son Roi renvoyé par mépris,
Ne me laisse en ces lieux qu'une douleur stérile,
Qu'un opprobre éternel, & qu'un crime inutile.
Déja de ma rivale adorant la faveur,
Le Peuple à ma disgrace insulte avec fureur.
Je verrai tout plier sous sa grandeur nouvelle,

Et mes faibles honneurs éclipsés devant elle ;
Mais c'est peu que sa gloire irrite mon dépit,
Ma mort va signaler ma chûte & son crédit.
Je ne me flâte point, je sai comme en sa place
De tous mes ennemis je confondrois l'audace.
Ce n'est qu'en me perdant qu'elle pourra régner,
Et son juste courroux ne doit point m'épargner.
Cependant, ô contrainte ! ô comble d'infamie !
Il faut donc qu'à ses yeux ma fierté s'humilie !
Je viens avec respect essuyer ses hauteurs,
Et la féliciter sur mes propres malheurs.

MAZAEL.
Contre elle encor, Madame, il vous reste des armes,
J'ai toûjours redouté le pouvoir de ses charmes,
J'ai toûjours craint du Roi les sentimens secrets :
Mais si je m'en rapporte aux avis de Zarès,
La colére d'Hérode autrefois peu durable,
Est enfin devenuë une haine implacable.
Il déteste la Reine, il a juré sa mort ;
Et s'il suspend le coup qui terminoit son sort,
C'est qu'il veut ménager sa nouvelle puissance,
Et lui-même en ces lieux assurer sa vengeance.
Mais soit qu'enfin son cœur en ce funeste jour,
Soit aigri par la haine, ou fléchi par l'amour,
C'est assez qu'une fois il ait proscrit sa tête,
Mariamne aisément grossira la tempête :
La foudre gronde encor : un Arrêt si cruel
Va mettre entr'eux, Madame, un divorce éternel.
Vous verrez Mariamne à soi-même inhumaine,
Forcer le cœur d'Hérode à ranimer sa haine ;
Irriter son Epoux par de nouveaux dédains,
Et vous rendre les traits qui tombent de vos mains.
De sa perte en un mot, reposez-vous sur elle.

SALOME.
Non, cette incertitude est pour moi trop cruelle,

Non, c'est par d'autres coups que je veux la frapper :
Dans un piége plus sûr il faut l'enveloper.
Contre mes ennemis mon intérêt m'éclaire.
Si j'ai bien de Varus observé la colére,
Ce transport violent de son cœur agité
N'est point un simple effet de générosité.
La tranquille pitié n'a point ce caractère.
La Reine a des appas, Varus a pû lui plaire.
Ce n'est pas que mon cœur, injuste en son dépit,
Dispute à sa beauté cet éclat qui la suit ;
Que j'envie à ses yeux le pouvoir de leurs armes,
Ni ce flatteur encens qu'on prodigue à ses charmes.
Qu'elle goûte à loisir ce dangereux bonheur.
Moi, je veux de mon Roi partager la grandeur ;
Je veux qu'à mon parti la Cour se réünisse,
Que sous mes volontés tout tremble, tout fléchisse.
Voilà mes intérêts & mes vœux assidus.

 Vous, observez la Reine, examinez Varus,
Faites veiller sur eux les regards mercenaires
De tous ces délateurs aujourdhui nécessaires,
Qui vendent les secrets de leurs Concitoyens,
Et dont cent fois les yeux ont éclairé les miens.
Mais, la voici. Pourquoi faut-il que je la voye ?

SCENE II.

MARIAMNE, ELISE, SALOME, MAZAEL, NABAL.

SALOME.

JE viens auprès de vous partager votre joye,
 Rome me rend un Frere, & vous rend un Epoux
Couronné, tout-puissant, & digne enfin de vous.

TRAGEDIE.

Son amour méprisé, son trop de défiance,
Avoit contre vos jours allumé sa vengeance:
Mais ce feu violent s'eſt bien-tôt conſumé;
L'amour arma ſon bras, l'amour l'a déſarmé.
Ses triomphes paſſés, ceux qu'il prépare encore,
Ce titre heureux de *Grand* dont l'Univers l'honore,
Les droits du Sénat même à ſes ſoins confiés,
Sont autant de préſens qu'il va mettre à vos pieds.
Poſſedez déſormais ſon ame & ſon Empire:
C'eſt ce qu'à vos vertus mon amitié déſire;
Et je vais par mes ſoins ſerrer l'heureux lien,
Qui doit joindre à jamais votre cœur & le ſien.

MARIAMNE.

Je ne prétends de vous, ni n'attends ce ſervice;
Je vous connais, Madame, & je vous rends juſtice.
Je ſais par quels complots, je ſai par quels détours,
Votre haine impuiſſante a pourſuivi mes jours.
Jugeant de moi par vous, vous me craignez peut-être:
Mais vous deviez du moins apprendre à me connaître.
Ne me redoutez point; je ſais également
Dédaigner votre crime & votre châtiment.
J'ai vû tous vos deſſeins, & je vous les pardonne;
C'eſt à vos ſeuls remords que je vous abandonne,
Si toutefois après de ſi lâches efforts,
Un cœur comme le vôtre écoute des remords.

SALOME.

Je n'ai point mérité cette injuſte colére.
Ma conduite, mes ſoins, & l'aveu de mon frere,
Contre tous vos ſoupçons vont me juſtifier.

MARIAMNE.

Je vous l'ai déja dit, je veux tout oublier,
Dans l'état où je ſuis c'eſt aſſez pour ma gloire;
Je puis vous pardonner, mais je ne puis vous croire.

MAZAEL.

J'oſe ici, grande Reine, atteſter l'Eternel,

Théâtre, Tom. I.   H

Que mes soins à regret....
MARIAMNE.
Arrêtez, Mazaël
Vos excuses pour moi sont un nouvel outrage.
Obéissez au Roi, voilà votre partage.
A mes Tyrans vendu, servez bien leur courroux,
Je ne m'abaisse pas à me plaindre de vous.
à Salome.
Je ne vous retiens point, & vous pouvez, Madame,
Aller apprendre au Roi les secrets de mon ame.
Dans son cœur aisément vous pouvez ranimer
Un courroux que mes yeux dédaignent de calmer.
De tous vos délateurs armez la calomnie :
J'ai laissé jusqu'ici leur audace impunie,
Et je n'opose encor à mes vils ennemis,
Qu'une vertu sans tâche, & qu'un juste mépris.
MAZAEL.
Quel orgueïl!
SALOME.
Il aura sa juste récompense,
Viens, c'est à l'artifice à punir l'imprudence.

SCENE III.
MARIAMNE, ELISE, NABAL.
ELISE.
AH! Madame, à ce point pouvez-vous irriter
Des ennemis ardens à vous persécuter!
La vengeance d'Hérode un moment suspenduë,
Sur votre tête encor est peut-être étenduë
Et loin d'en détourner les redoutables coups,
Vous appellez la mort qui s'éloignoit de vous.

Vous n'avez plus ici de bras qui vous appuye :
Ce défenseur heureux de votre illustre vie,
Varus, aux Nations qui bornent cet Etat,
Ira porter bien-tôt les Ordres du Sénat.
Hélas ! grace à ses soins, grace à vos bontés même,
Rome à votre Tyran donne un pouvoir suprême :
Il revient plus terrible & plus fier que jamais,
Vous le verrez armé de vos propres bienfaits :
Vous dépendrez ici de ce superbe Maître,
D'autant plus dangereux qu'il vous aime peut-être ;
Et que cet amour même aigri par vos refus....

MARIAMNE.

Chere Elise, en ces lieux faites venir Varus.
Je conçois vos raisons, j'en demeure frappée :
Mais d'un autre intérêt mon ame est occupée ;
Par de plus grands objets mes vœux sont attirés.
Que Varus vienne ici ; vous, Nabal, demeurez.

SCENE IV.

MARIAMNE, NABAL.

MARIAMNE.

Vos vertus, votre zéle, & votre expérience,
Ont acquis dès long-tems toute ma confiance.
Mon cœur vous est connu, vous savez mes desseins,
Et les maux que j'éprouve, & les maux que je crains.
Vous avez vû ma mere au désespoir réduite,
Me presser en pleurant d'accompagner sa fuite.
Son esprit agité d'une juste terreur,
Croit à tous les momens voir Hérode en fureur,
Encor tout dégoutant du sang de sa famille,
Venir à ses yeux même assassiner sa fille.

Elle veut que mes fils portés entre nos bras,
S'éloignent avec nous de ces affreux climats.
Les Vaiſſeaux des Romains, des bords de la Syrie,
Nous ouvrent ſur les eaux les chemins d'Italie.
J'attends tout de Varus, d'Auguſte, des Romains,
Je ſai qu'il m'eſt permis de fuir mes aſſaſſins,
Que c'eſt le ſeul parti que le deſtin me laiſſe.
Toutefois en ſecret, ſoit vertu, ſoit faibleſſe,
Prête à fuir un Epoux mon cœur frémit d'effroi,
Et mes pas chancelans s'arrêtent malgré moi.

NABAL.

Cet effroi généreux n'a rien que je n'admire,
Tout injuſte qu'il eſt la vertu vous l'inſpire.
Ce cœur indépendant des outrages du ſort,
Craint l'ombre d'une faute, & ne craint point la
   mort.
Banniſſez toutefois ces allarmes ſecrettes ;
Ouvrez les yeux, Madame, & voyez où vous êtes.
C'eſt-là que répandu par les mains d'un Epoux,
Le ſang de votre pere a rejailli ſur vous.
Votre frere en ces lieux a vû trancher ſa vie.
En vain de ſon trépas le Roi ſe juſtifie,
En vain Céſar trompé l'en abſout aujourdhui,
L'Orient révolté n'en accuſe que lui.
Regardez, conſultez les pleurs de votre mere,
L'affront fait à vos fils, le ſang de votre pere,
La cruauté du Roi, la haine de ſa ſœur,
Et (ce que je ne puis prononcer ſans horreur,
Mais dont votre vertu n'eſt point épouvantée,)
La mort en ce jour même à vos yeux préſentée.
 Enfin ſi tant de maux ne vous étonne pas,
Si d'un front aſſuré vous marchez au trépas :
Du moins de vos enfans embraſſez la défenſe.
Le Roi leur a du Trône arraché l'eſpérance,
Et vous connaiſſez trop ces Oracles affreux,

TRAGEDIE. 117

Qui depuis si long-tems vous font trembler pour eux.
Le Ciel vous a prédit qu'une main étrangere
Devoit un jour unir vos fils à votre pere.
Un Arabe implacable a déja sans pitié
De cet Oracle obscur accompli la moitié.
Madame, après l'horreur d'un essai si funeste,
Sa cruauté, sans doute, accompliroit le reste.
Dans ses emportemens rien n'est sacré pour lui,
Eh ! qui vous repondra, que lui même aujourdhui
Ne vienne exécuter sa sanglante ménace,
Et des Asmonéens anéantir la race ;
Il est tems désomais de prevenir ses coups,
Il est tems d'épargner un meurtre à votre Epoux,
Et d'éloigner du moins de ces tendres victimes
Le fer de vos Tyrans, & l'exemple des crimes.

Nourri dans ce Palais près des Rois vos Ayeux
Je suis prêt à vous suivre en tout tems, en tous lieux
Partez, rompez vos fers, allez dans Rome même
Implorer du Sénat la justice suprême,
Remettre de vos fils la fortune en sa main,
Et les faire adopter par le Peuple Romain.
Qu'une vertu si pure aille étonner Auguste.
Si l'on vente à bon droit son régne heureux & juste,
Si la Terre avec joye embrasse ses genoux,
S'il mérite sa gloire, il fera tout pour vous.

MARIAMNE.

Je vois qu'il n'est plus tems que mon cœur délibere.
Je cede à vos conseils, aux larmes de ma mere :
Au danger de mes fils, au sort dont les rigueurs
Vont m'entraîner peut-être en de plus grands malheurs.
Retournez chez ma mere, allez, quand la nuit sombre
Dans ces lieux criminels aura porté son ombre,
Qu'au fond de mon Palais on me vienne avertir :
On le veut, il le faut ; je suis prête à partir.

H 3

SCENE V.
MARIAMNE, VARUS, ELISE.
VARUS.

JE viens m'offrir, Madame, à vos ordres suprê-
mes,
Vos volontés pour moi font les loix des Dieux
mêmes.
Faut-il armer mon bras contre vos ennemis ;
Commandez, j'entreprens : parlez & j'obéis.
MARIAMNE.
Je vous dois tout, Seigneur, & dans mon infortune
Ma douleur ne craint point de vous être importune
Ni de solliciter par d'inutiles vœux,
Les bontés d'un Héros, l'appui des malheureux.

Lorsqu'Hérode attendoit le Trône ou l'esclavage,
J'osai long-tems pour lui briguer votre suffrage.
Malgré ses cruautés, malgré mon désespoir,
Malgré mes intérêts, j'ai suivi mon devoir.
J'ai servi mon Epoux ; je le ferois encore.
Souffrez que pour moi-même enfin je vous implore;
Souffrez que je dérobe à d'inhumaines loix,
Les restes malheureux du pur sang de nos Rois.
J'aurois dû dès long-tems, loin d'un lieu si coupable,
Demander au Sénat un azile honorable.
Mais, Seigneur, je n'ai pû dans les troubles divers
Dont vos divsions ont rempli l'Univers,
Chercher parmi l'effroi, la guerre & les ravages,
Un port aux mêmes lieux d'où partoient les orages.

Auguste au monde entier donne aujourdhui la paix,
Sur toute la Nature il répand ses bienfaits.
Après les longs travaux d'une Guerre odieuse,

Ayant vaincu la Terre, il veut la rendre heureuse.
Du haut du Capitole il juge tous les Rois :
Et de ceux qu'on opprime il prend en main les droits.
Qui peut à ses bontés plus justement prétendre,
Que mes faibles enfans que rien ne peut défendre,
Et qu'une mere en pleurs amene auprès de lui,
Du bout de l'Univers implorer son appui ?
Loin de ces lieux sanglans que le crime environne,
Je mettrai leur enfance à l'ombre de son Trône ;
Ses généreuses mains pourront sécher nos pleurs:
Je ne demande point qu'il venge mes malheurs,
Que sur mes ennemis son bras s'appesantisse :
C'est assez que mes fils, témoins de sa justice,
Formés par son exemple, & devenus Romains,
Apprenent à régner des Maîtres des Humains.
Pour conserver les fils, pour consoler la mere,
Pour finir tous mes maux, c'est en vous que j'espére.
Je m'adresse à vous seul, à vous, à ce grand cœur,
De la simple vertu généreux Protecteur ;
A vous, à qui je dois ce jour que je respire.
Seigneur, éloignez-moi de ce fatal Empire ;
Donnez-moi dans la nuit des guides assurés,
Jusques sur vos vaisseaux dans Sidon préparés.
Vous ne répondez rien. Que faut-il que je pense
De ces sombres regards & de ce long silence ?
Je vois que mes malheurs excitent vos refus.

VARUS.

Moi.... je respecte trop vos ordres absolus.
Mes Gardes vous suivront jusques dans l'Italie ;
Disposez d'eux, de moi, de mon cœur, de ma vie.
Fuyez le Roi. Rompez vos nœuds infortunés.
Il est assez puni si vous l'abandonnés.
Il ne vous verra plus, grace à son injustice,
Et je sens qu'il n'est point de si cruel supplice....
Pardonnez-moi ce mot, il m'échappe à regret ;

La douleur de vous perdre a trahi mon secret.
Tout mon crime est connu. Mais malgré ma foi-
blesse,
Songez que mon respect égale ma tendresse.
Le malheureux Varus ne veut que vous servir,
Adorer vos vertus, vous venger & mourir.

MARIAMNE.

Je me flâtois, Seigneur, & j'avois lieu de croire,
Qu'avec mes intérêts vous chérissiez ma gloire;
Et quand le grand Varus a conservé mes jours,
J'ai cru qu'à sa pitié je devois son secours.
Je ne m'attendois pas, que vous dussiez vous-même,
Mettre aujourdhui le comble à ma douleur extrême,
Ni que dans mes périls il ne fallût jamais
Rougir de vos bontés, & craindre vos bienfaits.
Ne pensez pas pourtant qu'un discours qui m'offense
Vous ait rien dérobé de ma reconnaissance :
Ma constante amitié respecte encor Varus ;
J'oublierai votre flâme, & non pas vos vertus.
Je ne veux voir en vous qu'un Héros magnanime,
Qui jusqu'à ce moment mérita mon estime.
Un plus long entretien pourroit vous en priver,
Seigneur, & je vous fuis pour vous la conserver.

SCENE VI.

VARUS, ALBIN.

ALBIN.

Vous vous troublez, Seigneur, & changez de
visage.

VARUS.

J'ai senti, je l'avouë, ébranler mon courage

TRAGEDIE.

Ami, pardonne au feu, dont je suis consumé,
Ces faiblesses d'un cœur qui n'avoit point aimé.
Je ne connaissois pas tout le poids de ma chaîne,
Je la sens à regret, je la romps avec peine.
Avec quelle douceur, avec quelle bonté,
Elle imposoit silence à ma témérité !
Sans trouble & sans courroux, sa tranquille sagesse
M'apprenoit mon devoir, & plaignoit ma faiblesse.
J'adorois, cher Albin, jusques à ses refus.
J'ai perdu l'espérance, & je l'aime encor plus.
A quelle épreuve, ô Dieux ! ma constance est réduite !

ALBIN.
Etes-vous résolu de préparer sa fuite ?

VARUS.
Quel emploi !

ALBIN.
Pourrez-vous respecter ses rigueurs
Jusques à vous charger du soin de vos malheurs ?
Quel est votre dessein ?

VARUS.
Moi, que je l'abandonne !
Que je désobéisse aux loix qu'elle me donne !
Non, non, mon cœur encore est trop digne du sien,
Mariamne a parlé, je n'examine rien.
Que loin de ses Tyrans elle aille auprès d'Auguste,
Sa fuite est raisonnable & ma douleur injuste
L'amour me parle en vain, je vole à mon devoir.
Je servirai la Reine, & même sans la voir.
Elle me laisse au moins la douceur éternelle
D'avoir tout entrepris, d'avoir tout fait pour elle.
Je brise ses liens, je lui sauve le jour ;
Je fais plus, je lui veux immoler mon amour,
Et fuyant sa beauté, qui me séduit encore,
Egaler, s'il se peut, sa vertu que j'adore.

Fin du second Acte.

ACTE III.

SCENE PREMIERE.
VARUS, NABAL, ALBIN,
Suite de Varus.

NABAL.

Oüi, Seigneur, en ces lieux l'heureux Hérode arrive,
Les Hébreux pour le voir ont volé sur la rive.
Salome, qui craignoit de perdre son crédit,
Par ses conseils flâteurs assiége son esprit.
Ses Courtisans en foule autour de lui se rendent :
Les palmes dans les mains nos Pontifes l'attendent.
Idamas le dévance, & député vers vous,
Il vient au nom d'Hérode embrasser vos genoux.
C'est ce même Idamas, cet Hébreu plein de zéle,
Qui toûjours à la Reine est demeuré fidéle ;
Qui sage Courtisan d'un Roi plein de fureur,
A quelquefois d'Hérode adouci la rigueur :
Bien-tôt vous l'entendrez. Cependant Mariamne
Au moment de partir s'arrête, se condamne ;
Ce grand projet l'étonne, & prêt à le tenter,
Son austére vertu craint de l'exécuter.
Sa mere est à ses pieds, & le cœur plein d'allarmes,
Lui présente ses Fils, la baigne de ses larmes;

TRAGEDIE.

La conjure en tremblant de presser son départ,
La Reine flotte, hésite, & partira trop tard.
C'est vous dont la bonté peut hâter sa sortie,
Vous avez dans vos mains la fortune & la vie
De l'objet le plus rare & le plus précieux,
Que jamais à la Terre ayent accordé les Cieux.
Protegez, conservez une auguste Famille ;
Sauvez de tant de Rois la déplorable Fille.
Vos Gardes sont-ils prêts ? Puis-je enfin l'avertir ?

VARUS.
Ouï, j'ai tout ordonné, la Reine peut partir.

NABAL.
Souffrez donc qu'à l'instant un Serviteur fidelle
Se prépare, Seigneur, à marcher après elle.

VARUS.
Allez, sur mes Vaisseaux accompagnez ses pas,
Ce séjour odieux ne la méritoit pas.
Qu'un dépôt si sacré soit respecté des Ondes ;
Que le Ciel attendri par ses douleurs profondes,
Fasse lever sur elle un Soleil plus serein.
Et vous, Vieillard heureux, qui suivez son destin,
Des Serviteurs des Rois, sage & parfait modelle
Votre sort est trop beau, vous vivrez auprès d'elle.

SCENE II.
VARUS, ALBIN, Suite de Varus.

VARUS.
Mais déja le Roi vient. Déja dans ce séjour,
Le son de la trompette annonce son retour.
Quel retour, justes Dieux ! Que je crains sa présence !
Le cruel peut d'un coup assurer sa vengeance.
Plût au Ciel que la Reine eût déja pour jamais

Abandonné ces lieux consacrés aux forfaits ?
Hélas ! je ne puis même accompagner sa fuite,
Plus je l'adore, & plus il faut que je l'évite.
C'est un crime pour moi d'oser suivre ses pas,
Et tout ce que je puis... mais je vois Idamas.

SCENE III.

VARUS, IDAMAS, ALBIN,
Suite de Varus.

IDAMAS.

Avant que dans ces lieux mon Roi vienne lui-même
Recevoir de vos mains le sacré Diadême,
Et vous soumettre un rang qu'il doit à vos bontés,
Seigneur, souffrirez-vous ?...

VARUS.

Idamas, arrêtez,
Le Roi peut s'épargner ces frivoles hommages,
De l'amitié des Grands importuns témoignages,
D'un Peuple curieux trompeur amusement,
Qu'on étale avec pompe, & que le cœur dément.
Mais parlez ; Rome enfin vient de vous rendre un Maître,
Hérode est Souverain, est-il digne de l'être ?
La Reine en ce moment est-elle en sureté ?
Et le sang innocent sera-t'il respecté ?

IDAMAS.

Veüille le juste Ciel, formidable au parjure,
Ouvrir les yeux du Roi qu'aveugle l'imposture.
Mais qui peut pénétrer ses secrets sentimens,
Et de son cœur troublé les soudains mouvemens ?

TRAGEDIE.

Il obſerve avec nous un ſilence farouche ;
Le nom de Mariamne échappe de ſa bouche.
Il menace, il ſoupire, il donne en frémiſſant
Quelques ordres ſecrets qu'il révoque à l'inſtant.
D'un ſang qu'il déteſtoit Mariamne eſt formée ;
Il la hait d'autant plus qu'il l'avoit trop aimée.
Le perfide Zarès par votre ordre arrêté,
Et par votre ordre enfin remis en liberté,
Artiſan de la fraude & de la calomnie,
De Salome avec ſoin ſervira la furie.
Mazaël en ſecret leur prête ſon ſecours.
Le ſoupçonneux Hérode écoute leurs diſcours :
Ils l'aſſiegent ſans ceſſe, & leur haine attentive
Tient toûjours loin de lui la vérité captive.
Ainſi ce Conquerant qui fit trembler les Rois,
Ce Roi dont Rome même admira les exploits,
De qui la renommée allarme encor l'Aſie,
Dans ſa propre maiſon voit ſa gloire avilie.
Haï de ſon Epouſe, abuſé par ſa Sœur,
Déchiré de ſoupçons, accablé de douleur,
J'ignore en ce moment le deſſein qui l'entraîne.
Mais je le plains, Seigneur, & crains tout pour la
 Reine ;
Daignez la protéger. . . .

VARUS.
Il ſuffit, Idamas,
La Reine eſt en danger ; Albin, ſuivez mes pas ;
Venez, c'eſt à moi ſeul de ſauver l'innocence.

IDAMAS.
Seigneur, ainſi du Roi vous fuirez la préſence ?

VARUS.
Je ſai qu'en ce Palais je dois le recevoir,
Le Sénat me l'ordonne, & tel eſt mon devoir :
Mais un autre intérêt, un autre ſoin m'anime ;
Et mon premier devoir eſt d'empêcher le crime.

Il ſort.

IDAMAS.

Quels orages nouveaux ! quel trouble je prévoi !
Puissant Dieu des Hébreux, changez le cœur du Roi.

SCENE IV.

HERODE, MAZAEL, IDAMAS,
Suite d'Hérode.

HERODE.

EH quoi ! Varus aussi semble éviter ma vûë !
Quelle horreur devant moi s'est par-tout répan-
duë !
Ciel ! ne puis-je inspirer que la haine ou l'effroi ?
Tous les cœurs des humains sont-ils fermés pour
moi ?
En horreur à la Reine, à mon Peuple à moi-même,
A regret sur mon front je vois le Diadême.
Hérode en arrivant, recuëille avec terreur
Les chagrins dévorans qu'a semés sa fureur.
Ah Dieu !

MAZAEL.
Daignez calmer ces injustes allarmes.
HERODE.
Malheureux, qu'ai-je fait ?
MAZAEL.
Quoi ! vous versez des larmes ?
Vous, ce Roi fortuné, si sage en ses desseins,
Vous, la terreur du Parthe & l'ami des Romains ?
Songez, Seigneur, songez, à ces noms pleins de
gloire,
Que vous donnoient jadis Antoine & la Victoire.
Songez, que près d'Auguste, appellé par son choix,

TRAGEDIE.

Vous marchiez diftingué de la foule des Rois.
Revoyez à vos loix Jérufalem renduë,
Jadis par vous conquife & par vous défenduë,
Reprenant aujourdhui fa premiere fplendeur,
En contemplant fon Prince au faîte du bonheur.
Jamais Roi plus heureux dans la Paix, dans la Guerre..

HERODE.

Non, il n'eft plus pour moi de bonheur fur la Terre:
Le deftin m'a frappé de fes plus rudes coups,
Et pour comble d'horreurs, je les mérite tous.

IDAMAS.

Seigneur, m'eft-il permis de parler fans contrainte,
Ce Trône augufte & faint qu'environne la crainte,
Seroit mieux affermi s'il l'étoit par l'amour;
En faifant des heureux un Roi l'eft à fon tour.
A d'éternels chagrins votre ame abandonnée,
Pourroit tarir d'un mot leur fource empoifonnée.
Seigneur, ne fouffrez plus, que d'indignes difcours
Ofent troubler la paix & l'honneur de vos jours,
Ni que de vils flatteurs écartent de leur Maître,
Des cœurs infortunés qui vous cherchoient peut-être.
Bien-tôt de vos vertus, tout Ifraël charmé....

HERODE.

Eh! croyez-vous encor, que je puiffe être aimé?

MAZAEL.

Seigneur, à vos deffeins Zarès toûjours fidéle,
Renvoyé près de vous, & plein d'un même zéle,
De la part de Salome attend pour vous parler.

HERODE.

Quoi! tous deux fans relâche ils veulent m'accabler?
Que jamais devant moi ce monftre ne paraiffe.
Je l'ai trop écouté... Sortez tous, qu'on me laiffe,
Ciel! qui pourra calmer un trouble fi cruel?...
Demeurez, Idamas; demeurez, Mazaël.

SCENE V.
HERODE, MAZAEL, IDAMAS.

HERODE.

EH bien ! voilà ce Roi si fier & si terrible !
Ce Roi dont on craignoit le courage inflexible,
Qui sut vaincre & régner, qui sut briser ses fers,
Et dont la politique étonna l'Univers
Qu'Hérode est aujourdhui différent de lui-même !

MAZAEL.

Tout adore à l'envi votre grandeur suprême.

IDAMAS.

Un seul cœur vous résiste, & l'on peut le gagner.

HERODE.

Non : je suis un barbare, indigne de régner.

IDAMAS.

Votre douleur est juste, & si pour Mariamne....

HERODE.

Et c'est ce nom fatal, hélas ! qui me condamne ;
C'est ce nom qui reproche à mon cœur agité
L'excès de ma faiblesse & de ma cruauté.

MAZAEL.

Seigneur, votre clémence augmente encor sa haine,
Elle fuit votre vûë.

HERODE.

   Ah ! j'ai cherché la sienne.

MAZAEL.

Qui ? vous, Seigneur ?

HERODE.

   Eh quoi ! mes transports furieux,
Ces pleurs que mes remords arrachent de mes yeux,
Ce changement soudain, cette douleur mortelle,

      Tout

TRAGEDIE.

Tout ne te dit-il pas que je viens d'auprès d'elle ?
Toûjours troublé, toûjours plein de haine & d'amour,
J'ai trompé, pour la voir, une importune Cour.
Quelle entrevûë, ô Cieux ! quels combats ! quel
 supplice !
Dans ses yeux indignés j'ai lû mon injustice.
Ses regards inquiets n'osoient tomber sur moi,
Et tout, jusqu'à mes pleurs, augmentoit son effroi.

MAZAEL.

Seigneur, vous le voyez, sa haine envenimée
Jamais par vos bontés ne sera désarmée :
Vos respects dangereux nourrissent sa fierté.

HERODE.

Elle me hait ! ah Dieu ! je l'ai trop mérité.
Je lui pardonne, hélas ! dans le sort qui l'accable,
De haïr à ce point un Epoux si coupable.

MAZAEL.

Vous coupable ? Eh, Seigneur, pouvez-vous oublier
Ce que la Reine a fait pour vous justifier ?
Ses mépris outrageans, sa superbe colére,
Ses desseins contre vous, les complots de son pere ?
Le sang qui la forma, fut un sang ennemi ;
Le dangereux Hircan vous eût toûjours trahi,
Et des Asmonéens la brigue étoit si forte,
Que sans un coup d'Etat vous n'auriez pû....

HERODE.

N'importe.
Hircan étoit son pere, il falloit l'épargner ;
Mais je n'écoutai rien que la soif de régner.
Ma politique affreuse a perdu sa Famille,
J'ai fait périr le Pere, & j'ai proscrit la Fille :
J'ai voulu la haïr, j'ai trop sû l'opprimer ;
Le Ciel pour m'en punir me condamne à l'aimer.

IDAMAS.

Seigneur, daignez m'en croire, une juste tendresse

Devient une vertu loin d'être une faiblesse :
Digne de tant de biens que le Ciel vous a faits,
Mettez votre amour même au rang de ses bienfaits.
HERODE.
Hircan, mânes sacrés, fureurs que je déteste !
IDAMAS.
Perdez-en pour jamais le souvenir funeste.
MAZAEL.
Puisse la Reine aussi l'oublier comme vous.
HERODE.
O Pere infortuné ! plus malheureux Epoux !
Tant d'horreurs, tant de sang, le meurtre de son pere,
Les maux que je lui fais me la rendent plus chere.
Si son cœur... si sa foi.... mais c'est trop differer,
Idamas, en un mot, je veux tout réparer.
Va la trouver; dis-lui que mon ame asservie,
Met à ses pieds mon Trône, & ma gloire & ma vie.
Je veux dans ses enfans choisir un successeur.
Des maux qu'elle a souffert elle accuse ma Sœur;
C'en est assez ; ma Sœur aujourdhui renvoyée,
A ce cher intérêt sera sacrifiée.
Je laisse à Mariamne un pouvoir absolu.
MAZAEL.
Quoi ! Seigneur, vous voulez....
HERODE.
     Ouï, je l'ai résolu.
Ouï, mon cœur désormais la voit, la considere,
Comme un présent des Cieux qu'il faut que je révere.
Que ne peut point sur moi l'amour qui m'a vaincu !
A Mariamne enfin je devrai ma vertu.
Il le faut avoüer, on m'a vû dans l'Asie
Régner avec éclat, mais avec barbarie.
Craint, respecté du Peuple, admiré, mais haï,
J'ai des adorateurs, & n'ai pas un ami.
Ma Sœur, que trop long-tems mon cœur a daigné
 croire,

TRAGEDIE.

Ma Sœur n'aima jamais ma véritable gloire.
Plus cruelle que moi dans ses sanglans projets,
Sa main faisoit couler le sang de mes Sujets,
Les accabloit du poids de mon Sceptre terrible :
Tandis qu'à leurs douleurs Mariamne sensible,
S'occupant de leur peine & s'oubliant pour eux,
Portoit à son Epoux les pleurs des malheureux.
C'en est fait. Je prétens, plus juste & moins sévére,
Par le bonheur public essayer de lui plaire.
Sion va respirer sous un régne plus doux ;
Mariamne a changé le cœur de son Epoux.
Mes mains loin de mon Trône écartant les allarmes,
Des Peuples opprimés vont essuyer les larmes.
Je veux sur mes Sujets régner en Citoyen,
Et gagner tous les cœurs pour mériter le sien.
Va la trouver, te dis-je, & sur-tout à sa vûë
Peins bien le repentir de mon ame éperduë.
Dis-lui que mes remords égalent ma fureur.
Va, cours, vole & reviens. Que vois-je ! c'est ma Sœur.
  à Mazaël.
Sortez... Termine, ô Ciel ! les chagrins de ma vie.

❖❖❖❖❖❖❖❖❖❖✱❖❖❖❖❖❖❖❖❖❖

SCENE VI.
HERODE, SALOME.

SALOME.

HE bien, vous avez vû votre chere ennemie,
Avez-vous essuyé des outrages nouveaux ?

HERODE.

Madame, il n'est plus tems d'appesantir mes maux.
Je cherche à les finir. Ma rigueur implacable,
En me rendant plus craint, m'a fait plus misérable
Assez & trop long-tems sur ma triste Maison,

La vengeance & la haine ont versé leur poison.
De la Reine & de vous les discordes cruelles
Seroient de mes tourmens les sources éternelles.
Ma Sœur, pour mon repos, pour vous, pour toutes
    deux,
Eloignez-vous, partez, fuyez ces tristes lieux ;
Il le faut.

SALOME.
    Ciel, qu'entens-je! ah fatale Ennemie !

HERODE.
Un Roi vous le commande, un Frere vous en prie.
Que puisse désormais, ce Frere malheureux
N'avoir point à donner d'ordre plus rigoureux,
N'avoir plus sur les miens de vengeances à prendre,
De soupçons à former, ni de sang à répandre,
Ne persecutez plus mes jours trop agités.
Murmurez, plaignez-vous, plaignez-moi ; mais
    partez.

SALOME.
Moi, Seigneur, je n'ai point de plaintes à vous faire;
Vous croyez mon exil & juste & necessaire ;
A vos moindres désirs instruite à consentir,
Lorsque vous commandez je ne sai qu'obéïr.
Vous ne me verrez point, sensible à mon injure,
Attester devant vous le Sang & la Nature ;
Sa voix trop rarement se fait entendre aux Rois,
Et près des passions le sang n'a point de droits.
Je ne vous vante plus cette amitié sincere,
Dont le zéle aujourdhui commence à vous déplaire.
Je rappelle encor moins mes services passés,
Je vois trop qu'un regard les a tous effacés.
Mais avez-vous pensé que Mariamne oublie,
Qu'Hérode en ce jour même attenta sur sa vie ?
Vous, qu'elle craint toûjours, ne la craignez-vous
    plus ?

Ses vœux, ses sentimens, vous sont-ils inconnus?
Qui préviendra jamais, par des avis utiles,
De son cœur outragé les vengeances faciles ?
Quels yeux intéressés à veiller sur vos jours,
Pourront de ses complots démêler les détours ?
Son courroux aura-t'il quelque frein qui l'arrête?
Et pensez-vous enfin que lorsque votre tête
Sera par vos soins même exposée à ses coups,
L'amour qui vous séduit lui parlera pour vous ?
Quoi donc ! tant de mépris, cette horreur inhumai-
 ne....

HERODE.
Ah ! laissez-moi douter un moment de sa haine,
Laissez-moi me flatter de regagner son cœur,
Ne me détrompez point, respectez mon erreur.
Je veux croire, & je crois que votre haine altiere
Entre la Reine & moi mettoit une barriere ;
Que par vos cruautés son cœur s'est endurci,
Et que sans vous enfin j'eusse été moins haï.

SALOME.
Si vous pouviez savoir, si vous pouviez comprendre
A quel point....

HERODE.
 Non, ma Sœur, je ne veux rien entendre,
Mariamne à son gré peut ménacer mes jours,
Ils me sont odieux, qu'elle en tranche le cours.
Je périrai du moins d'une main qui m'est chere.

SALOME.
Ah ! c'est trop l'épargner, vous tromper & me taire.
Je m'expose à me perdre, & cherche à vous servir,
Et je vais vous parler, dussiez-vous m'en punir.
Epoux infortuné ! qu'un vil amour surmonte,
Connaissez Mariamne, & voyez votre honte.
C'est peu des fiers dédains dont son cœur est armé;
C'est peu de vous haïr ;.... un autre en est aimé.

HERODE.
Un autre en eſt aimé ! Pouvez-vous bien, barbare,
Soupçonner devant moi la vertu la plus rare ?
Ma Sœur, c'eſt donc ainſi que vous m'aſſaſſinez ?
Laiſſez-vous pour adieux ces traits empoiſonnés !
Ces flambeaux de diſcorde, & la honte & la rage,
Qui de mon cœur jaloux ſont l'horrible partage ?
Mariamne.... mais non, je ne veux rien ſavoir,
Vos conſeils ſur mon ame ont eu trop de pouvoir ;
Je vous ai long-tems cruë, & les Cieux m'en pu-
niſſent ;
Mon ſort étoit d'aimer des cœurs qui me haïſſent ;
Oüi, c'eſt moi ſeul ici que vous perſécutez.

SALOME.
Hé bien donc, loin de vous....

HERODE.
     Non, Madame, arrêtez....
Un autre en eſt aimé ! nommez-moi donc, cruelle,
Le ſang que doit verſer ma vengeance nouvelle ;
Pourſuivez votre ouvrage, achevez mon malheur.

SALOME,
Puiſque vous le voulez....

HERODE.
     Frappe, voilà mon cœur.
Dis-moi qui m'a trahi ; mais quoi qu'il en puiſſe être,
Songe que cette main t'en punira peut-être ;
Oüi, je te punirai de m'ôter mon erreur.
Parle, à ce prix....

SALOME.
N'importe.

HERODE.
    Eh bien....

SALOME.
      C'eſt....

TRAGEDIE.

SCENE VII.
HERODE, SALOME, MAZAEL.

MAZAEL.

AH! Seigneur,
Venez, ne souffrez pas que ce crime s'acheve:
Votre Epouse vous fuit, & Varus vous l'enleve.
HERODE.
Mariamne! Varus! où suis je? justes Cieux!
MAZAEL.
Varus & ses Soldats sont sortis de ces lieux.
Il prépare à l'instant cette indigne retraite;
Il place auprès des murs une escorte secrete.
Mariamne l'attend pour sortir du Palais,
Et vous allez, Seigneur, la perdre pour jamais.
HERODE.
Ah! le charme est rompu, le jour enfin m'éclaire.
Venez, à son courroux connaissez votre Frere.
Surprenons l'infidelle, & vous allez juger,
S'il est encor Hérode, & s'il sait se venger.

Fin du troisiéme Acte.

ACTE IV.

SCENE PREMIERE.
SALOME, MAZAEL.

MAZAEL.

JAmais, je l'avouerai, plus heureuse apparence,
N'a d'un mensonge adroit soutenu la prudence.
Ma bouche, auprès d'Hérode, avec dexterité
Confondoit l'artifice avec la vérité.
Mais lorsque sans retour Mariamne est perduë,
Quand la faveur d'Hérode à vos vœux est renduë ;
Dans ces sombres chagrins qui peut donc vous plon-
   ger ?
Madame, en se vengeant le Roi va vous venger.
Sa fureur est au comble, & moi-même je n'ose
Regarder sans effroi les malheurs que je cause.
Vous avez vû tantôt ce spectacle inhumain ;
Ces Esclaves tremblans, égorgés de sa main ;
Près de leurs corps sanglans la Reine évanouïe,
Le Roi le bras levé, prêt à trancher sa vie ;
Ses Fils baignés de pleurs, embrassant ses genoux,
En présentant leur tête au-devant de ses coups.
Que vouliez-vous de plus? Que craignez-vous encore?

SALOME.

Je crains le Roi : je crains ces charmes qu'il adore,
Ce bras prompt à punir, prompt à se désarmer,

TRAGEDIE. 157

Cette colére enfin, facile à s'enflâmer ;
Mais qui toûjours douteuse, & toûjours aveuglée,
En ces transports soudains s'est peut-être exhalée.
Mazaël, mon triomphe est encore incertain,
J'ai deux fois en un jour vû changer mon destin :
Deux fois j'ai vû l'amour succeder à la haine ;
Et nous sommes perdus, s'il voit encor la Reine.

※※※※※※※※※※※※※※※※※※※※※※※※※※

SCENE II.

HERODE, SALOME, MAZAEL, GARDES.

MAZAEL.

IL vient : de quelle horreur il paraît agité !

SALOME.

Seigneur, votre vengeance est-elle en sureté ?

MAZAEL.

Me préserve le Ciel que ma voix témeraire,
D'un Roi clément & sage irritant la colére,
Ose se faire entendre entre la Reine & lui :
Mais, Seigneur, contre vous Varus est son appui.
Non, ne vous vengez point ; mais sauvez votre vie,
Prévenez de Varus l'indiscrete furie :
Ce superbe Préteur, ardent à tout tenter,
Se fait une vertu de vous persécuter.

HERODE.

Ah ! ma Sœur, à quel point ma flâme étoit trahie !
Venez contre une ingrate animer ma furie.
De ma douleur mortelle ayez quelque pitié,
Mon cœur n'attend plus rien que de votre amitié.
Hélas ! plein d'une erreur trop fatale & trop chere,
Je vous sacrifiois au seul soin de lui plaire ;

Je vous comptois déja parmi mes ennemis ;
Je punissois sur vous sa haine & ses mépris.
Ah ! j'atteste à vos yeux ma tendresse outragée,
Qu'avant la fin du jour vous en serez vengée.
Je veux, sur-tout, je veux dans ma juste fureur,
La punir du pouvoir qu'elle avoit sur mon cœur.
Hélas ! jamais ce cœur ne brûla que pour elle ;
J'aimai, je détestai, j'adorai l'infidelle.
Et toi Varus, & toi, faudra-t'il que ma main
Respecte ici ton crime & le sang d'un Romain ?
Non, je te punirai dans un autre toi-même ;
Tu verras cet objet qui m'abhorre & qui t'aime,
Cet objet à mon cœur jadis si précieux,
Dans l'horreur des tourmens, expirant à tes yeux.
Que sur toi, s'il se peut, tout son sang rejaillisse.
Tu l'aimes, il suffit, sa mort est ton supplice....
Mais...croyez-vous qu'Auguste approuve ma rigueur?

SALOME.

Il la conseilleroit ; n'en doutez point, Seigneur.
Auguste a des Autels où le Romain l'adore ;
Mais de ses Ennemis le sang y fume encore.
Auguste à tous les Rois a pris soin d'enseigner,
Comme il faut qu'on les craigne, & comme il faut
  régner.
Imitez son exemple, assurez votre vie,
Tout condamne la Reine, & tout vous justifie.

MAZAEL.

Ménagez cependant des momens précieux,
Et tandis que Varus est absent de ces lieux,
Que par lui, loin des murs, sa Garde est disposée,
Saisissez, achevez une vengeance aisée.

SALOME.

Mais sur-tout aux Hébreux cachez votre douleur ;
D'un spectacle funeste épargnez-vous l'horreur.
Loin de ces tristes lieux, témoins de votre outrage

TRAGEDIE. 139

Fuyez de tant d'objets la douloureuse image.
Venez, Seigneur, venez au fond de mon Palais,
A vos esprits troublés daignez rendre la paix.

HERODE.

Non, ma Sœur, laissez-moi la voir & la confondre,
Je veux l'entendre ici, la forcer à répondre :
Qu'elle tremble en voyant l'appareil du trépas ;
Qu'elle demande grace, & ne l'obtienne pas.

SALOME.

Quoi ! Seigneur, vous voulez vous montrer à sa vûë?

HERODE.

Ah ! ne redoutez rien. Sa perte est résoluë :
Vainèment l'infidelle espére en mon amour ;
Mon cœur à la clémence est fermé sans retour.
Loin de craindre ces yeux qui m'avoient trop sû
    plaire,
Je sens que sa présence aigrira ma colére.
Gardes, que dans ces lieux on la fasse venir ;
Je ne veux que la voir, l'entendre, & la punir.
Ma Sœur, pour un moment, souffrez que je respire.
Qu'on appelle la Reine. Et vous qu'on se retire.

SCENE III.

HERODE seul.

TU veux la voir, Hérode, à quoi te résous-tu ?
Conçois-tu les desseins de ton cœur éperdu ?
Quoi ! son crime à tes yeux n'est-il pas manifeste ?
N'es-tu pas outragé ? que t'importe le reste ?
Quel fruit espéres-tu de ce triste entretien ?
Ton cœur peut-il douter des sentimens du sien ?
Hélas ! tu sais assez combien elle t'abhorre.
Tu prétens te venger! Pourquoi vit-elle encore ?

Tu veux la voir ! ah ! lâche, indigne de régner,
Va soupirer près d'elle, & cours lui pardonner....
Va voir cette Beauté si long-tems adorée....
Non, elle périra ; non, sa mort est jurée.
Vous serez répandu, sang de mes Ennemis,
Sang des Asmonéens dans ses veines transmis,
Sang qui me haïssez, & que mon cœur déteste.
Mais la voici. Grand Dieu ! quel spectacle funeste !

SCENE IV.

MARIAMNE, HERODE, ELISE, GARDES.

ELISE.

Reprenez vos esprits, Madame, c'est le Roi.
MARIAMNE.
Où suis-je ? où vais-je ? ô Dieu ! je me meurs.... je le vois.
HERODE.
D'où vient qu'à son aspect mes entrailles frémissent ?
MARIAMNE.
Elise, soutiens-moi, mes forces s'affaiblissent.
ELISE.
Avançons.
MARIAMNE.
Quel tourment !
HERODE.
Que lui dirai-je ? ô Cieux !
MARIAMNE.
Pourquoi m'ordonnez-vous de paraître à vos yeux ?
Voulez-vous de vos mains m'ôter ce faible reste
D'une vie à tous deux également funeste ?

TRAGEDIE.

Vous le pouvez : frappez, le coup m'en sera doux,
Et c'est l'unique bien que je tiendrai de vous.
HERODE.
Ouï, je me vengerai, vous serez satisfaite.
Mais parlez ; défendez votre indigne retraite.
Pourquoi, lorsque mon cœur si long-tems offensé,
Indulgent pour vous seule, oublioit le passé :
Lorsque vous partagiez mon Empire & ma gloire,
Pourquoi prépariez-vous cette fuite si noire ?
Quel dessein ! quelle haine a pû vous posseder ?
MARIAMNE.
Ah ! Seigneur, est-ce à vous à me le demander ?
Je ne veux point vous faire un reproche inutile :
Mais si loin de ces lieux j'ai cherché quelque azile,
Si Mariamne enfin, pour la premiere fois,
Du pouvoir d'un Epoux méconnoissant les droits,
A voulu se souftraire à son obéïssance ;
Songez à tous ces Rois dont je tiens la naissance,
A mes périls présens, à mes malheurs passés,
Et condamnez ma fuite après, si vous l'osez.
HERODE.
Quoi ! lorsqu'avec un traître un fol amour vous lie ;
Quand Varus . . . .
MARIAMNE.
   Arrêtez ; il suffit de ma vie.
D'un si cruel affront cessez de me couvrir ;
Laissez-moi chez les morts descendre sans rougir.
N'oubliez pas du moins qu'attachés l'un à l'autre,
L'hymen qui nous unit joint mon honneur au vôtre.
Voilà mon cœur. Frappez. Mais en portant vos coups,
Respectez Mariamne, & même son Epoux.
HERODE.
Perfide ! il vous sied bien de prononcer encore
Ce nom qui vous condamne & qui me deshonore !

Vos coupables dédains vous accusent assez,
Et je crois tout de vous, si vous me haïssez.

MARIAMNE.

Quand vous me condamnez, quand ma mort est certaine,
Que vous importe, hélas ! ma tendresse ou ma haine ?
Et quel droit désormais avez-vous sur mon cœur,
Vous qui l'avez rempli d'amertume & d'horreur ?
Vous, qui depuis cinq ans insultez à mes larmes,
Qui marquez sans pitié mes jours par mes allarmes ?
Vous, de tous mes Parens destructeur odieux ?
Vous, teint du sang d'un Pere expirant à mes yeux ?
Cruel ! ah ! si du moins votre fureur jalouse
N'eût jamais attenté qu'aux jours de votre Epouse,
Les Cieux me sont témoins, que mon cœur tout à vous
Vous chériroit encore en mourant par vos coups :
Mais qu'au moins mon trépas calme votre furie ;
N'étendez point mes maux au-delà de ma vie ;
Prenez soin de mes Fils, respectez votre sang ;
Ne les punissez pas d'être nés dans mon flanc.
Hérode, ayez pour eux des entrailles de Pere,
Peut-être un jour, hélas ! vous connoîtrez leur Mere.
Vous plaindrez, mais trop tard, ce cœur infortuné,
Que seul dans l'Univers vous avez soupçonné :
Ce cœur qui n'a point sû, trop superbe peut-être,
Déguiser ses douleurs, & ménager un maître ;
Mais qui jusqu'au tombeau conserva sa vertu,
Et qui vous eût aimé si vous l'aviez voulu.

HERODE.

Qu'ai-je entendu ? quel charme & quel pouvoir suprême
Commande à ma colére & m'arrache à moi-même ?
Mariamne....

MARIAMNE.

Cruel !

TRAGEDIE.

HERODE.

...O foibleſſe ! ô fureur !

MARIAMNE.

De l'état où je ſuis voyez du moins l'horreur,
Otez-moi par pitié cette odieuſe vie.

HERODE.

Ah ! la mienne à la vôtre eſt pour jamais unie.
C'en eſt fait : je me rends, banniſſez votre effroi ;
Puiſque vous m'avez vû, vous triomphez de moi.
Vous n'avez plus beſoin d'excuſe & de défenſe,
Ma tendreſſe pour vous vous tient lieu d'innocence.
En eſt-ce aſſez, ô Ciel ! en eſt-ce aſſez, Amour ?
C'eſt moi qui vous implore, & qui tremble à mon tour.
Serez-vous aujourdhui la ſeule inexorable ?
Quand j'ai tout pardonné, ſerai-je encor coupable ?
Mariamne, ceſſons de nous perſécuter ;
Nos cœurs ne ſont-ils faits que pour ſe déteſter ?
Nous faudra-t'il toûjours redouter l'un & l'autre ?
Finiſſons à la fois ma douleur & la vôtre.
Commençons ſur nous-même à régner en ce jour ;
Rendez-moi votre main, rendez-moi votre amour.

MARIAMNE.

Vous demandez ma main ! Juſte Ciel que j'implore,
Vous ſavez de quel ſang la ſienne fume encore.

HERODE.

Eh bien, j'ai fait périr & ton pere & mon Roi.
J'ai répandu ſon ſang pour régner avec toi.
Ta haine en eſt le prix, ta haine eſt légitime :
Je n'en murmure point, je connais tout mon crime.
Que dis-je ? ſon trépas, l'affront fait à tes fils,
Sont les moindres forfaits que mon cœur ait commis.
Hérode a juſqu'à toi porté ſa barbarie ;
Durant quelques momens je t'ai même haïe ;
J'ai fait plus, ma fureur a pû te ſoupçonner,

Et l'effort des vertus eſt de me pardonner.
D'un trait ſi généreux ton cœur ſeul eſt capable :
Plus Hérode à tes yeux doit paraître coupable,
Plus ta grandeur éclate à reſpecter en moi
Ces nœuds infortunés qui m'uniſſent à toi.
Tu vois où je m'emporte & quelle eſt ma faibleſſe;
Garde-toi d'abuſer du trouble qui me preſſe.
Cher & cruel objet d'amour & de fureur,
Si du moins la pitié peut entrer dans ton cœur,
Calme l'affreux déſordre où mon ame s'égare.
Tu détournes les yeux... Mariamne...

MARIAMNE.

Ah ! barbare,
Un juſte repentir produit-il vos tranſports?
Et pourrai-je en effet compter ſur vos remords ?

HERODE.

Oui, tu peux tout ſur moi, ſi j'amollis ta haine.
Hélas ! ma cruauté, ma fureur inhumaine,
C'eſt toi qui dans mon cœur as ſu la rallumer ;
Tu m'as rendu barbare en ceſſant de m'aimer.
Que ton crime & le mien ſoient noyés dans mes
    larmes ;
Je te jure....

SCENE V.

HERODE, MARIAMNE, ELISE, UN GARDE.

LE GARDE.

SEigneur, tout le Peuple eſt en armes,
Dans le ſang des Bourreaux il vient de renverſer
L'Echaffaut que Salome a déja fait dreſſer.

TRAGEDIE.

Au Peuple, à vos Soldats, Varus commande en Maître :
Il marche vers ces lieux, il vient, il va paraître.

HERODE.
Quoi ! dans le moment même où je suis à vos pieds,
Vous auriez pû, perfide !...

MARIAMNE.
Ah ! Seigneur, vous croiriez ?...

HERODE.
Tu veux ma mort ! eh bien, je vais remplir ta haine:
Mais au moins dans ma tombe il faut que je t'entraîne,
Et qu'unis malgré toi... Qu'on la garde, Soldats.

SCENE VI.
HERODE, MARIAMNE, SALOME, MAZAEL, ELISE, GARDES.

SALOME.

AH ! mon frere, aux Hébreux ne vous présentez pas.
Le Peuple soulevé demande votre vie.
Le nom de Mariamne excite leur furie ;
De vos mains, de ces lieux, ils viennent l'arracher.

HERODE.
Allons. Ils me verront, & je cours les chercher.
De l'horreur où je suis tu répondras, cruelle.
Ne l'abandonnez pas, ma sœur, veillez sur elle.

MARIAMNE.
Je ne crains point la mort : mais j'atteste les Cieux...

MAZAEL.
Ah ! Seigneur, les Romains sont déja sous vos yeux.

Théâtre. Tome I.   K

HERODE.
Courons... Mais quoi ! laisser la coupable impunie?
Ah ! je veux dans son sang laver sa perfidie ;
Je veux, j'ordonne, hélas ! dans mon funeste sort,
Je ne puis rien résoudre, & vais chercher la mort.

Fin du quatriéme Acte.

ACTE V.

SCENE I.

MARIAMNE, ELISE, GARDES.

MARIAMNE.

ELoignez-vous, Soldats, daignez laisser du moins
Votre Reine un moment respirer sans témoins.
Les Gardes se retirent au coin du Théâtre
Voilà donc, juste Dieu! quelle est ma destinée!
La splendeur de mon sang la pourpre où je suis née,
Enfin ce qui sembloit promettre à mes beaux jours
D'un bonheur assûré l'inaltérable cours;
Tout cela n'a donc fait que verser sur ma vie
Le funeste poison dont elle fut remplie.
O naissance! ô jeunesse! Eh toi, triste beauté,
Dont l'éclat dangereux enfla ma vanité,
Flateuse illusion dont je fus occupée,
Vaine ombre de bonheur que vous m'avez trompée!
Sous ce Trône coupable, un éternel ennui
M'a creusé le tombeau que l'on m'ouvre aujourdhui.
Dans les eaux du Jourdain j'ai vu périr mon Frere;
Mon Epoux à mes yeux a massacré mon Pere,
Par ce cruel Epoux condamnée à périr,
Ma vertu me restoit; on ose la flétrir.
Grand Dieu! dont les rigueurs éprouvent l'innocence,

Je ne demande point ton aide ou ta vengeance.
J'appris de mes Ayeux, que je fais imiter,
A voir la mort fans crainte, & fans la mériter.
Je t'offre tout mon fang. Défens au moins ma gloire.
Commande à mes Tyrans d'épargner ma mémoire ;
Que le menfonge impur n'ofe plus m'outrager ;
Honorer la vertu c'eſt aſſez la venger.
Mais quel tumulte affreux ! quels cris ! quelles allarmes !
Ce Palais retentit du bruit confus des armes,
Hélas ! j'en fuis la caufe, & l'on périt pour moi.
On enfonce la porte. Ah ! qu'eſt-ce que je voi ?

✶✶✶✶✶✶✶✶✶✶✶✶✶✶✶✶✶ ✶✶✶✶✶✶✶✶✶✶

SCENE II.

MARIAMNE, VARUS, ELISE, ALBIN, Soldats d'Hérode, Soldats de Varus.

VARUS.

Fuyez, vils ennemis qui gardez votre Reine,
Hébreux, difparaiſſez. Romains, qu'on les enchaîne.

Les Gardes & les Soldats d'Hérode s'en vont.

Venez, Reine, venez, fecondez nos efforts :
Suivez mes pas, marchons dans la foule des Morts ;
A vos Perfécuteurs vous n'êtes plus livrée :
Ils n'ont pu de ces lieux me défendre l'entrée.
Dans fon perfide fang Mazaël eſt plongé,
Et du moins à demi mon bras vous a vengé.
D'un inſtant précieux faififfez l'avantage.
Mettez ce front augufte à l'abri de l'orage.
Avançons.

MARIAMNE.

Non, Seigneur, il ne m'eſt plus permis

D'accepter vos bontés contre mes ennemis.
Après l'affront cruel, & la tâche trop noire,
Dont les soupçons d'Hérode ont offensé ma gloire ;
Je les mériterois, si je pouvois souffrir
Cet appui dangereux que vous venez m'offrir.
Je crains votre secours, & non sa barbarie.
Il est honteux pour moi de vous devoir la vie ;
L'honneur m'en fait un crime. Il le faut expier,
Et j'attends le trépas pour me justifier.

VARUS

Que faites-vous, hélas ! malheureuse Princesse !
Un moment peut vous perdre. On combat. Le tems
    presse.
Craignez encor Hérode, armé du désespoir.

MARIAMNE.

Je ne crains que la honte, & je sai mon devoir.

VARUS.

Quoi ! faudra-t'il toûjours que Varus vous offense ?
Je vais donc, malgré-vous, servir votre vengeance.
Je cours à ce Tyran qu'en vain vous respectez ;
Je revole au combat, & mon bras....

MARIAMNE.

                      Arrêtez :
Je déteste un triomphe à mes yeux si coupable ;
Seigneur, le sang d'Hérode est pour moi respectable.
C'est lui de qui les droits....

VARUS.

            L'ingrat les a perdus.

MARIAMNE.

Par les nœuds les plus saints....

VARUS.

        Tous vos nœuds sont rompus..

MARIAMNE.

Le devoir nous unit.

MARIAMNE,

VARUS.
Le crime vous sépare.
N'arrêtez plus mes pas. Vengez-vous d'un Barbare,
Sauvez tant de vertus. . . .

MARIAMNE.
Vous les deshonorez.

VARUS.
Il va trancher vos jours.

MARIAMNE.
Les siens me sont sacrez.

VARUS.
Il a souillé sa main du sang de votre Pere.

MARIAMNE
Je sai ce qu'il a fait, & ce que je dois faire.
De sa fureur ici j'attends les derniers traits,
Et ne prends point de lui l'exemple des forfaits.

VARUS.
O courage ! ô constance ! ô cœur inébranlable !
Dieux ! que tant de vertus rend Hérode coupable !
Plus vous me commandez de ne point vous servir,
Et plus je vous promets de vous désobéïr.
Votre honneur s'en offense, & le mien me l'ordonne.
Il n'est rien qui m'arrête, il n'est rien qui m'étonne ;
Et je cours réparer, en cherchant votre Epoux,
Ce tems que j'ai perdu sans combattre pour vous.

MARIAMNE.
Seigneur. . . .

SCENE III.

MARIAMNE, ELISE, GARDES.

MARIAMNE.

Mais il m'échappe, il ne veut point m'entendre.
Ciel! ô Ciel! epargnez le sang qu'on va répandre;
Epargnez mes Sujets, épuisez tout sur moi:
Sauvez le Roi lui-même.

SCENE IV.

MARIAMNE, ELISE, NABAL, GARDES.

MARIAMNE.

Ah! Nabal, est-ce toi?
Qu'as-tu fait de mes Fils, & que devient ma Mere?

NABAL.

Le Roi n'a point sur eux étendu sa colere.
Unique & triste objet de ses transports jaloux,
Dans ces extrêmités ne craignez que pour vous.
Le seul nom de Varus augmente sa furie.
Si Varus est vaincu, c'est fait de votre vie.
Déja même, déja le barbare Zarès
A marché vers ces lieux, chargé d'ordres secrets.
Osez paraître, osez vous sécourir vous-même.
Jettez-vous dans les bras d'un Peuple qui vous aime;
Faites voir Mariamne à ce Peuple abattu;
Vos regards lui rendront son antique vertu.
Appellons à grands cris nos Hébreux & nos Prêtres.

Tout Juda défendra le pur sang de ses Maîtres.
Madame, avec courage, il faut vaincre ou périr.
Daignez....

MARIAMNE.

Le vrai courage est de savoir souffrir ;
Non d'aller exciter une foule rebelle,
A lever sur son Prince une main criminelle.
Je rougirois de moi, si craignant mon malheur,
Quelques vœux pour sa mort avoient surpris mon
    cœur,
Si j'avois un moment souhaité ma vengeance,
Et fondé sur sa perte un reste d'espérance.
Nabal, en ce moment le Ciel met dans mon sein
Un désespoir plus noble, un plus digne dessein.
Le Roi, qui me soupçonne, enfin va me connaître.
Au milieu du combat on me verra paraître.
De Varus & du Roi j'arrêterai les coups ;
Je remettrai ma tête aux mains de mon Epoux.
Je fuyois ce matin sa vengeance cruelle ;
Ses crimes m'exiloient, son danger me rappelle.
Ma gloire me l'ordonne, & prompte à l'écouter,
Je vais sauver au Roi le jour qu'il veut m'ôter.

NABAL.

Hélas! où courez-vous ! dans quel désordre extrême...

MARIAMNE.

Je suis perduë, hélas ! c'est Hérode lui-même.

TRAGEDIE. 153

SCENE V.
HERODE, MARIAMNE, ELISE, NABAL, IDAMAS, GARDES.

HERODE.

Ils se sont vus ! ah Dieu... perfide, tu mourras.
MARIAMNE.
Pour la derniere fois, Seigneur, ne souffrez pas..
HERODE.
Sortez... Vous, qu'on la suive.
NABAL.
O justice éternelle !

SCENE VI.
HERODE, IDAMAS, GARDES.

HERODE.

Que je n'entende plus le nom de l'infidelle.
Eh bien ! braves Soldats, n'ai-je plus d'Ennemis?
IDAMAS.
Les Romains sont défaits, les Hébreux sont soumis :
Varus, percé de coups vous céde la Victoire.
Ce jour vous a comblé d'une éternelle gloire.
Mais le sang de Varus, répandu par vos mains,
Peut attirer sur vous le courroux des Romains,
Songez-y bien, Seigneur, & qu'une telle offense..
HERODE.
De la coupable enfin, je vais prendre vengeance.
Je perds l'indigne objet que je n'ai pu gagner,

Et de ce seul moment je commence à régner.
J'étois trop aveuglé ; ma fatale tendresse
Etoit ma seule tâche, & ma seule faiblesse.
Laissons mourir l'ingrate : oublions ses attraits :
Que son nom dans ces lieux s'éfface pour jamais ;
Que dans mon cœur sur-tout sa mémoire périsse :
Enfin tout est-il prêt pour ce juste supplice ?

IDAMAS.

Oüi, Seigneur.

HERODE.

Quoi ! si-tôt on a pu m'obéïr ?
Infortuné Monarque ! elle va donc périr ?
Tout est prêt, Idamas ?

IDAMAS.

Vos Gardes l'ont saisie,
Votre vengeance, hélas ! sera trop bien servie.

HERODE.

Elle a voulu sa perte, elle a sû m'y forcer ;
Que l'on me venge. Allons, il n'y faut plus penser.
Hélas ! j'aurois voulu vivre & mourir pour elle.
A quoi m'as-tu réduit, Epouse criminelle ?

SCENE DERNIERE.

HERODE, IDAMAS, NABAL.

HERODE.

NAbal, où courez-vous ? Juste Ciel ! vous pleurez !
De crainte, en le voyant, mes sens sont pénétrés.

NABAL.

Seigneur....

HERODE.

Ah ! malheureux que venez-vous me dire !

TRAGEDIE. 155
NABAL.
Ma voix en vous parlant, sur mes lévres expire.
HERODE.
Mariamne...
NABAL.
O douleur ! ô regrets superflus !
HERODE.
Quoi ! c'en est fait ?
NABAL.
Seigneur, Mariamne n'est plus.
HERODE.
Elle n'est plus ? grand Dieu !
NABAL.
Je dois à sa mémoire,
A sa vertu trahie, à vous, à votre gloire,
De vous montrer le bien que vous avez perdu,
Et le prix de ce sang par vos mains répandu.
Non, Seigneur, non son cœur n'étoit point infidelle.
Hélas ! lorsque Varus a combattu pour elle,
Votre Epouse à mes yeux détestant son secours,
Voloit pour vous défendre au péril de ses jours.
HERODE.
Qu'entends-je ! ah malheureux ! ah désespoir extrême !
Nabal, que m'as-tu dit ?
NABAL.
C'est dans ce moment même,
Où son cœur se faisoit ce généreux effort,
Que vos ordres cruels l'ont conduite à la mort.
Salome avoit pressé l'instant de son supplice.
HERODE.
O Monstre, qu'à regret épargna ma justice !
Monstre, quels châtimens sont pour toi réservés ?
Que ton sang, que le mien... Ah ! Nabal, achevez,
Achevez mon trépas par ce récit funeste.

NABAL.
Comment pourrai-je, hélas! vous apprendre le reste?
Vos Gardes de ces lieux ont osé l'arracher.
Elle a suivi leurs pas sans vous rien reprocher,
Sans affecter d'orgueïl, & sans montrer de crainte.
La douce Majesté sur son front étoit peinte.
La modeste innocence & l'aimable pudeur
Régnoient dans ses beaux yeux, ainsi que dans son cœur.
Son malheur ajoûtoit à l'éclat de ses charmes.
Nos Prêtres, nos Hébreux dans les cris, dans les larmes,
Conjuroient vos Soldats, levoient les mains vers eux,
Et demandoient la mort avec des cris affreux.
Hélas! de tous côtés, dans ce désordre extrême,
En pleurant Mariamne, on vous plaignoit vous-même.
L'on disoit hautement, qu'un Arrêt si cruel
Accableroit vos jours d'un remords éternel.

HERODE.
Grand Dieu! que chaque mot me porte un coup terrible!

NABAL.
Aux larmes des Hébreux Mariamne sensible,
Consoloit tout ce Peuple, en marchant au trépas.
Enfin vers l'échaffaut on a conduit ses pas.
C'est là qu'en soulevant ses mains appésanties
Du poids affreux des fers indignement flétries:
» Cruel, a-t'elle dit, & malheureux Epoux!
» Mariamne en mourant ne pleure que sur vous.
» Puissiez-vous par ma mort finir vos injustices.
» Vivez, regnez heureux sous de meilleurs auspices;
» Voyez d'un œil plus doux mes peuples & mes fils,
» Aimez-les: je mourrai trop contente à ce prix.
En achevant ces mots, votre Epouse innocente
Tend au fer des Bourreaux cette tête charmante,

TRAGEDIE. 157

Dont la Terre admiroit les modeftes appas.
Seigneur, j'ai vu lever le parricide bras ;
J'ai vû tomber...

HERODE.
Tu meurs & je refpire encore ?
Mânes facrés, chere Ombre, Epoufe que j'adore,
Refte pâle & fanglant de l'objet le plus beau,
Je te fuivrai du moins dans la nuit du tombeau.
Quoi vous me retenez ? Quoi ! Citoyens perfides,
Vous arrachez ce fer à mes mains parricides !
Ma chere Mariamne, arme-toi, punis-moi,
Viens déchirer ce cœur qui brûle encor pour toi.
Je me meurs.

Il tombe dans un fauteüil.

NABAL.
De fes fens il a perdu l'ufage ;
Il fuccombe à fes maux.

HERODE.
Quel funefte nuage
S'eft répandu foudain fur mes efprits troublés !
D'un fombre & noir chagrin mes fens font accablés.
D'où vient qu'on m'abandonne au trouble qui me
    gêne ?
Je ne vois point ma Sœur, je ne vois point la Reine.
Vous pleurez, vous n'ofez vous approcher de moi !
Trifte Jérufalem, tu fuis devant ton Roi ?
Qu'ai-je donc fait ? Pourquoi fuis-je en horreur au
    monde ?
Qui me délivrera de ma douleur profonde ?
Par qui ce long tourment fera-t'il adouci ;
Qu'on cherche Mariamne, & qu'on l'amene ici.

NABAL.
Mariamne, Seigneur !

HERODE.
Ouï, je fens que fa vûë

Va rendre un calme heureux à mon ame éperduë,
Toûjours devant les yeux que j'aime & que je crains
Mon cœur est moins troublé, mes jours sont plus serains.
Déja même à son nom mes douleurs s'affoiblissent,
Déja de mon chagrin les ombres s'éclaircissent,
Qu'elle vienne.

NABAL.
Seigneur....

HERODE.
Je veux la voir.

NABAL.
Hélas!
Avez-vous pu, Seigneur, oublier son trépas?

HERODE.
Cruel! que dites-vous?

NABAL.
La douleur le transporte:
Il ne se connait plus.

HERODE.
Quoi! Mariamne est morte?
Ah! funeste Raison, pourquoi m'éclaires-tu?
Jour triste, jour affreux, pourquoi m'es-tu rendu?
Lieux teints de ce beau sang que l'on vient de répandre,
Murs que j'ai relevés, Palais, tombez en cendre,
Cachez sous les débris de vos superbes Tours,
La place où Mariamne a vu trancher ses jours.
Quoi! Mariamne est morte, & j'en suis l'homicide!
Punissez, déchirez ce Monstre parricide,
Armez-vous contre moi, Sujets qui la perdez,
Tonnez, écrasez-moi, Cieux qui la possedez.

Fin du cinquiéme & dernier Acte.

L'INDISCRET,

COMEDIE.

Représentée pour la premiere fois le Août 1725.

A MADAME

A MADAME
LA MARQUISE DE PRIE.

Vous, qui possedez la beauté
Sans être vaine ni coquette ;
Et l'extrême vivacité,
Sans être jamais indiscrette :
Vous à qui donnerent les Dieux
Tant de lumieres naturelles,
Un esprit juste, gracieux,
Solide dans le sérieux,
Et charmant dans les bagatelles ;
Souffrez, qu'on présente à vos yeux
L'avanture d'un téméraire,
Qui perd ce qu'il aime le mieux,
Pour s'être vanté de trop plaire.

Si l'Héroïne de la Piéce,
DE PRIE, eût eu votre beauté,
On excuseroit la faiblesse.
Qu'il eut de s'être un peu vanté.
Quel Amant ne seroit tenté
De parler de telle Maîtresse
Par un excès de vanité,
Ou par un excès de tendresse ?

ACTEURS.

EUPHEMIE.
DAMIS.
HORTENSE.
TRASIMON.
CLITANDRE.
NERINE.
PASQUIN.
Plusieurs Laquais de Damis.

L'INDISCRET,
COMEDIE.

SCENE I.
EUPHEMIE, DAMIS.

EUPHEMIE.

N'Attendez pas, mon Fils, qu'avec un ton sévére
Je déploye à vos yeux l'autorité de Mere.
Toûjours prête à me rendre à vos justes raisons,
Je vous donne un conseil, & nos pas des leçons.
C'est mon cœur qui vous parle, & mon expérience
Fait que ce cœur pour vous se trouble par avance.
Depuis deux mois au plus vous êtes à la Cour,
Vous ne connaissez pas ce dangereux séjour.
Sur un nouveau venu le Courtisan perfide
Avec malignité jette un regard avide;
Pénétre ses défauts, & dès le premier jour,
Sans pitié le condamne, & même sans retour.
Craignez de ces Messieurs la malice profonde.

L a

Le premier pas, mon fils, que l'on fait dans le monde,
Est celui dont dépend le reste de nos jours.
Ridicule une fois, on vous le croit toûjours.
L'impression demeure. En vain croîssant en âge,
On change de conduite, on prend un air plus sage,
On souffre encor long-tems de ce vieux préjugé ;
On est suspect encor lorsqu'on est corrigé ;
Et j'ai vû quelquefois payer dans la vieillesse
Le tribut des défauts qu'on eut dans la jeunesse.
Connaissez donc le monde & songez qu'aujourdhui
Il faut que vous viviez pour vous moins que pour lui.

DAMIS.

Je ne sais, où peut tendre un si long préambule.

EUPHE'MIE.

Je vois qu'il vous paraît injuste & ridicule.
Vous méprisez des soins pour vous bien importans,
Vous m'en croirez un jour : il n'en sera plus tems.
Vous êtes indiscret. Ma trop longue indulgence
Pardonna ce défaut au feu de votre enfance ;
Dans un âge plus mûr il cause ma frayeur :
Vous avez des talens, de l'esprit & du cœur ;
Mais croyez qu'en ce lieu tout rempli d'injustices,
Il n'est point de vertu qui rachete les vices,
Qu'on cite nos défauts en toute occasion,
Que le pire de tous est l'indiscrétion,
Et qu'à la Cour, mon fils, l'Art le plus nécessaire
N'est pas de bien parler, mais de savoir se taire.
Ce n'est pas en ce lieu, que la societé
Permet ces entretiens remplis de liberté ;
Le plus souvent ici l'on parle sans rien dire,
Et les plus ennuyeux savent s'y mieux conduire.
Je connais cette Cour : on peut fort la blâmer ;
Mais lorsqu'on y demeure il faut s'y conformer.
Pour les femmes sur-tout, plein d'un égard extrême.

COMEDIE.

Parlez-en rarement, encor moins de vous-même.
Paraiſſez ignorer ce qu'on fait, ce qu'on dit,
Cachez vos ſentimens, & même votre eſprit :
Sur-tout de vos ſecrets ſoyez toûjours le maître
Qui dit celui d'autrui doit paſſer pour un traître ;
Qui dit le ſien, mon fils, paſſe ici pour un ſot ;
Qu'avez-vous à répondre à cela ?

DAMIS.

      Pas le mot,
Je ſuis de votre avis : je hais le caractère
De quiconque n'a pas le pouvoir de ſe taire ;
Ce n'eſt pas-là mon vice, & loin d'être entiché
Du défaut qui par vous m'eſt ici réproché,
Je vous avouë enfin, Madame, en confidence :
Qu'avec vous trop long-tems j'ai gardé le ſilence
Sur un fait dont pourtant j'aurois dû vous parler ;
Mais ſouvent dans la vie il faut diſſimuler.
Je ſuis Amant aimé d'une Veuve adorable.
Jeune, charmante, riche, auſſi ſage qu'aimable.
C'eſt Hortenſe. A ce nom, jugez de mon bonheur,
Jugez s'il étoit ſu, de la vive douleur
De tous nos Courtiſans qui ſoupirent pour elle.
Nous leur cachons à tous notre ardeur mutuelle.
L'amour depuis deux jours a ſerré ce lien,
Depuis deux jours entiers, & vous n'en ſavez rien.

EUPHÉMIE.

Mais j'étois à Paris depuis deux jours.

DAMIS.

        Madame,
On n'a jamais brûlé d'une ſi belle flâme.
Plus l'aveu vous en plaît, plus mon cœur eſt content,
Et mon bonheur s'augmente en vous le racontant.

EUPHÉMIE.

Je ſuis ſûre, Damis, que cette confidence,
Vient de votre amitié, non de votre imprudence.

DAMIS.

En doutez-vous ?

EUPHÉMIE.

Eh ! eh ! . . . mais enfin entre nous,
Songez au vrai bonheur, qui vient s'offrir à vous ;
Hortense a des appas : mais de plus cette Hortense
Est le meilleur parti qui soit pour vous en France.

DAMIS.

Je le sai.

EUPHEMIE.

D'elle seule elle reçoit des loix,
Et le don de sa main dépendra de son choix.

DAMIS.

Et tant mieux.

EUPHEMIE.

Vous saurez flâter son caractère,
Ménager son esprit.

DAMIS.

Je fais mieux, je sai plaire.

EUPHEMIE.

C'est bien dit ; mais, Damis, elle fuit les éclats,
Et les airs trop bruyans ne l'accommodent pas.
Elle peut, comme une autre, avoir quelque faiblesse ;
Mais jusques dans ses goûts elle a de la sagesse,
Craint sur-tout de se voir en spectacle à la Cour,
Et d'être le sujet de l'histoire du jour.
Le secret, le myſtère eſt tout ce qui la flâte.

DAMIS.

Il faudra bien pourtant qu'enfin la chose éclate.

EUPHEMIE.

Mais près d'elle en un mot quel sort vous a produit ?
Nul jeune homme jamais n'est chez elle introduit.
Elle fuit avec soin, en personne prudente,
De nos jeunes Seigneurs la cohuë éclatante.

COMEDIE.

DAMIS.
Ma foi chez elle encor je ne suis point reçu,
Je l'ai long-tems lorgnée, & grace au ciel j'ai plu.
D'abord elle rendit mes Billets sans les lire ;
Bientôt elle les lut, & daigne enfin m'écrire.
Depuis près de deux jours je goûte un doux espoir,
Et je dois en un mot l'entretenir ce soir.

EUPHEMIE.
Eh bien, je veux aussi l'aller trouver moi-même.
La mere d'un Amant qui nous plaît, qui nous aime,
Est toûjours, que je croi, reçuë avec plaisir.
De vous adroitement je veux l'entretenir,
Et disposer son cœur à presser l'hymenée,
Qui fera le bonheur de votre destinée.
Obtenez au plûtôt & sa main & sa foi ;
Je vous y servirai ; mais n'en parlez qu'à moi.

DAMIS.
Non, il n'est point ailleurs, Madame, je vous jure,
Une mere plus tendre, une amitié plus pure ;
A vous plaire à jamais je borne tous mes vœux.

EUPHEMIE.
Soyez heureux, mon fils, c'est tout ce que je veux.

SCENE II.

DAMIS seul.

MA mere n'a point tort, je sai bien qu'en ce monde
Il faut, pour réüssir, une adresse profonde.
Hors dix ou douze amis à qui je puis parler,
Avec toute la Cour je vais dissimuler.
Çà pour mieux essayer cette prudence extrême,
De nos secrets ici ne parlons qu'à nous-même.
Examinons un peu sans témoins, sans jaloux,

L 4

Tout ce que la Fortune a prodigué pour nous.
Je hais la vanité ; mais ce n'est point un vice
De savoir se connaître, & se rendre justice.
On n'est pas sans esprit, on plaît, on a, je croi,
Aux petits cabinets l'air de l'ami du Roi.
Il faut bien s'avouer que l'on est fait à peindre ;
On danse, on chante, on boit, on sait parler & feindre
Colonel à treize ans, je pense avec raison,
Que l'on peut à trente ans m'honorer d'un baton.
Heureux en ce moment, heureux en espérance,
Je garderai Julie, & vais avoir Hortense.
Possesseur une fois de toutes ses beautés
Je lui ferai par jour vingt infidélités ;
Mais sans troubler en rien la douceur du ménage,
Sans être soupçonné, sans paraître volage,
Et mangeant en six mois la moitié de son bien,
J'aurai toute la Cour sans qu'on en sache rien.

SCENE III.

DAMIS, TRASIMON.

DAMIS.

Eh ! bon jour, Commandeur.

TRASIMON.

Aye ! ouf ! on m'estropie...

DAMIS.

Embrassons-nous encor, Commandeur, je te prie.

TRASIMON.

Souffrez...

DAMIS.

Que je t'étouffe une troisiéme fois

COMEDIE. 169
TRASIMON.

Mais quoi ?

DAMIS.

Déride un peu ce renfrogné minois.
Réjouïs-toi, je suis le plus heureux des hommes.

TRASIMON.

Je venois pour vous dire...

DAMIS.

Oh ! parbleu tu m'assommes
Avec ce front glacé que tu portes ici.

TRASIMON.

Mais je ne prétens pas vous rejouir aussi.
Vous avez sur les bras une facheuse affaire.

DAMIS.

Eh ! eh ! pas si facheuse.

TRASIMON.

Erminie & Valere
Contre vous en ces lieux déclament hautement ;
Vous avez parlé d'eux un peu légerement ;
Et même depuis peu le vieux Seigneur Horace
M'a prié....

DAMIS.

Voilà bien de quoi je m'embarrasse.
Horace est un vieux fou, plûtôt qu'un vieux Seigneur,
Tout chamarré d'orgueil, pétri d'un faux honneur,
Assez bas à la Cour, important à la Ville,
Et non moins ignorant qu'il veut paraître habile.
Pour Madame Erminie, on sait assez comment
Je l'ai prise & quittée un peu trop brusquement.
Qu'elle est aigre, Erminie, & qu'elle est tracassiere !
Pour son petit Amant mon cher ami Valere,
Tu le connais un peu : parle ; as-tu jamais vu
Un esprit plus guindé, plus gauche, plus tortu ?
A propos, on m'a dit hier en confidence,

Que son grand frere aîné, cet homme d'importance,
Est reçu chez Clarice avec quelque faveur,
Que la grosse Comtesse en creve de douleur.
Et toi, vieux Commandeur, comment va la tendresse ?

TRASIMON.
Vous savez, que le Sexe assez peu m'intéresse.

DAMIS.
Je ne suis pas de même, & le Sexe, ma foi,
A la Ville, à la Cour, me donne assez d'emploi.
Ecoute, il faut ici que mon cœur te confie
Un secret dont dépend le bonheur de ma vie.

TRASIMON.
Puis-je vous y servir ?

DAMIS.
Toi ? point du tout.

TRASIMON.
Eh bien,
Damis, s'il est ainsi ne m'en dites donc rien.

DAMIS.
Le droit de l'amitié...

TRASIMON.
C'est cette amitié même
Qui me fait éviter avec un soin extrême
Le fardeau d'un secret au hazard confié,
Qu'on me dit par faiblesse, & non par amitié,
Dont tout autre que moi seroit dépositaire,
Qui de mille soupçons est la source ordinaire,
Et qui peut nous combler de honte & de dépit,
Moi d'en avoir trop su, vous d'en avoir trop dit.

DAMIS.
Malgré toi, Commandeur, quoique tu puisses dire,
Pour te faire plaisir je veux du moins te lire
Le Billet qu'aujourdhui....

COMEDIE.

TRASIMON.
Par quel empressement....
DAMIS.
Ah ! tu le trouveras écrit bien tendrement.
TRASIMON.
Puisque vous le voulez enfin ....
DAMIS.
C'est l'Amour même,
Ma foi, qui l'a dicté. Tu verras, comme on m'aime.
La main, qui me l'écrit, le rend d'un prix.. vois-tu.
Mais d'un prix.. eh ! morbleu, je crois l'avoir perdu.
Je ne le trouve point.. Holà, la Fleur, la Brie !

SCENE IV.

DAMIS, TRASIMON, plusieurs Laquais.

Un Laquais.

Monseigneur ?
DAMIS.
Remontez vîte à la Gallerie,
Retournez chez tous ceux que j'ai vu ce matin :
Allez chez ce vieux Duc ... ah ! je le trouve enfin.
Ces Marauds l'ont mis-là par pure étourderie.
A ses Gens.
Laissez-nous. Commandeur, écoute, je te prie,

SCENE V.

DAMIS, TRASIMON, CLITANDRE, PASQUIN.

CLITANDRE *à Pasquin tenant un Billet à la main.*

Oüi, tout le long du jour demeure en ce Jardin :
Obferve tout, vois tout, redis-moi tout, Pafquin ;
Rends-moi compte, en un mot, de tous les pas
    d'Hortenfe.
Ah ! je faurai....

SCENE VI.

DAMIS, TRASIMON, CLITANDRE.

DAMIS.

Voici le Marquis qui s'avance.
Bon jour, Marquis,
    CLITANDRE *un Billet à la main.*
    Bon jour.
        DAMIS.
            Qu'as-tu donc aujourdhui ?
Sur ton front à longs traits qui diable a peint l'ennui ?
Tout le monde m'aborde avec un air fi morne,
Que je crois....
        CLITANDRE *bas.*
    Ma douleur, hélas ! n'a point de borne.
        DAMIS.
Que marmotes-tu là ?
        CLITANDRE *bas.*
            Que je fuis malheureux !

COMEDIE.

DAMIS.
Çà, pour vous égayer, pour vous plaire à tous deux,
Le Marquis entendra le Billet de ma Belle.

CLITANDRE *bas en regardant le Billet qu'il a entre les mains.*
Quel congé ! quelle Lettre ! Hortense... ah ! la cruelle !

DAMIS à *Clitandre.*
C'est un Billet à faire expirer un Jaloux.

CLITANDRE
Si vous êtes aimé, que votre sort est doux ?

DAMIS.
Il le faut avouer, les Femmes de la Ville,
Ma foi, ne savent point écrire de ce stile.
Il lit.
» Enfin je céde aux feux dont mon cœur est épris;
» Je voulois le cacher, mais j'aime à vous le dire.
   » Eh ! pourquoi ne vous point écrire
» Ce que cent fois mes yeux vous ont sans doute appris ?
     » Oui, mon cher Damis, je vous aime,
» D'autant plus que mon cœur peu propre à s'enflamer,
» Craignant votre jeunesse, & se craignant lui-même,
» A fait ce qu'il a pu pour ne vous point aimer.
» Puissai je, après l'aveu d'une telle faiblesse,
     » Ne me la jamais reprocher !
       » Plus je vous montre ma tendresse,
» Et plus à tous les yeux vous devez la cacher.

TRASIMON.
Vous prenez très-grand soin d'obéir à la Dame,
Sans doute, & vous brûlez d'une discrete flame.

CLITANDRE.
Heureux, qui d'une femme adorant les appas,
Reçoit de tels Billets & ne les montre pas.

L'INDISCRET,

DAMIS.

Vous trouvez donc la Lettre....

TRASIMON.

Un peu forte.

CLITANDRE.

Adorable.

DAMIS.

Celle qui me l'écrit est cent fois plus aimable.
Que vous seriez charmés si vous saviez son nom !
Mais dans ce Monde il faut de la discrétion.

TRASIMON.

Oh ! nous n'exigeons point de telle confidence.

CLITANDRE.

Damis, nous nous aimons ; mais c'est avec prudence.

TRASIMON.

Loin de vouloir ici vous forcer de parler...

DAMIS.

Non, je vous aime trop pour rien dissimuler.
Je vois que vous pensez, & la Cour le publie,
Que je n'ai d'autre affaire ici qu'avec Julie.

CLITANDRE.

On le dit d'après vous, mais nous n'en croyons rien.

DAMIS.

Oh ! croi.... jusqu'à présent la chose alloit fort bien :
Nous nous étions aimés, quittés, repris encore ;
On en parle partout.

TRASIMON.

Non, tout cela s'ignore.

DAMIS.

Tu crois qu'à cet oison je suis fort attaché,
Mais, par ma foi, j'en suis très-faiblement touché.

TRASIMON.

Ou fort, ou faiblement, il ne m'importe guere.

DAMIS.

La Julie est aimable, il est vrai, mais légère.

COMEDIE.

L'autre est ce qu'il me faut ; & c'est solidement
Que je l'aime.
CLITANDRE.
Enfin donc cet objet si charmant...
DAMIS.
Vous m'y forcez, allons, il faut bien vous l'apprendre.
Regarde ce Portrait, mon cher ami Clitandre.
Ça, dis-moi, si jamais tu vis de tes deux yeux
Rien de plus adorable & de plus gracieux ?
C'est Macé qui l'a peint, c'est tout dire, & je pense
Que tu reconnaîtras...
CLITANDRE.
Juste Ciel ! c'est Hortense ?
DAMIS.
Pourquoi t'en étonner ?
TRASIMON.
Vous oubliez, Monsieur,
Qu'Hortense est ma Cousine, & chérit son honneur,
Et qu'un pareil aveu...
DAMIS.
Vous nous la donnez bonne,
J'ai six Cousines, moi que je vous abandonne :
Et je vous les verrois lorgner, tromper, quitter,
Imprimer leurs Billets, sans m'en inquiéter.
Il nous feroit beau voir, dans nos humeurs chagrines,
Prendre avec soin sur nous l'honneur de nos Cousines.
Nous aurions trop à faire à la Cour, & ma foi,
C'est assez que chacun réponde ici pour soi.
TRASIMON.
Mais Hortense, Monsieur...
DAMIS.
Eh bien, ouï, je l'adore.
Elle n'aime que moi, je vous le dis encore,
Et je l'épouserai pour vous faire enrager.

CLITANDRE *à part.*

Ah ! plus cruellement pouvoit-on m'outrager ?

DAMIS.

Nos nôces, croyez-moi, ne seront point secrettes ;
Et vous n'en serez pas, tout Cousin que vous êtes.

TRASIMON.

Adieu, Monsieur Damis, on peut vous faire voir,
Que sur une Cousine on a quelque pouvoir.

✤✤✤✤✤✤✤✤✤✤✤✤✤✤✤✤✤✤✤✤✤✤

SCENE VII.

DAMIS, CLITANDRE.

DAMIS.

Que je hais ce Censeur, & son air pédantesque,
Et tous ces faux éclats de vertu romanesque !
Qu'il est sec ! qu'il est brute, & qu'il est ennuyeux !
Mais tu vois ce Portrait d'un œil bien curieux.

CLITANDRE. *à part.*

Comme ici de moi-même il faut que je sois maître,
Qu'il faut dissimuler !

DAMIS.

     Tu remarques peut-être,
Qu'au coin de cette Boëte il manque un des Brillans :
Mais tu sais, que la Chasse hier dura long-tems.
A tout moment on tombe, on se heurte, on s'acroche.
J'avois quatre portraits balottés dans ma poche.
Celui-ci par malheur fut un peu maltraité,
La Boëte s'est rompuë, un Brillant a sauté.
Parbleu, puisque demain tu t'en vas à la ville,
Passe chez la Frenaye ; il est cher, mais habile :
Choisis comme pour toi l'un de ses Diamans.
Je lui dois, entre nous, plus de vingt mille francs.
Adieu ; ne montre aumoins ce Portrait à personne.

CLITANDRE

COMEDIE. 177
CLITANDRE *à part.*
Où suis-je ?
DAMIS.
Adieu, Marquis, à toi je m'abandonne.
Sois discret.
CLITANDRE *à part.*
Se peut-il ?...
DAMIS *revenant.*
J'aime un ami prudent.
Va, de tous mes secrets tu seras confident.
Eh ! peut-on posséder ce que le cœur désire,
Etre heureux, & n'avoir personne à qui le dire ?
Peut-on garder pour soi, comme un dépôt sacré,
L'insipide plaisir d'un amour ignoré ?
C'est n'avoir point d'amis qu'être sans confiance.
C'est n'être point heureux que de l'être en silence.
Tu n'as vu qu'un Portrait & qu'un seul Billet doux.
CLITANDRE.
Eh bien ?
DAMIS.
L'on m'a donné, mon cher, un rendez-vous.
CLITANDRE *à part.*
Ah ! je fremis.
DAMIS.
Ce soir, pendant le Bal qu'on donne,
Je dois, sans être vû, ni suivi de personne,
Entretenir Hortense, ici, dans ce Jardin.
CLITANDRE.
Voici le dernier coup. Ah ! je succombe enfin.
DAMIS.
Là, n'es-tu pas charmé de ma bonne fortune ?
CLITANDRE.
Hortense doit vous voir ?
DAMIS.
Oüi, mon cher, sur la brune :

Théatre. Tome *I.* M

Mais le Soleil qui baisse, amene ces momens,
Ces momens fortunés desirés si long-tems.
Adieu. Je vais chez toi rajuster ma parure,
De deux livres de poudre orner ma chevelure,
De cent parfums exquis mêler la douce odeur ;
Puis paré, triomphant, tout plein de mon bonheur,
Je reviendrai soudain finir notre avanture.
Toi, rode près d'ici, Marquis, je t'en conjure.
Pour te faire un peu part de ces plaisirs si doux,
Je te donne le soin d'écarter les jaloux.

SCENE VIII.
CLITANDRE seul.

AI-je assez retenu mon trouble & ma colere ?
Hélas ! après un an de mon amour sincere,
Hortense en ma faveur enfin s'attendrissoit ;
Las de me résister, son cœur s'amollissoit.
Damis en un moment la voit, l'aime, & sait plaire ;
Ce que n'ont pu deux ans, un moment l'a sû faire :
On le prévient ! On donne à ce jeune éventé
Ce Portrait que ma flâme avoit tant mérité.
Il reçoit une Lettre.... Ah ! celle qui l'envoye
Par un pareil Billet m'eût fait mourir de joye :
Et pour combler l'affront dont je suis outragé,
Ce matin par écrit j'ai reçu mon congé.
De cet écervelé la voilà donc coëffée !
Elle veut à mes yeux lui servir de trophée.
Hortense, ah ! que mon cœur vous connaissoit
     bien mal !

SCENE IX.
CLITANDRE, PASQUIN.

CLITANDRE.

ENfin, mon cher Pasquin, j'ai trouvé mon Rival.

PASQUIN.

Hélas ! Monsieur, tant pis.

CLITANDRE.

C'est Damis que l'on aime ;
Oui, c'est cet étourdi.

PASQUIN.

Qui vous l'a dit ?

CLITANDRE.

Lui-même.
L'indiscret à mes yeux de trop d'orgueil enflé,
Vient se vanter à moi du bien qu'il m'a volé.
Vois ce Portrait, Pasquin. C'est par vanité pure
Qu'il confie à mes mains cette aimable peinture.
C'est pour mieux triompher. Hortense ! eh ! qui
l'eût cru,
Que jamais près de vous Damis m'auroit perdu ?

PASQUIN.

Damis est bien joli.

CLITANDRE *prenant Pasquin à la gorge.*

Comment ? tu prétends, traître,
Qu'un jeune fat...

PASQUIN.

Aye, ouf ! il est vrai que peut-être....
Eh ! ne m'étranglez pas. Il n'a que du caquet....
Mais son air... entre nous, c'est un vrai freluquet.

CLITANDRE.

Tout freluquet qu'il eſt, c'eſt lui qu'on me préfere.
Il faut montrer ici ton adreſſe ordinaire,
Paſquin, pendant le Bal que l'on donne ce ſoir,
Hortenſe & mon Rival doivent ici ſe voir ;
Conſole-moi, ſers moi, rompons cette partie.

PASQUIN.

Mais, Monſieur...

CLITANDRE.

Ton eſprit eſt rempli d'induſtrie.
Tout eſt à toi. Voilà de l'or à pleines mains.
D'un Rival imprudent dérangeons les deſſeins.
Tandis qu'il va parer ſa petite perſonne,
Tâchons de lui voler les momens qu'on lui donne.
Puiſqu'il eſt indiſcret, il en faut profiter :
De ces lieux en un mot il le faut écarter.

PASQUIN.

Croyez-vous me charger d'une facile affaire ?
J'arrêterois, Monſieur, le cours d'une Riviere,
Un Cerf dans une Plaine, un Oiſeau dans les airs,
Un Poëte entêté qui récite ſes Vers,
Une Plaideuſe en feu qui crie à l'injuſtice,
Un Manceau tonſuré, qui court un Bénéfice,
La tempête, le vent, le tonnerre & ſes coups,
Plûtôt qu'un petit Maître allant en rendez-vous.

CLITANDRE.

Veux-tu m'abandonner à ma douleur extrême ?

PASQUIN.

Attendez. Il me vient en tête un ſtratagême.
Hortenſe ni Damis ne m'ont jamais vu ?

CLITANDRE.

Non.

PASQUIN.

Vous avez en vos mains un ſ.ea Portrait ?

CLITANDRE.

Ouï.

PASQUIN.

Bon.

Vous avez un Billet que vous écrit la Belle ?

CLITANDRE.

Hélas ! il est trop vrai.

PASQUIN.

Cette Lettre cruelle
Est un ordre bien net de ne lui parler plus ?

CLITANDRE.

Eh ! ouï, je le sai bien.

PASQUIN.

La Lettre est sans dessus ?

CLITANDRE.

Eh ! ouï, bourreau.

PASQUIN.

Prêtez vite & Portrait & Lettre ;
Donnez.

CLITANDRE.

En d'autres mains, qui, moi, j'irois remettre
Un Portrait confié ?...

PASQUIN.

Voilà bien des façons :
Le scrupule est plaisant. Donnez moi ces chiffons.

CLITANDRE.

Mais...

PASQUIN.

Mais reposez-vous de tout sur ma prudence.

CLITANDRE.

Tu veux...

PASQUIN.

Eh ! dénichez. Voici Madame Hortense.

M 3

SCENE X.
HORTENSE, NÉRINE.

HORTENSE.

Nerine, j'en conviens, Clitandre est vertueux.
Je connais la constance & l'ardeur de ses feux.
Il est sage, discret, honnête-homme, sincere,
Je le dois estimer ; mais Damis sait me plaire.
Je sens trop aux transports de mon cœur combattu,
Que l'amour n'est jamais le prix de la vertu.
C'est par les agrémens que l'on touche une femme
Et pour une de nous que l'amour prend par l'ame,
Nérine, il en est cent qu'il séduit par les yeux.
J'en rougis. Mais Damis ne vient point en ces lieux !

NERINE.
Quelle vivacité ! quoi ! cette humeur si fiere ?...

HORTENSE.
Non, je ne devois pas arriver la premiere.

NÉRINE.
Au premier rendez-vous vous avez du dépit ?

HORTENSE.
Damis trop fortement occupe mon esprit.
Sa mere, ce jour même, a sû par sa visite
De son Fils dans mon cœur augmenter le mérite.
Je vois bien qu'elle veut avancer le moment,
Où je dois pour Epoux accepter mon amant.
Mais je veux en secret lui parler à lui-même,
Sonder ses sentimens.

NERINE.
      Doutez-vous qu'il vous aime ?

HORTENSE.
Il m'aime, je le croi, je le sai. Mais je veux

Mille fois de sa bouche entendre ses aveux,
Voir s'il est en effet si digne de me plaire,
Connaître son esprit, son cœur, son caractère,
Ne point céder, Nérine, à ma prévention,
Et juger, si je puis, de lui sans passion.

SCENE XI.

HORTENSE, NÉRINE, PASQUIN.

HORTENSE.

Madame, en grand secret, Monsieur Damis mon Maître...

HORTENSE.
Quoi ! ne viendroit-il pas ?

PASQUIN.
Non.

NÉRINE.
Ah ! le petit traître !

HORTENSE.
Il ne viendra point ?

PASQUIN.
Non. Mais par bon procédé,
Il vous rend ce Portrait dont il est excédé.

HORTENSE.
Mon Portrait.

PASQUIN.
Reprenez vîte la mignature.

HORTENSE.
Je doute si je veille.

PASQUIN.
Allons, je vous conjure,
Dépêchez-moi, j'ai hâte, & de sa part ce soir
J'ai deux Portraits à rendre, & deux à recevoir.
Jusqu'au revoir. Adieu.

HORTENSE.

Ciel ! quelle perfidie !
J'en mourrai de douleur.

PASQUIN.

De-plus, il vous supplie
De finir la lorgnade, & chercher aujourdhui,
Avec vos airs pincés, d'autres dupes que lui.

※※※※※※※※※＊※※※※※※※※※

SCENE XII.

HORTENSE, NÉRINE, DAMIS, PASQUIN.

DAMIS *dans le fond du Théâtre.*

Je verrai dans ce lieu la beauté qui m'engage.

PASQUIN.

C'est Damis. Je suis pris. Ne perdons point courage.
Il court à Damis, & le tire à part.
Vous voyez, Monseigneur, un des grisons secrets,
Qui d'Hortense partout va portant les poulets.
J'ai certain billet doux de sa part à vous rendre.

HORTENSE.

Quel changement ! quel prix de l'amour le plus
tendre !

DAMIS.

Il lit.

Lisons.
Hom...hom... » Vous méritez de me charmer.
» Je sens à vos vertus ce que je dois d'estime;
   » Mais je ne saurais vous aimer.
Est-il un trait plus noir & plus abominable ?
Je ne me croyais pas à ce point estimable.
Je veux que tout ceci soit public à la Cour,

COMEDIE. 185
Et j'en informerai le Monde dès ce jour.
La chose assurément vaut bien qu'on la publie.
  HORTENSE *à l'autre bout du Theâtre.*
A-t'il pû jusques-là pousser son infâmie ?
    DAMIS.
Tenez ; c'est-là le cas qu'on fait de tes écrits.
    (*Il déchire le billet.*)
  PASQUIN *allant à Hortense.*
Je suis honteux pour vous d'un si cruel mépris.
Madame : vous voyez de quel air il déchire
Les billets qu'à l'ingrat vous daignâtes écrire.
    HORTENSE.
Il me rend mon portrait ! Ah ! périsse à jamais
Ce malheureux crayon de mes faibles attraits !
    (*Elle jette son portrait.*)
  PASQUIN *revenant à Damis.*
Vous voyez : devant vous l'ingrate met en piéces
Votre portrait, Monsieur.
    DAMIS.
      Il est quelques maîtresses
Par qui l'original est un peu mieux reçu.
    HORTENSE.
Nérine, quel amour mon cœur avait conçu !
    A Pasquin.
Pren ma bourse. Di-moi, pour qui je suis trahie,
A quel heureux objet Damis me sacrifie.
    PASQUIN.
A cinq ou six beautés, dont il se dit l'amant,
Qu'il sert toutes bien mal, qu'il trompe également :
Mais surtout à la jeune, à la belle Julie.
  DAMIS *s'étant avancé vers Pasquin.*
Pren ma bague, & di-moi, mais sans friponnerie,
A quel impertinent, à quel fat de la Cour,
Ta maîtresse aujourdhui prodigue son amour.

PASQUIN.

Vous méritez, ma foi, d'avoir la préférence ;
Mais un certain Abbé lorgne de près Hortense :
Et chez elle, de nuit, par le mur du jardin,
Je fais entrer par fois Trafimon son cousin.

DAMIS.

Parbleu, j'en suis ravi. J'en apprens là de belles,
Et je veux en chansons mettre un peu ces nouvelles.

HORTENSE.

C'est le comble, Nérine, au malheur de mes feux,
De voir que tout ceci va faire un bruit affreux.
Allons, loin de l'ingrat je vai cacher mes larmes.

DAMIS.

Allons, je vais au bal montrer un peu mes charmes.

PASQUIN à *Hortense*.

Vous n'avez rien, Madame, à désirer de moi ?

A Damis.

Vous n'avez nul besoin de mon petit emploi ?
Le Ciel vous tienne en paix.

SCENE XIII.
HORTENSE, DAMIS, NÉRINE.

HORTENSE *revenant*.

D'Où vient que je demeure ?

DAMIS.

Je devrais être au bal, & danser à cette heure.

HORTENSE.

Il rêve. Hélas ! d'Hortense il n'est point occupé.

DAMIS.

Elle me lorgne encor, ou je suis fort trompé.
Il faut que je m'approche.

HORTENSE.

              Il faut que je le fuye;

COMEDIE.

DAMIS.
Fuir, & me regarder ! Ah ! quelle perfidie !
Arrêtez. A ce point pouvez-vous me trahir ?

HORTENSE.
Laissez-moi m'efforcer, cruel, à vous haïr.

DAMIS.
Ah ! l'effort n'est pas grand, graces à vos caprices.

HORTENSE.
Je le veux, je le dois, grace à vos injustices.

DAMIS.
Ainsi, du rendez-vous prompts à nous en aller,
Nous n'étions donc venus que pour nous quereller?

HORTENSE.
Que ce discours, ô Ciel ! est plein de perfidie,
Alors que l'on m'outrage, & qu'on aime Julie !

DAMIS.
Mais l'indigne billet que de vous j'ai reçu ?

HORTENSE.
Mais mon portrait enfin que vous m'avez rendu ?

DAMIS.
Moi, je vous ai rendu votre portrait, cruelle ?

HORTENSE.
Moi, j'aurais pu jamais vous écrire, infidelle,
Un billet, un seul mot, qui ne fût point d'amour ?

DAMIS.
Je consens de quitter le Roi, toute la Cour,
La faveur où je suis, les postes que j'espére,
N'être jamais de rien, cesser partout de plaire,
S'il est vrai qu'aujourdhui je vous ai renvoyé
Ce portrait à mes mains par l'amour confié.

HORTENSE.
Je fais plus. Je consens de n'être point aimée
De l'amant dont mon ame est malgré moi charmée,
S'il a reçu de moi ce billet prétendu.
Mais voilà le portrait, ingrat, qui m'est rendu;

Ce prix trop méprisé d'une amitié trop tendre,
Le voilà : Pouvez-vous ?...

DAMIS.

Ah ! j'apperçois Clitandre.

SCENE XIV.
HORTENSE, DAMIS, CLITANDRE, NERINE, PASQUIN.

DAMIS.

Vien-çà, Marquis, vien-çà. Pourquoi fuis-tu d'ici ?
Madame, il peut d'un mot débrouiller tout ceci.

HORTENSE.

Quoi ? Clitandre saurait ?...

DAMIS.

Ne craignez rien, Madame,
C'est un ami prudent, à qui j'ouvre mon ame :
Il est mon confident, qu'il soit le vôtre aussi.
Il faut...

HORTENSE.

Sortons, Nérine : ô Ciel ! quel étourdi !

SCENE XV.
DAMIS, CLITANDRE, PASQUIN.

DAMIS.

Ah ! Marquis, je ressens la douleur la plus vive.
Il faut que je te parle.... il faut que je la suive.
Attends-moi.

A Hortense.

Demeurez. Ah ! je suivrai vos pas.

COMEDIE.

SCENE XVI.
CLITANDRE, PASQUIN.

CLITANDRE.

JE suis, je l'avouerai, dans un grand embarras.
Je les croyois tous deux brouillés sur ta parole.

PASQUIN.

Je le croyois aussi. J'ai bien joué mon rôle ;
Ils se devroient haïr tous deux assurément ;
Mais pour se pardonner il ne faut qu'un moment.

CLITANDRE.

Voyons un peu tous deux le chemin qu'ils vont
 prendre.

PASQUIN.

Vers son appartement Hortense va se rendre.

CLITANDRE.

Damis marche après elle ; Hortense au moins le fuit.

PASQUIN.

Elle fuit faiblement, & son amant la suit.

CLITANDRE.

Damis en vain lui parle : on détourne la tête.

PASQUIN.

Il est vrai ; mais Damis de tems en tems l'arrête.

CLITANDRE.

Il se met à genoux, il reçoit des mépris.

PASQUIN.

Ah ! vous êtes perdu, l'on regarde Damis.

CLITANDRE.

Hortense entre chez elle enfin, & le renvoye.
Je sens des mouvemens de chagrin & de joye,
D'espérance & de crainte, & ne puis deviner,
Où cette intrigue-ci pourra se terminer.

SCENE XVII.

CLITANDRE, DAMIS, PASQUIN.

DAMIS.

AH ! Marquis, cher Marquis, parle d'où vient qu'Hortense
M'ordonne en grand secret d'éviter sa présence ?
D'où vient que son Portrait, que je fie à ta foi,
Se trouve entre ses mains ? Parle, répons, dis-moi.

CLITANDRE.

Vous m'embarrassez fort.

DAMIS à *Pasquin*.

Et vous, Monsieur le traître,
Vous le Valet d'Hortense, ou qui prétendez l'être
Il faut que vous mouriez en ce lieu de ma main.

PASQUIN à *Clitandre*.

Monsieur, protégez-nous.

CLITANDRE à *Damis*.

Eh ! Monsieur...

DAMIS.

C'est en vain...

CLITANDRE.

Epargnez ce Valet, c'est moi qui vous en prie.

DAMIS.

Quel si grand intérêt peux-tu prendre à sa vie ?

CLITANDRE.

Je vous en prie encor, & sérieusement.

DAMIS.

Par amitié pour toi je différe un moment.
Çà, maraut, apprends-moi la noirceur effroyable.

PASQUIN.

Ah ! Monsieur, cette affaire est embrouillée en diable:

COMEDIE.

Mais je vous apprendrai de surprenans secrets,
Si vous me promettez de n'en parler jamais.
DAMIS.
Non, je ne promets rien, & je veux tout apprendre.
PASQUIN.
Monsieur, Hortense arrive & pourroit nous en-
tendre.
A Clitandre.
Ah! Monsieur, que dirai-je? Hélas! je suis à bout.
Allons tous trois au Bal, & je vous dirai tout.

SCENE XVIII.
HORTENSE *un masque à la main & en domino.*
TRASIMON, NERINE.

TRASIMON.
Oüi croyez, ma cousine, & faites votre compte,
Que ce jeune éventé nous couvrira de honte.
Comment? montrer partout, & Lettres & Portrait?
En public? à moi-même? après un pareil trait
Je prétens de ma main lui brûler la cervelle.
HORTENSE *à Nerine.*
Est-il vrai que Julie à ses yeux soit si belle,
Qu'il en soit amoureux?
TRASIMON.
    Il importe fort peu.
Mais qu'il vous deshonore, il m'importe morbleu,
Et je sai l'intérêt qu'un parent doit y prendre.
HORTENSE *à Nérine.*
Crois tu, que pour Julie il ait eu le cœur tendre?
Qu'en penses-tu? dis moi?
NERINE.
    Mais l'on peut aujourdhui

Aitement, si l'on veut, savoir cela de lui.
HORTENSE.
Son indiscretion, Nérine, fut extrême ;
Je devrois le haïr, peut-être que je l'aime.
Tout à l'heure en pleurant, il juroit devant toi,
Qu'il m'aimeroit toujours, & sans parler de moi ;
Qu'il vouloit m'adorer, & qu'il sauroit se taire.
TRASIMON.
Il vous a promis-là bien plus qu'il ne peut faire.
HORTENSE.
Pour la derniere fois je le veux éprouver.
Nérine, il est au Bal ; il faut l'aller trouver,
Déguise-toi. Dis-lui, qu'avec impatience
Julie ici l'attend dans l'ombre & le silence.
L'artifice est permis sous ce masque trompeur,
Qui du moins de mon front cachera la rougeur ;
Je paraitrai Julie aux yeux de l'infidelle,
Je saurai ce qu'il pense, & de moi-même, & d'elle.
C'est de cet entretien que dépendra mon choix.
A Trasimon.
Ne vous écartez point. Restez près de ce bois.
Tâchez auprès de vous de retenir Clitandre.
L'un & l'autre en ces lieux daignez un peu m'attendre ;
Je vous appellerai quand il en sera tems.

SCENE XIX.

HORTENSE *seule en domino, & son masque à la main.*

Il faut fixer enfin mes vœux trop inconstans.
Sachons, sous cet habit à ses yeux travestie,
Sous ce masque, & surtout sous le nom de Julie,

COMEDIE.

Si l'indiscrétion de ce jeune éventé
Fut un excès d'amour, ou bien de vanité ;
Si je dois le haïr, ou lui donner sa grace :
Mais déja je le vois.

SCENE XX.

HORTENSE *en domino & masquée.*
DAMIS.

DAMIS *sans voir Hortense.*

C'Est donc ici la place,
Où toutes les Beautés donnent leur rendez-vous ?
Ma foi, je suis assez à la mode, entre-nous.
Oui, la mode fait tout, décide tout en France ;
Elle régle les rangs, l'honneur, la bienséance,
Le mérite, l'esprit, les plaisirs.

HORTENSE *à part.*
     L'étourdi !

DAMIS.

Ah ! si pour mon bonheur on peut savoir ceci,
Je veux qu'avant deux ans la Cour n'ait point de
 Belle,
A qui l'amour pour moi ne tourne la cervelle.
Il ne s'agit ici que de bien débuter.
Bien-tôt Æglé, Doris.. Mais qui les peut compter !
Quels plaisirs ! quelle file !

HORTENSE *à part.*
     Ah ! la tête légere !

DAMIS.

Ah ! Julie, est-ce vous ? vous qui m'êtes si chere !
Je vous connais malgré ce masque trop jaloux,
Et mon cœur amoureux m'avertit que c'est vous.

Otez, Julie, ôtez ce masque impitoyable :
Non, ne me cachez point ce visage adorable,
Ce front, ces doux regards, cet aimable souris,
Qui de mon tendre amour sont la cause, & le prix.
Vous êtes en ces lieux la seule que j'adore.

HORTENSE.

Non, de vous mon humeur n'est pas connuë encore.
Je ne voudrois jamais accepter votre foi,
Si vous aviez un cœur, qui n'eut aimé que moi.
Je veux que mon Amant soit bien plus à la mode,
Que de ces rendez-vous le nombre l'incommode,
Que par trente Grisons tous ses pas soient comptés.
Que mon amour vainqueur l'arrache à cent Beautés,
Qu'il me fasse surtout de brillans sacrifices.
Sans cela je ne puis accepter ses services.
Un Amant moins couru ne me sauroit flatter.

DAMIS.

Oh ! j'ai sur ce pied-là de quoi vous contenter.
J'ai fait en peu de tems d'assez belles conquêtes :
Je pourrois me vanter de fortunes honnêtes,
Et nous sommes courus de plus d'une Beauté,
Qui pourroient de tout autre enfler la vanité.
Nous en citerions bien qui font les difficiles,
Et qui sont avec nous passablement faciles.

HORTENSE.

Mais encor ?

DAMIS.

  Eh !.... ma foi, vous n'avez qu'à parler,
Et je suis prêt, Julie, à vous tout immoler.
Voulez-vous qu'à jamais mon cœur vous sacrifie
La petite Isabelle, & la vive Erminie,
Clarice, Æglé. Doris ?...

HORTENSE.

    Quelle offrande est-ce-là ?
On m'offre tous les jours ces sacrifices-là.

Ces Dames entre nous sont trop souvent quittées.
Nommez-moi des Beautés, qui soient plus respectées,
Et dont je puisse au moins triompher sans rougir.
Ah ! si vous aviez pû forcer à vous chérir
Quelque femme à l'amour jusqu'alors insensible,
Aux manéges de Cour toujours inaccessible,
De qui la bienséance accompagnât les pas,
Qui sage en sa conduite évitât les éclats ;
Enfin qui pour vous seul eût eu quelque faiblesse ?

DAMIS *s'asseyant auprès d'Hortense.*
Ecoutez. Entre nous, j'ai certaine Maîtresse
A qui ce Portrait-là ressemble trait pour trait :
Mais vous m'accuseriez d'être trop indiscret.

HORTENSE.
Point, point.

DAMIS.
   Si je n'avois quelque peu de prudence,
Si je voulois parler, je nommerois Hortense.
Pourquoi donc à ce nom vous éloigner de moi ?
Je n'aime point Hortense alors que je vous voi ;
Elle n'est près de vous ni touchante, ni belle.
De plus certain Abbé fréquente trop chez elle,
Et de nuit, entre nous, Trasimon son Cousin
Passe un peu trop souvent par le mur du Jardin.

HORTENSE.
A l'indiscrétion joindre la calomnie !
Contraignons-nous encor. Ecoutez, je vous prie,
Comment avec Hortense êtes-vous, s'il vous plaît ?

DAMIS.
Du dernier bien : je dis la chose comme elle est.

HORTENSE, *à part.*
Peut-on plus loin pousser l'audace & l'imposture ?

DAMIS.
Non, je ne vous mens point, c'est la vérité pure.

HORTENSE à part.

Le traître!

DAMIS.

Eh! sur cela quel est votre souci?
Pour parler d'elle enfin sommes-nous donc ici?
Daignez, daignez plûtôt...

HORTENSE.

Non, je ne sçaurais croire,
Qu'elle vous ait cedé cette entiere victoire.

DAMIS.

Je vous dis que j'en ai la preuve par écrit.

HORTENSE.

Je n'en crois rien du tout.

DAMIS.

Vous m'outrez de dépit.

HORTENSE.

Je veux voir par mes yeux.

DAMIS.

C'est trop me faire injure.

Il lui donne la Lettre.

Tenez donc : vous pouvez connaître l'écriture.

HORTENSE *se démasquant.*

Oui, je la connais, traître, & je connais ton cœur,
J'ai reparé ma faute enfin; & mon bonheur
M'a rendu pour jamais le Portrait & la Lettre,
Qu'à ces indignes mains j'avois osé commettre.
Il est tems, Trasimon, Clitandre, montrez-vous,

SCENE XXI.

HORTENSE, DAMIS, TRASIMON, CLITANDRE.

HORTENSE à *Clitandre*.

SI je ne vous suis point un objet de courroux;
Si vous m'aimez encor, à vos loix asservie,
Je vous offre ma main, ma fortune & ma vie.

CLITANDRE.

Ah ! Madame, à vos pieds un malheureux Amant
Devroit mourir de joye & de saisissement.

TRASIMON à *Damis*.

Je vous l'avois bien dit, que je la rendrais sage.
C'est moi seul, Mons Damis, qui fais ce mariage.
Adieu, possedez mieux l'art de dissimuler.

DAMIS.

Juste Ciel ! désormais à qui peut-on parler ?

FIN.

BRUTUS,
TRAGEDIE.

Représentée pour la premiere fois le 11.
Décembre 1730.

AVERTISSEMENT.

CEtte Tragédie fut jouée pour la premiere fois en 1730. C'est de toutes les Piéces de notre Auteur celle qui eut en France le moins de succès aux Représentations ; elle ne fut jouée que seize fois, & c'est celle qui a été traduite en plus de Langues, & que les Nations étrangeres aiment le mieux. Elle est ici fort différente des premieres Editions.

DISCOURS
SUR LA
TRAGEDIE,
A MYLORD.
BOLINGBROOKE.

De la Rime & de la difficulté de la verfification Françaife. Tragédies en profe. Exemples de la difficulté des vers Français. La Rime plaît aux Français, même dans les Comédies. Caractère du Théâtre Anglais. Défaut du Théâtre Français. Exemple du Caton *Anglais. Comparaifon du* Manlius *de Mr. de la Foffe, avec la* Venife *de M.* Otway. *Examen du* Jules Cefar *de* Shakefpear. *Spectacles horribles chez les Grecs. Bienféances & unités. Cinquiéme Acte de* Rodogune. *Pompe & dignité du fpectacle dans la Tragédie. Confeils d'un excellent Critique. De l'amour.*

SI je dédie à un Anglais un ouvrage repréfenté à Paris, ce n'eft pas, MYLORD, qu'il n'y ait auffi dans ma patrie des Juges très-éclairés, & d'excellens efprits auxquels j'euffe pû rendre cet hommage. Mais vous favez que la Tragédie de *Brutus* eft née en Angleterre. Vous vous fouvenez que lorfque j'étois retiré à Wandsworth, chez mon ami M. *Fakener*, ce digne & vertueux Citoyen, je m'occupai chez lui à écrire en profe Anglaife le premier Acte de cette piéce, à peu près tel qu'il eft aujourdhui en vers Français. Je vous en parlais quelquefois, & nous nous étonnions qu'aucun Anglais n'eût traité ce fujet, qui de tous eft peut-être le plus convénable à votre Théâtre. (*) Vous m'encouragiez à continuer un ouvrage fufceptible de fi grands fentimens. Souffrez donc que je vous préfente BRUTUS, quoiqu'écrit dans une autre langue, *docte fermonis utriufque linguæ*, à vous qui me donneriez des leçons de Français auffi-bien que d'Anglais, à vous qui m'apprendriez du moins à rendre à ma langue cette force & cette énergie qu'infpire la noble liberté de penfer ; car les fentimens vigoureux de l'ame paffent toujours dans le langage, & qui penfe fortement, parle de même.

Je vous avoue, MYLORD, qu'à mon retour d'Angleterre, où j'avais paffé près de deux années dans une étude continuelle de votre langue, je me trouvai embarraffé, lorfque je voulus compofer une Tragédie Françaife. Je m'étais prefque accoûtumé à penfer en Anglais : je fentais que les termes de ma langue ne venaient plus fe préfenter

---

(*) Il y a un *Brutus* d'un Auteur nommé *Lée* ; mais c'eft un ouvrage ignoré, qu'on ne repréfente jamais à Londres.

SUR LA TRAGEDIE.

à mon imagination avec la même abondance qu'auparavant ; c'était comme un ruisseau dont la source avait été détournée ; il me fallut du tems & de la peine pour le faire couler dans son premier lit. Je compris bien alors que pour réüssir dans un Art, il le faut cultiver toute sa vie.

Ce qui m'effraya le plus en rentrant dans cette carrière, ce fut la sévérité de notre Poësie, & l'esclavage de la rime. Je regrettais cette heureuse liberté que vous avez d'écrire vos Tragédies en vers non rimés, d'allonger, & surtout d'accourcir presque tous vos mots, de faire enjamber les vers les uns sur les autres, & de créer dans le besoin des termes nouveaux, qui sont toujours adoptés chez vous, lorsqu'ils sont sonores, intelligibles & nécessaires. Un Poëte Anglais, disais-je, est un homme libre qui asservit sa langue à son génie ; le Français est un esclave de la rime, obligé de faire quelquefois quatre vers, pour exprimer une pensée qu'un Anglais peut rendre en une seule ligne. L'Anglais dit tout ce qu'il veut, le Français ne dit que ce qu'il peut. L'un court dans une carrière vaste, & l'autre marche avec des entraves dans un chemin glissant & étroit.

Malgré toutes ces réflexions & toutes ces plaintes, nous ne pourrons jamais secouër le joug de la rime ; elle est essentielle à la Poësie Française. Notre langue ne comporte point d'inversions : nos vers ne souffrent point d'enjambement : nos syllabes ne peuvent produire une harmonie sensible par leurs mesures longues ou brèves : nos césures & un certain nombre de pieds ne suffiraient pas pour distinguer la prose d'avec la versification ; la Rime est donc nécessaire aux vers Français. De plus, tant de grands Maîtres qui ont fait des vers rimés, tels que les *Corneilles*, les *Racines*, les *Despréaux*, ont tellement accoûtumé nos oreilles à cette harmonie, que nous n'en pourrions pas supporter d'autres ; & je le répéte encore, quiconque voudrait se délivrer d'un fardeau qu'a porté le grand *Corneille*, serait regardé avec raison, non pas comme un génie hardi qui s'ouvre une route nouvelle, mais comme un homme très-faible qui ne peut se soutenir dans l'ancienne carriére.

On a tenté de nous donner des Tragédies en prose ; mais je ne crois pas que cette entreprise puisse désormais réüssir ; qui a le plus ne saurait se contenter du moins. On sera toujours mal venu à dire au public, Je viens diminuër votre plaisir. Si au milieu des tableaux de *Rubens* ou de *Paul Veronese*, quelqu'un venait placer ses desseins au crayon, n'aurait-il pas tort de s'égaler à ces Peintres ? On est accoûtumé dans les fêtes, à des danses & à des chants ; serait-ce assez de marcher & de parler, sous prétexte qu'on marcherait & qu'on parlerait bien, & que cela serait plus aisé & plus naturel ?

Il y a grande apparence qu'il faudra toûjours des vers sur tous les Théâtres tragiques, & de plus toûjours des rimes sur le nôtre. C'est même à cette contrainte de la

SUR LA TRAGEDIE.

rime, & à cette sévérité extrême de notre versification, que nous devons ces excellens ouvrages que nous avons dans notre langue. Nous voulons que la rime ne coûte jamais rien aux pensées, qu'elle ne soit ni triviale ni trop recherchée ; nous exigeons rigoureusement dans un vers la même pureté, la même exactitude que dans la prose. Nous ne permettons pas la moindre licence ; nous demandons qu'un Auteur porte sans discontinuer toutes ces chaînes, & cependant, qu'il paraisse toujours libre : & nous ne reconnaissons pour Poëtes que ceux qui ont rempli toutes ces conditions.

Voilà pourquoi il est plus aisé de faire cent vers en toute autre langue, que quatre vers en Français. L'exemple de notre Abbé *Regnier Desmarais*, de l'Académie Française, & de celle de *la Crusca*, en est une preuve bien évidente. Il traduisit *Anacréon* en Italien avec succès ; & ses vers Français sont, à l'exception de deux ou trois quatrains, au rang des plus médiocres. Notre *Ménage* était dans le même cas. Combien de nos beaux esprits ont fait de très-beaux vers Latins, & n'ont pû être supportables en leur langue ?

Je sai combien de disputes j'ai essuyées sur notre versification en Angleterre, & quels reproches me fait souvent le savant Evêque de Rochester sur cette contrainte puérile, qu'il prétend que nous nous imposons de gayeté de cœur. Mais soyez persuadé, MYLORD, que plus un étranger connaîtra notre langue, & plus il se réconciliera avec cette rime qui l'effraye d'abord. Non-feulement elle eft néceffaire à notre Tragédie, mais elle embélit nos Comédies mêmes. Un bon mot en vers en eft retenu plus aifément : les portraits de la vie humaine feront toujours plus frappans en vers qu'en profe ; & qui dit *Vers* en Français, dit néceffairement des vers rimés: en un mot, nous avons des Comédies en profe du célébre *Moliere*, que l'on a été obligé de mettre en vers après fa mort, & qui ne font plus jouées que de cette manière nouvelle.

Ne pouvant, MYLORD, hazarder fur le Théâtre Français des vers non rimés tels qu'ils font en ufage en Italie & en Angleterre, j'aurais du moins voulu tranfporter fur notre fcène certaines beautés de la vôtre. Il eft vrai, & je l'avoue, que le Théâtre Anglais eft bien défectueux. J'ai entendu de votre bouche, que vous n'aviez pas une bonne Tragédie ; mais en récompenfe, dans ces piéces fi monftrueufes, vous avez des fcènes admirables. Il a manqué jufqu'à préfent à prefque tous les Auteurs Tragiques de votre Nation, cette pureté, cette conduite régulière, ces bienféances de l'action & du ftyle, cette élégance, & toutes ces fineffes de l'Art, qui ont établi la réputation du Théâtre Français depuis le grand *Corneille*. Mais vos piéces les plus irréguliéres ont un grand mérite, c'eft celui de l'action.

Nous avons en France des Tragédies eftimées, qui font plûtôt des converfations qu'elles ne font la représentation d'un événement. Un Auteur Italien m'écrivait dans une lettre fur les Théâtres : *Un Critico del noſtro Paſtor fido diſſe che quel componimento era un riaſſunto di belliſſimi Madrigali, credo, ſe viveſſe, che direbbe delle Tragedie Franceſe che ſono un riaſſunto di belle Elegie e fontuoſi Epitalami.* J'ai bien peur que cet Italien n'ait trop raifon. Notre délicateſſe exceſſive nous force quelquefois à mettre en récit ce que nous voudrions expofer aux yeux. Nous craignons de hazarder fur la fcène des fpectacles nouveaux devant une Nation accoûtumée à tourner en ridicule tout ce qui n'eſt pas *d'uſage*.

L'endroit où l'on joue la Comédie, & les abus qui s'y font gliſſés, font encor une caufe de cette fécherefſe qu'on peut reprocher à quelques-unes de nos pièces. Les bancs qui font fur le Théâtre deſtinés aux fpectateurs, rétréciſſent la fcène, & rendent toute action prefque impraticable. Ce défaut eſt caufe que les décorations tant recommandées par les Anciens, font rarement convenables à la piéce. Il empêche furtout que les Acteurs ne paſſent d'un appartement dans un autre aux yeux des fpectateurs, comme les Grecs & les Romains le pratiquaient fagement, pour conferver à la fois l'unité de lieu & la vraifemblance.

Comment oferions-nous fur nos Théâtres faire paraître, par exemple, l'ombre de *Pompée*, ou le génie de *Brutus*, au milieu de tant de jeunes gens qui ne regardent jamais les choses les plus sérieuses que comme l'occasion de dire un bon mot ? Comment apporter au milieu d'eux sur la scène, le corps de *Marcus*, devant *Caton* son père, qui s'écrie : « Heureux jeune homme, » tu es mort pour ton pays ! O mes amis, » laissez-moi compter ces glorieuses blessu- » res ! Qui ne voudrais mourir ainsi pour » la patrie ? Pourquoi n'a-t'on qu'une vie à » lui sacrifier ?... Mes amis, ne pleurez » point ma perte, ne regrettez point mon » fils, pleurez Rome, la maîtresse du » monde n'est plus : ô liberté ! ô ma patrie ! » ô vertu ! &c, » Voilà ce que feu M. *Addisson* ne craignit point de faire représenter à Londres ; voilà ce qui fut joüé, traduit en Italien, dans plus d'une ville d'Italie. Mais si nous hazardions à Paris un tel spectacle, n'entendez-vous pas déja le Parterre qui se recrie ? & ne voyez-vous pas nos femmes qui détournent la tête ?

Vous n'imagineriez pas à quel point va cette délicatesse. L'Auteur de notre Tragédie de *Manlius* prit son sujet de la piéce Angloise de M. *Otway*, intitulée, *Venise sauvée*. Le sujet est tiré de l'histoire de la conjuration du Marquis de *Bedemar*, écrite par l'Abbé de *St. Réal*; & permettez moi de dire en passant, que ce morceau d'Histoire, égal peut-être à *Salluste*, est fort au-dessus & de la piéce d'*Otway*, & de notre *Manlius*. Premiérement, vous remarquez le préjugé qui a forcé l'Auteur Français à déguiser sous des noms Romains une avanture connuë, que l'Anglais a traitée naturellement

SUR LA TRAGEDIE. 209

ment sous les noms véritables. On n'a point trouvé ridicule au Théâtre de Londres, qu'un Ambassadeur Espagnol s'appellât *Bedemar*, & que des conjurés eussent le nom de *Jaffier*, de *Jaques-Pierre*, d'*Elliot*; cela seul en France eût pû faire tomber la piéce.

Mais voyez qu'*Otway* ne craint point d'assembler tous les conjurés. *Renaud* prend leurs sermens, assigne à chacun son poste, prescrit l'heure du carnage, & jette de tems en tems des regards inquiets & soupçonneux sur *Jaffier* dont il se défie. Il leur fait à tous ce discours pathétique, traduit mot pour mot de l'Abbé de *St. Réal. Jamais repos si profond ne précéda un trouble si grand. Notre bonne destinée a aveuglé les plus clairvoyans de tous les hommes, rassuré les plus timides, endormi les plus soupçonneux, confondu les plus subtils : nous vivons encore, mes chers amis, nous vivons, & notre vie sera bientôt funeste aux Tyrans de ces lieux*, &c.

Qu'a fait l'Auteur Français ? Il a craint de hazarder tant de personnages sur la scène ; il se contente de faire réciter par *Renaud* sous le nom de *Rutile*, une faible partie de ce même discours qu'il vient, dit-il, de tenir aux conjurés. Ne sentez-vous pas par ce seul exposé combien cette scène Anglaise est au-dessus de la Française, la piéce d'*Otway* fût-elle d'ailleurs monstrueuse ?

Avec quel plaisir n'ai-je point vû à Londres votre Tragédie du *Jules-César*, qui depuis cent-cinquante années fait les délices de votre Nation ? Je ne prétens pas assûrément approuver les irrégularités barbares

Theâtre. Tome I. O

dont elle est remplie. Il est seulement étonnant qu'il ne s'en trouve pas davantage dans un ouvrage composé dans un siécle d'ignorance, par un homme qui même ne savait pas le Latin, & qui n'eut de Maître que son génie ; mais au milieu de tant de fautes grossiéres, avec quel ravissement je voyais *Brutus* tenant encore un poignard teint du sang de *César*, assembler le Peuple Romain, & lui parler ainsi du haut de la Tribune aux harangues !

Romains, compatriotes, amis, s'il est quelqu'un de vous qui ait été attaché à César*, qu'il sache que* Brutus *ne l'étoit pas moins : Oui, je l'aimais, Romains : & si vous me demandez pourquoi j'ai versé son sang, c'est que j'aimais Rome davantage. Voudriez-vous voir* César *vivant, & mourir ses esclaves, plutôt que d'acheter votre liberté par sa mort ?* César *était mon ami, je le pleure ; il était heureux, j'applaudis à ses triomphes ; il était vaillant, je l'honore ; mais il était ambitieux, je l'ai tué. Y a-t'il quelqu'un parmi vous assez lâche pour regretter la servitude ? S'il en est un seul, qu'il parle, qu'il se montre ; c'est lui que j'ai offensé : Y a-t'il quelqu'un assez infâme pour oublier qu'il est Romain ? Qu'il parle ; c'est lui seul qui est mon ennemi.*

CHŒUR DES ROMAINS.

Personne, non, Brutus, personne.

BRUTUS.

Ainsi donc je n'ai offensé personne. Voici le

SUR LA TRAGEDIE.

corps du Dictateur qu'on vous apporte ; les derniers devoirs lui feront rendus par Antoine, par cet Antoine, qui n'ayant point eu de part au châtiment de Céfar, en retirera le même avantage que moi : & que chacun de vous fente le bonheur ineftimable d'être libre. Je n'ai plus qu'un mot à vous dire : J'ai tué de cette main mon meilleur ami pour le falut de Rome ; je garde ce même poignard pour moi, quand Rome demandera ma vie.

LE CHŒUR.

Vivez, Brutus, *vivez à jamais.*

Après cette fcène, *Antoine* vient émouvoir de pitié ces mêmes Romains, à qui *Brutus* avait infpiré fa rigueur & fa barbarie. *Antoine*, par un difcours artificieux, ramène infenfiblement ces efprits fuperbes ; & quand il les voit radoucis, alors il leur montre le corps de *Céfar*, & fe fervant des figures les plus pathétiques, il les excite au tumulte & à la vengeance. Peut-être les Français ne fouffriraient pas que l'on fît paraître fur leurs Théâtres un chœur compofé d'Artifans & de Plébéiens Romains : que le corps fanglant de *Céfar* y fût expofé aux yeux du peuple, & qu'on excitât ce peuple à la vengeance du haut de la Tribune aux harangues ; c'eft à la coûtume, qui eft la Reine de ce Monde, à changer le goût des Nations, & à tourner en plaifir les objets de notre averfion.

Les Grecs ont hazardé des fpectacles non moins revoltans pour nous. *Hippolite* brifé par sa chûte, vient compter ses blessures & pousser des cris douloureux. *Philoctète* tombe dans ses accès de souffrance ; un sang noir coule de sa playe. *Œdipe* couvert du sang qui dégoutte encor des restes de ses yeux qu'il vient d'arracher, se plaint des Dieux & des hommes. On entend les cris de *Clytemnestre*, que son propre fils égorge, & *Electre* crie sur le Théâtre : *Frappez, ne l'épargnez pas, elle n'a pas épargné notre pere*. *Promethée* est attaché sur un rocher avec des cloux qu'on lui enfonce dans l'estomac & dans les bras. Les Furies répondent à l'ombre sanglante de *Clytemnestre* par des hurlemens sans aucune articulation. Beaucoup de Tragédies Grecques, en un mot, sont remplies de cette terreur portée à l'excès.

Je sai bien, que les Tragiques Grecs, d'ailleurs supérieurs aux Anglais, ont erré en prenant souvent l'horreur pour la terreur, & le dégoutant & l'incroyable pour le tragique & le merveilleux. L'Art était dans son enfance à Athènes du tems d'*Æschyle*, comme à Londres du tems de *Shakespear* ; mais parmi les grandes fautes des Poëtes Grecs, & même des vôtres, on trouve un vrai pathétique & de singulieres beautés ; & si quelques Français, qui ne connaissent les Tragédies & les mœurs étrangères que par des traductions, & sur des oui-dire, les condamnent sans aucune restriction, ils sont, ce me semble, comme des aveugles, qui assureraient qu'une rose ne peut avoir des couleurs vives, parce qu'ils en compteraient les épines à tâtons. Mais si les Grecs & vous,

vous paſſez les bornes de la bienſéance, & ſi ſurtout les Anglais ont donné des ſpectacles effroyables, voulant en donner de terribles, nous autres Français, auſſi ſcrupuleux que vous avez été téméraires, nous nous arrêtons trop, de peur de nous emporter, & quelquefois nous n'arrivons pas au Tragique, dans la crainte d'en paſſer les bornes.

Je ſuis bien loin de propoſer, que la ſcène devienne un lieu de carnage, comme elle l'eſt dans *Shakeſpear*, & dans ſes ſucceſſeurs, qui n'ayant pas ſon génie, n'ont imité que ſes défauts; mais j'oſe croire, qu'il y a des ſituations qui ne paraiſſent encor que dégoutantes & horribles aux Français, & qui bien ménagées, repréſentées avec art, & ſurtout adoucies par le charme des beaux vers, pourraient nous faire une ſorte de plaiſir dont nous ne doutons pas.

> Il n'eſt point de ſerpent ni de Monſtre odieux,
> Qui par l'art imité ne puiſſe plaire aux yeux.

Du moins que l'on me diſe, pourquoi il eſt permis à nos Héros & à nos Héroïnes de Théâtre de ſe tuer, & qu'il leur eſt défendu de tuer perſonne? La ſcène eſt-elle moins enſanglantée par la mort d'*Athalie* qui ſe poignarde pour ſon amant, qu'elle ne le ferait par le meurtre de *Céſar*? Et ſi le ſpectacle du fils de *Caton*, qui paraît mort aux yeux de ſon pere, eſt l'occaſion d'un diſcours admirable de ce vieux Romain; ſi ce morceau a été applaudi en Angleterre & en

Italie par ceux qui font les plus grands partisans de la bienséance Françaife; si les femmes les plus délicates n'en ont point été choquées, pourquoi les Français ne s'y accoûtumeraient-ils pas ? La nature n'eft-elle pas la même dans tous les hommes ?

Toutes ces loix, de ne point enfanglanter la fcène, de ne point faire parler plus de trois Interlocuteurs, &c. font des loix qui, ce me femble, pourraient avoir quelques exceptions parmi nous, comme elles en ont eu chez les Grecs. Il n'en eft pas des régles de la bienféance, toujours un peu arbitraires, comme des régles fondamentales du Théâtre, qui font les trois unités. Il y aurait de la faibleffe & de la ftérilité à étendre une action au-delà de l'efpace du tems & du lieu convenables. Demandez à quiconque aura inféré dans une piéce trop d'événemens, la raifon de cette faute : s'il eft de bonne foi, il vous dira, qu'il n'a pas eu affez de génie pour remplir fa piéce d'un feul fait; & s'il prend deux jours & deux villes pour fon action, croyez que c'eft parce qu'il n'aurait pas eu l'adreffe de la refferrer dans l'efpace de trois heures, & dans l'enceinte d'un Palais, comme l'exige la vraifemblance. Il en eft tout autrement de celui qui hazarderait un fpectacle horrible fur le Théâtre; il ne choquerait point la vraifemblance; & cette hardieffe, loin de fuppofer de la faibleffe dans l'Auteur, demanderait au contraire un grand génie, pour mettre par fes vers de la véritable grandeur dans une action, qui, fans un ftyle

SUR LA TRAGEDIE.

ſublime, ne ſerait qu'atroce & dégoûtante.

Voilà ce qu'a oſé tenter une fois notre grand *Corneille* dans ſa *Rodogune*. Il fait paraître une mere, qui en préſence de la Cour & d'un Ambaſſadeur, veut empoiſonner ſon fils & ſa belle-fille, après avoir tué ſon autre fils de ſa propre main ; elle leur préſente la coupe empoiſonnée, & ſur leur refus & leurs ſoupçons, elle la boit elle-même, & meurt du poiſon qu'elle leur deſtinait. Des coups auſſi terribles ne doivent pas être prodigués, & il n'appartient pas à tout le monde d'oſer les frapper. Ces nouveautés demandent une grande circonſpection, & une exécution de Maître. Les Anglais eux-mêmes avouënt que *Shakeſpear*, par exemple, a été le ſeul parmi eux qui ait pût faire évoquer & parler des ombres avec ſuccès.

Within that circle none durſt move but he.

Plus une action théâtrale eſt majeſtueuſe ou effrayante, plus elle deviendrait inſipide, ſi elle était ſouvent repétée ; à peu-près comme les détails de batailles, qui étant par eux-mêmes ce qu'il y a de plus terrible, deviennent froids & ennuyeux, à force de reparaître ſouvent dans les Hiſtoires. La ſeule piéce où M. *Racine* ait mis du ſpectacle, c'eſt ſon chef-d'œuvre d'*Athalie*. On y voit un enfant ſur un Trône, ſa nourrice & des Prêtres qui l'environnent, une Reine qui commande à ſes ſoldats de le maſſacrer, des Lévites armés qui accourent pour le défendre. Toute cette action est pathétique ; mais si le style ne l'était pas aussi, elle n'était que puérile.

Plus on veut frapper les yeux par un appareil éclatant, plus on s'impose la nécessité de dire de grandes choses ; autrement on ne serait qu'un Décorateur, & non un Poëte Tragique. Il y a près de trente années qu'on représenta la Tragédie de *Montesume* à Paris ; la scène ouvrait par un spectacle nouveau ; c'était un Palais d'un goût magnifique & barbare ; *Montesume* paraissait avec un habit singulier ; des esclaves armés de fléches étaient dans le fond ; autour de lui étaient huit Grands de sa Cour, prosternés le visage contre terre : *Montesume* commençait la piéce en leur disant :

Levez-vous, votre Roi vous permet aujourdhui
Et de l'envisager, & de parler à lui.

Ce spectacle charma : mais voilà tout ce qu'il y eut de beau dans cette Tragédie.

Pour moi j'avouë, que ce n'a pas été sans quelque crainte que j'ai introduit sur la scène Françaiſe le Sénat de Rome en robes rouges, allant aux opinions. Je me souvenais que lorsque j'introduisis autrefois dans *Œdipe* un Chœur de Thébains, qui disait :

O mort, nous imp'orons ton funeste secours ;
O mort, vien nous sauver, vien terminer nos
    jours :

le Parterre, au lieu d'être frappé du pathétique qui pouvait être en cet endroit, ne

SUR LA TRAGEDIE. 217

sentit d'abord que le prétendu ridicule d'avoir mis ces vers dans la bouche d'Acteurs peu accoûtumés, & il fit un éclat de rire. C'est ce qui m'a empêché dans *Brutus* de faire parler les *Sénateurs*, quand *Titus* est accusé devant eux, & d'augmenter la terreur de la situation, en exprimant l'étonnement & la douleur de ces Peres de Rome, qui sans doute devraient marquer leur surprise autrement que par un jeu muet, qui même n'a pas été exécuté.

Les Anglais donnent beaucoup plus à l'action que nous, ils parlent plus aux yeux : les Français donnent plus à l'élégance, à l'harmonie, aux charmes des vers. Il est certain qu'il est plus difficile de bien écrire que de mettre sur le Théâtre des assassinats, des roués, des potences, des sorciers & des revenans. Aussi, la Tragédie de *Caton*, qui fait tant d'honneur à M. *Addisson* votre successeur dans le Ministère, cette Tragédie la seule bien écrite d'un bout à l'autre chez votre Nation, à ce que je vous ai entendu dire à vous-même, ne doit sa grande réputation qu'à ses beaux vers, c'est-à-dire, à des pensées fortes & vraies, exprimées en vers harmonieux. Ce sont les beautés de détail qui soutiennent les ouvrages en vers, & qui les font passer à la postérité. C'est souvent la maniére singuliére de dire des choses communes ; c'est cet art d'embellir par la diction ce que pensent & ce que sentent tous les hommes, qui fait les grands Poëtes. Il n'y a ni sentimens recherchés, ni avanture romanesque dans le quatriéme livre de *Vir-*

gile; il est tout naturel, & c'est l'effort de l'esprit humain. M. *Racine* n'est si au-dessus des autres qui ont tous dit les mêmes choses que lui, que parce qu'il les a mieux dites. *Corneille* n'est véritablement grand, que quand il s'exprime aussi-bien qu'il pense. Souvenons-nous de ce précepte de *Despréaux* :

Et que tout ce qu'il dit facile à retenir,
De son ouvrage en vous laisse un long souvenir.

Voilà ce que n'ont point tant d'ouvrages Dramatiques, que l'art d'un Acteur, & la figure & la voix d'une Actrice ont fait valoir sur nos Théâtres. Combien de piéces mal écrites ont eu plus de représentations que *Cinna* & *Britannicus* ; mais on n'a jamais retenu deux vers de ces faibles Poëmes, au lieu qu'on sait *Britannicus* & *Cinna* par cœur. En vain le *Regulus* de *Pradon* a fait verser des larmes par quelques situations touchantes ; l'ouvrage & tous ceux qui lui ressemblent sont méprisés, tandis que leurs Auteurs s'applaudissent dans leurs Préfaces.

Des Critiques judicieux pourraient me demander, pourquoi j'ai parlé d'amour dans une Tragédie dont le titre est JUNIUS BRUTUS ? pourquoi j'ai mêlé cette passion avec l'austère vertu du Sénat Romain, & la politique d'un Ambassadeur ?

On reproche à notre Nation d'avoir amolli le Théâtre par trop de tendresse ; & les Anglais méritent bien le même reproche depuis près d'un siécle ; car vous avez toujours un peu pris nos modes & nos vices. Mais me permettez-vous de vous dire mon sentiment sur cette matière ?

Vouloir de l'amour dans toutes les Tragédies me paraît un goût efféminé ; l'en proscrire toujours est une mauvaise humeur bien déraisonnable.

Le Théâtre, soit Tragique, soit Comique, est la peinture vivante des passions humaines ; l'ambition d'un Prince est représentée dans la Tragédie ; la Comédie tourne en ridicule la vanité d'un Bourgeois. Ici vous riez de la coquetterie & des intrigues d'une Citoyenne ; là vous pleurez la malheureuse passion de *Phèdre* ; de même l'amour vous amuse dans un Roman, & il vous transporte dans la *Didon* de *Virgile*. L'amour dans une Tragédie n'est pas plus un défaut essentiel, que dans *l'Enéide* ; il n'est à reprendre que quand il est amené mal-à-propos, ou traité sans art.

Les Grecs ont rarement hazardé cette passion sur le Théâtre d'Athènes ; premièrement, parce que leurs Tragédies n'ayant roulé d'abord que sur des sujets terribles, l'esprit des spectateurs était plié à ce genre de spectacles ; secondement, parce que les femmes menaient une vie beaucoup plus retirée que les nôtres, & qu'ainsi le langage de l'amour n'étant pas comme aujourdhui le sujet de toutes les conversations, les Poëtes en étaient moins invités à traiter cette passion, qui de toutes est la plus difficile à représenter, par les ménagemens délicats qu'elle demande. Une troisiéme raison qui me paraît assez forte, c'est que l'on n'avait point de Comédiennes ; les rôles des femmes étaient joués par des hommes masqués. Il semble que l'amour eût été ridicule dans leur bouche.

C'est tout le contraire à Londres & à Paris ; & il faut avouer que les Auteurs n'auraient guére entendu leurs intérêts, ni connu leur Auditoire, s'ils n'avaient jamais fait parler les *Oldfields*, ou les *Duclos*, & les *Le Couvreurs*, que d'ambition & de politique.

Le mal est que l'amour n'est souvent chez nos Héros de Théâtre que de la galanterie, & que chez les vôtres il dégénère quelquefois en débauche. Dans notre *Alcibiade*, piéce très-suivie, mais faiblement écrite, & ainsi peu estimée, on a admiré long-tems ces mauvais vers que récitait d'un ton séduisant l'*Esopus* du dernier siécle.

> Ah ! lorsque pénétré d'un amour véritable,
> Et gémissant aux pieds d'un objet adorable,
> J'ai connu dans ses yeux timides ou distraits,
> Que mes soins de son cœur ont pû troubler la paix :
> Que par l'aveu secret d'une ardeur mutuelle,
> La mienne a pris encor une force nouvelle ;
> Dans ces momens si doux j'ai cent fois éprouvé
> Qu'un mortel peut goûter un bonheur achevé.

Dans votre Venise sauvée, le vieux *Renaud* veut violer la femme de *Jaffier*, & elle s'en plaint en termes assez indécens, jusqu'à dire qu'il est venu à elle *un buton d.*, déboutonné.

SUR LA TRAGEDIE.

Pour que l'amour soit digne du Théâtre tragique, il faut qu'il soit le nœud nécessaire de la piéce, & non qu'il soit amené par force pour remplir le vuide de vos Tragédies & des nôtres, qui sont toutes trop longues; il faut que ce soit une passion véritablement tragique, regardée comme une faiblesse, & combattuë par des remords: Il faut ou que l'amour conduise aux malheurs & aux crimes, pour faire voir combien il est dangereux, ou que la vertu en triomphe, pour montrer qu'il n'est pas invincible; sans cela ce n'est plus qu'un amour d'églogue ou de comédie.

C'est à vous, MYLORD, à décider si j'ai rempli quelques-unes de ces conditions; mais que vos amis daignent surtout ne point juger du génie & du goût de notre Nation par ce discours, & par cette Tragédie que je vous envoye. Je suis peut-être un de ceux qui cultivent les Lettres en France avec moins de succès; & si les sentimens, que je soumets ici à votre censure, sont désapprouvés, c'est à moi seul qu'en appartient le blâme.

ACTEURS.

JUNIUS BRUTUS, } Consuls.
VALERIUS PUBLICOLA, }

TITUS, fils de Brutus.

TULLIE, fille de Tarquin.

ALGINE, Confidente de Tullie.

ARONS, Ambassadeur de Porsenna.

MESSALA, Ami de Titus.

PROCULUS, Tribun Militaire.

ALBIN, Confident d'Arons.

SENATEURS.

LICTEURS.

La Scène est à Rome.

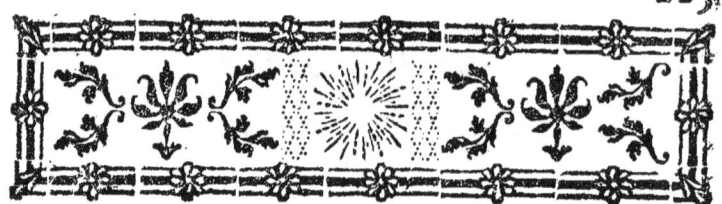

BRUTUS,
TRAGEDIE.

ACTE PREMIER.

****

SCENE I.

BRUTUS, LES SENATEURS.

(Le Théâtre représente une partie de la maison des Consuls sur le Mont Tarpeïen ; le Temple du Capitole se voit dans le fond. Les Sénateurs sont assemblés entre le Temple & la maison, devant l'autel de Mars. Brutus & Valerius Publicola, Consuls, président à cette assemblée ; les Sénateurs sont rangés en demi-cercle. Des Licteurs avec leurs faisceaux sont debout derriere les Senateurs.)

BRUTUS.

Estructeurs des Tyrans, vous qui n'avez pour Rois
Que les Dieux de Numa, vos vertus & nos Loix ;
Enfin notre ennemi commence à nous connaître.

Ce superbe Toscan qui ne parloit qu'en Maître,
Porsenna, de Tarquin ce formidable appui,
Ce Tyran, Protecteur d'un Tyran comme lui,
Qui couvre de son camp les rivages du Tibre,
Respecte le Sénat, & craint un Peuple libre.
Aujourdhui devant vous abaissant sa hauteur,
Il demande à traiter par un Ambassadeur.
Arons, qu'il nous députe en ce moment s'avance ;
Aux Sénateurs de Rome il demande audience ;
Il attend dans ce Temple, & c'est à vous de voir
S'il le faut refuser, s'il le faut recevoir.

VALERIUS PUBLICOLA.

Quoi qu'il vienne annoncer, quoi qu'on puisse en attendre ;
Il le faut à son Roi renvoyer sans l'entendre ;
Tel est mon sentiment. Rome ne traite plus
Avec ses ennemis que quand ils sont vaincus.
Votre Fils, il est vrai, vengeur de sa patrie,
A deux fois repoussé le Tyran d'Etrurie ;
Je sai tout ce qu'on doit à ses vaillantes mains ;
Je sai, qu'à votre exemple il sauva les Romains :
Mais ce n'est point assez. Rome, assiégée encore,
Voit dans les champs voisins ces Tyrans qu'elle abhorre.
Que Tarquin satisfasse aux ordres du Sénat,
Exilé par nos loix, qu'il sorte de l'Etat ;
De son coupable aspect qu'il purge nos Frontieres,
Et nous pourrons ensuite écouter ses prieres.
Ce nom d'Ambassadeur a paru vous frapper ;
Tarquin n'a pu nous vaincre, il cherche à nous tromper.
L'Ambassadeur d'un Roi m'est toûjours redoutable.
Ce n'est qu'un ennemi sous un titre honorable,
Qui vient, rempli d'orgüeil ou de dextérité,
Insulter ou trahir avec impunité.

Rome,

TRAGEDIE.

Rome ! n'écoute point leur séduisant langage ;
Tout art t'est étranger, combattre est ton partage ;
Confonds tes ennemis de ta gloire irrités ?
Tombe, ou punis les Rois, ce sont-là tes Traités.

BRUTUS.

Rome sait à quel point sa liberté m'est chere,
Mais, plein du même esprit, mon sentiment differe.
Je vois cette Ambassade, au nom des Souverains,
Comme un premier hômage aux Citoyens Romains.
Accoûtumons des Rois la fierté despotique,
A traiter en égale avec la République,
Attendant que du Ciel remplissant les Décrets,
Quelque jour avec elle ils traitent en Sujets.
Arons vient voir ici Rome encor chancelante,
Découvrir les ressorts de sa grandeur naissante,
Epier son génie, observer son pouvoir ;
Romains, c'est pour cela qu'il le faut recevoir.
L'ennemi du Sénat connaitra qui nous sommes,
Et l'Esclave d'un Roi va voir enfin des hommes.
Que dans Rome à loisir il porte ses regards,
Il la verra dans vous, vous êtes se remparts.
Qu'il révere en ces lieux le Dieu qui nous rassemble,
Qu'il paraisse au Sénat, qu'il l'écoute & qu'il tremble.

Les Sénateurs se levent, & s'opprochent un moment, pour donner leur voix.

VALERIUS PUBLICOLA.

Je vois tout le Sénat passer à votre avis.
Rome & vous, l'ordonnez. A regret j'y souscris ;
Licteurs, qu'on l'introduise, & puisse sa présence
N'apporter en ces lieux rien dont Rome s'offense.

A Brutus.

C'est sur vous seul ici que nos yeux sont ouverts :
C'est vous qui le premier avez rompu nos fers ;
De notre liberté soûtenez la querelle ;
Brutus en est le pere, & doit parler pour elle.

Théâtre. Tom. I. P

SCENE II.
LE SENAT, ARONS, ALBIN, Suite.

(*Arons entre par le côté du Théâtre, précedé de deux Licteurs, & d'Albin son Confident ; il passe devant les Consuls & le Sénat, qu'il saluë, & il va s'asseoir sur un siége préparé pour lui sur le devant du Théâtre.*)

ARONS.

Consuls, & vous Sénat, qu'il m'est donné d'être admis
Dans ce Conseil sacré de sages ennemis ;
De voir tous ces Héros, dont l'équité sévere
N'eut jusques aujourdhui qu'un reproche à se faire ;
Témoin de leurs exploits, d'admirer leurs vertus ;
D'écouter Rome enfin par la voix de Brutus ;
Loin des cris de ce Peuple indocile & barbare,
Que la fureur conduit, réunit & sépare,
Aveugle dans sa haine, aveugle en son amour,
Qui menace & qui craint, régne & sert en un jour,
Dont l'audace . . . . .

BRUTUS.
Arrêtez, sachez qu'il faut qu'on nomme
Avec plus de respect les Citoyens de Rome ;
La gloire du Sénat est de representer
Ce Peuple vertueux, que l'on ose insulter.
Quittez l'art avec nous, quittez la flatterie ;
Ce poison qu'on prépare à la Cour d'Etrurie,
N'est point encore connu dans le Sénat Romain.
Poursuivez.

ARONS.
Moins piqué d'un discours si hautain,

TRAGEDIE.

Que touché des malheurs où cet Etat s'expose,
Comme un de ses enfans j'embrasse ici sa cause.
 Vous voyez quel orage éclate autour de vous,
C'est en vain que Titus en détourna les coups ;
Je vois avec regret, sa valeur & son zéle
N'assûrer aux Romains qu'une chûte plus belle ;
Sa victoire affaiblit vos remparts désolés ;
Du sang qui les inonde ils semblent ébranlés.
Ah ! ne refusez plus une paix nécessaire.
Si du peuple Romain le Sénat est le pere,
Porsenna l'est des Rois que vous persécutez.
 Mais vous, du nom Romain vengeurs si redoutés,
Vous des droits des mortels éclairés interprêtes,
Vous qui jugez les Rois, regardez où vous êtes.
Voici ce Capitole, & ces mêmes Autels,
Où jadis attestant tous les Dieux immortels,
J'ai vû chacun de vous, brûlant d'un autre zéle,
A Tarquin votre Roi, jurer d'être fidéle.
Quels Dieux ont donc changé les droits des Souve-
  rains ?
Quel pouvoir a rompu des nœuds jadis si saints ?
Qui du front de Tarquin ravit le diadême ?
Qui peut de vos sermens vous dégager ?

BRUTUS.
         Lui même.
N'alléguez point ces nœuds que le crime a rompus,
Ces Dieux qu'il outragea, ces droits qu'il a perdus.
Nous avons fait, Arons, en lui rendant hommage,
Serment d'obéïssance, & non point d'esclavage.
Et puisqu'il vous souvient d'avoir vû dans ces lieux
Le Sénat à ses pieds, faisant pour lui des vœux,
Songez qu'en ce lieu même, à cet Autel auguste,
Devant ces mêmes Dieux, il jura d'être juste.
De son peuple & de lui tel était le lien ;
Il nous rend nos sermens lorsqu'il trahit le sien.

Et dès qu'aux loix de Rome il ose être infidelle,
Rome n'est plus sujette, & lui seul est rebelle.

ARONS.

Ah ! quand il serait vrai, que l'absolu pouvoir
Eût entraîné Tarquin par-delà son devoir,
Qu'il en eût trop suivi l'amorce enchanteresse ;
Quel homme est sans erreur ? & quel Roi sans faiblesse ?
Est-ce à vous de prétendre au droit de le punir ?
Vous nés tous ses sujets, vous faits pour obéir !
Un fils ne s'arme point contre un coupable pere ;
Il détourne les yeux ; le plaint & le révère.
Les droits des Souverains sont-ils moins précieux ?
Nous sommes leurs enfans ; leurs juges sont les Dieux.
Si le Ciel quelquefois les donne en sa colére,
N'allez pas mériter un présent plus sévère,
Trahir toutes les loix en voulant les venger,
Et renverser l'Etat au lieu de le changer.
Instruit par le malheur, ce grand maître de l'homme,
Tarquin sera plus juste, & plus digne de Rome.
Vous pouvez raffermir, par un accord heureux,
Des peuples & des Rois les légitimes nœuds,
Et faire encor fleurir la liberté publique
Sous l'ombrage sacré du pouvoir Monarchique.

BRUTUS.

Arons, il n'est plus tems : chaque Etat a ses loix,
Qu'il tient de sa nature, ou qu'il change à son choix.
Esclaves de leurs Rois, & même de leurs Prêtres,
Les Toscans semblent nés pour servir sous des Maîtres :
Et de leur chaîne antique adorateurs heureux,
Voudraient que l'Univers fût esclave comme eux.
La Grece entiére est libre, & la molle Ionie

TRAGEDIE.

Sous un joug odieux languit aſſujettie.
Rome eut ſes Souverains, mais jamais abſolus.
Son premier Citoyen fut le grand Romulus;
Nous partagions le poids de ſa grandeur ſuprême:
Numa, qui fit nos loix, y fut ſoumis lui-même.
Rome enfin, je l'avouë, a fait un mauvais choix:
Chez les Toſcans, chez vous elle a choiſi ſes Rois;
Ils nous ont apporté du fond de l'Etrurie
Les vices de leur Conr, avec la tyrannie.

Il ſe leve:

Pardonnez-nous, grands Dieux! ſi le peuple Romain
A tardé ſi long-tems à condamner Tarquin.
Le ſang qui regorgea ſous ſes mains meurtriéres,
De notre obéiſſance a rompu les barriéres.
Sous un ſceptre de fer tout ce peuple abattu,
A force de malheurs a repris ſa vertu.
Tarquin nous a remis dans nos droits légitimes;
Le bien public eſt né de l'excès de ſes crimes;
Et nous donnons l'exemple à ces mêmes Toſcans,
S'ils pouvaient à leur tour, être las des Tyrans.

Les Conſuls deſcendent vers l'Autel, & le Sénat ſe leve.

O Mars! Dieu des Héros, de Rome & des batailles,
Qui combats avec nous, qui défends ces murailles!
Sur ton Autel ſacré, Mars, reçoi nos ſermens,
Pour ce Sénat, pour moi, pour tes dignes enfans.
Si dans le ſein de Rome il ſe trouvait un traître,
Qui regrettât les Rois, & qui voulût un Maître,
Que le perfide meure au milieu des tourmens:
Que ſa cendre coupable, abandonnée aux vents,
Ne laiſſe ici qu'un nom, plus odieux encore
Que le nom des Tyrans, que Rome entiére abhorre.

ARONS *avançant vers l'Autel.*

Et moi, ſur cet Autel, qu'ainſi vous profanez,

P 3

Je jure au nom du Roi que vous abandonnez,
Au nom de Porsenna, vengeur de sa querelle,
A vous, à vos enfans, une guerre immortelle.

Les Sénateurs font un pas vers le Capitole.

Sénateurs, arrêtez, ne vous séparez pas ;
Je ne me suis pas plaint de tous vos attentats ;
La fille de Tarquin, dans vos mains demeurée,
Est-elle une victime à Rome consacrée ?
Et donnez-vous des fers à ses royales mains,
Pour mieux braver son pere & tous les Souverains ?
Que dis-je ! tous ces biens, ces trésors, ces richesses,
Que des Tarquins dans Rome épuisaient les largesses,
Sont-ils votre conquête, ou vous sont-ils donnés ?
Est-ce pour les ravir que vous le détronez ?
Sénat, si vous l'osez, que Brutus les dénie.

BRUTUS *se tournant vers* ARONS.

Vous connaissez bien mal, & Rome & son génie.
Ces peres des Romains, vengeurs de l'équité,
Ont blanchi dans la pourpre & dans la pauvreté.
Au-dessus des trésors, que sans peine ils vous cédent,
Leur gloire est de dompter les Rois qui les possédent.
Prenez cet or, Arons, il est vil à nos yeux.
Quant au malheureux sang d'un Tyran odieux,
Malgré la juste horreur que j'ai pour sa famille,
Le Sénat à mes soins a confié sa fille.
Elle n'a point ici de ces respects flateurs,
Qui des enfans des Rois empoisonnent les cœurs ;
Elle n'a point trouvé la pompe & la mollesse,
Dont la Cour des Tarquins enyvra sa jeunesse.
Mais je sai ce qu'on doit de bontés & d'honneur,
A son sexe, à son âge, & surtout au malheur.
Dès ce jour en son camp que Tarquin la revoye ;
Mon cœur même en conçoit une secrette joye.
Qu'aux Tyrans désormais rien ne reste en ces lieux,
Que la haine de Rome & le courroux des Dieux.

Pour emporter au camp l'or qu'il faut y conduire,
Rome vous donne un jour, ce tems doit vous suffire;
Ma maison cependant est votre sureté,
Jouïssez-y des droits de l'hospitalité.
Voilà ce que par moi le Sénat vous annonce.
Ce soir à Porsenna rapportez ma réponse
Reportez-lui la guerre, & dites à Tarquin
Ce que vous avez vu dans le Sénat Romain.
aux Sénateurs.
Et nous du Capitole allons orner le faîte
Des lauriers dont mon fils vient de ceindre sa tête;
Suspendons ces Drapeaux, & ces dards tout sanglans
Que ses heureuses mains ont ravis aux Toscans.
Ainsi puisse toûjours, plein du même courage,
Mon sang digne de vous, vous servir d'âge en âge.
Dieu, protegez ainsi contre nos ennemis
Le consulat du Pere, & les armes du Fils !

SCENE III.

ARONS, ALBIN.

Qui sont supposés être entrés de la Sale d'Audience dans un autre appartement de la maison de Brutus.

ARONS.

As-tu bien remarqué cet orgueil infléxible,
Cet esprit d'un Sénat qui se croit invincible ?
Il le serait, Albin, si Rome avoit le tems
D'affermir cette audace au cœur de ses enfans.
Crois-moi, la liberté que tout mortel adore,
Que je veux leur ôter, mais que j'admire encore,
Donne à l'homme un courage, inspire une grandeur,
Qu'il n'eût jamais trouvé dans le fond de son cœur.
Sous le joug des Tarquins, la Cour & l'esclavage

Amolliſſoit leurs mœurs, énervoit leur courage ;
Leurs Rois trop occupés à dompter leurs Sujets,
De nos heureux Toſcans ne troublaient point la paix.
Mais ſi ce fier Sénat réveille leur génie ;
Si Rome eſt libre, Albin, c'eſt fait de l'Italie.
Ces lions, que leur Maître avait rendu plus doux,
Vont reprendre leur rage & s'élancer ſur nous.
Etouffons dans leur ſang la ſemence féconde
Des maux de l'Italie & des troubles du monde :
Affranchiſſons la terre : & donnons aux Romains
Ces fers qu'ils deſtinaient au reſte des humains.
Meſſala viendra-t'il ? Pourrai-je ici l'entendre ?
Oſera-t'il ? . . .

ALBIN.

Seigneur, il doit ici ſe rendre.
A toute heure il y vient. Titus eſt ſon appui.

ARONS.

As-tu pû lui parler ? Puis-je compter ſur lui ?

ALBIN.

Seigneur, ou je me trompe, ou Meſſala conſpire
Pour changer ſes deſtins plus que ceux de l'Empire ;
Il eſt ferme, intrépide, autant que ſi l'honneur
Ou l'amour du pays excitait ſa valeur ;
Maître de ſon ſecret, & maître de lui-même,
Impénétrable, & calme en ſa fureur extrême.

ARONS.

Tel autrefois dans Rome il parut à mes yeux,
Lorſque Tarquin régnant me reçut dans ces lieux,
Et ſes lettres depuis . . . . . mais je le vois paraitre.

SCENE V.
ARONS, MESSALA, ALBIN.
ARONS.

Généreux Meſſala, l'appui de votre maître,
Eh bien, l'or de Tarquin, les préſens de mon Roi
Des Sénateurs Romains n'ont pu tenter la foi !
Les plaiſirs d'une Cour, l'eſpérance, la crainte,
A ces cœurs endurcis n'ont pu porter d'atteinte !
Ces fiers Patriciens ſont-ils autant de Dieux
Jugeant tous les mortels, & ne craignant rien d'eux?
Sont-ils ſans paſſion, ſans intérêt, ſans vice ?

MESSALA.

Ils oſent s'en vanter ; mais leur feinte juſtice,
Leur âpre auſtérité, que rien ne peut gagner,
N'eſt dans ces cœurs hautains que la ſoif de régner :
Leur orgueïl foule aux pieds l'orgueïl du diadême:
Ils ont briſé le joug pour l'impoſer eux-mêmes,
De notre liberté ces illuſtres vengeurs,
Armés pour la défendre en ſont les oppreſſeurs :
Sous les noms ſéduiſans de Patrons & de Peres,
Ils affectent des Rois les démarches altieres.
Rome a changé de fers, & ſous le joug des Grands,
Pour un Roi qu'elle avoit, a trouvé cent Tyrans.

ARONS.

Parmi vos citoyens en eſt-il d'aſſez ſage,
Pour déteſter tout bas cet indigne eſclavage ?

MESSALA.

Peu ſentent leur état, leurs eſprits égarés
De ce grand changement ſont encor enyvrés.
Le plus vil citoyen dans ſa baſſeſſe extrême,
Ayant chaſſé les Rois, penſe être Roi lui-même.

Mais je vous l'ai mandé, Seigneur, j'ai des amis,
Qui sous ce joug nouveau sont à regret soumis,
Qui dédaignant l'erreur des peuples imbéciles,
Dans ce torrent fougueux restent seuls immobiles,
Des mortels éprouvés, dont la tête & les bras
Sont faits pour ébranler ou changer les Etats.

ARONS.

De ces braves Romains que faut-il que j'espére ?
Serviront-ils leur Prince ?

MESSALA.

Ils sont prêts à tout faire :
Tout leur sang est à vous. Mais ne prétendez pas,
Qu'en aveugles Sujets ils servent des ingrats.
Ils ne se piquent point du devoir fanatique,
De servir de victime au pouvoir despotique,
Ni du zéle insensé de courir au trépas,
Pour venger un Tyran, qui ne les connaît pas.
Tarquin promet beaucoup, mais devenu leur maître
Il les oubliera tous, ou les craindra peut-être.
Je connais trop les Grands : dans le malheur amis,
Ingrats dans la fortune, & bien-tôt ennemis.
Nous sommes de leur gloire un instrument servile,
Rejetté par dédain dès qu'il est inutile,
Et brisé sans pitié s'il devient dangereux.
A des conditions on peut compter sur eux ;
Ils demandent un chef digne de leur courage,
Dont le nom seul impose à ce peuple volage ;
Un Chef assez puissant pour obliger le Roi,
Même après le succès, à nous tenir sa foi ;
Ou si de nos desseins la trame est découverte,
Un Chef assez hardi pour venger notre perte.

ARONS.

Mais vous m'aviez écrit que l'orgueilleux Titus...

MESSALA.

Il est l'appui de Rome, il est fils de Brutus ;
Cependant . . . .

TRAGEDIE.

ARONS.

De quel œil voit-il les injuſtices
Dont ce Sénat ſuperbe a payé ſes ſervices ?
Lui ſeul a ſauvé Rome, & toute ſa valeur
En vain du Conſulat lui mérita l'honneur.
Je ſai, qu'on le refuſe,

MESSALA.

Et je ſai, qu'il murmure :
Son cœur altier & prompt eſt plein de cette injure ;
Pour toute récompenſe il n'obtient qu'un vain bruit,
Qu'un triomphe frivole, un éclat qui s'enfuit.
J'obſerve d'aſſez près ſon ame impérieuſe,
Et de ſon fier courroux la fougue impétueuſe ;
Dans le champ de la gloire il ne fait que d'entrer;
Il y marche en aveugle, on l'y peut égarer ;
La bouillante jeuneſſe eſt facile à ſeduire ;
Mais que de préjugés nous aurions à détruire ?
Rome, un Conſul, un pere, & la haine des Rois,
Et l'horreur de la honte, & ſur-tout ſes exploits.
Connaiſſez donc Titus, voyez toute ſon ame,
Le courroux qui l'aigrit, le poiſon qui l'enflâme ;
Il brûle pour Tullie,

ARONS.

Il l'aimeroit ;

MESSALA.

Seigneur,
A peine ai-je arraché ce ſecret de ſon cœnr :
Il en rougit lui-même, & cette ame infléxible
N'oſe avouër qu'elle aime; & craint d'être ſenſible ;
Parmi les paſſions dont il eſt agité,
Sa plus grande fureur eſt pour la liberté.

ARONS.

C'eſt donc des ſentimens & du cœur d'un ſeul
homme
Qu'aujourdhui, malgré moi depend le ſort de Rome?

A Albin.
Ne nous rebutrons pas Préparez-vous, Albin,
A vous rendre fur l'heure aux tentes de Tarquin.
A Meſſala.
Entrons chez la Princeſſe, un peu d'expérience
M'a pu du cœur humain donner quelque ſcience :
Je lirai dans ſon ame, & peut-être ſes mains
Vont former l'heureux piége, où j'attends les Romains.

Fin du premier Acte.

ACTE II.

SCENE I.

Le Théâtre représente, ou est supposé représenter un Appartement du Palais des Consuls.

TITUS, MESSALA.

MESSALA.

Non, c'est trop offenser ma sensible amitié ;
Qui peut de son secret me cacher la moitié,
En dit trop & trop peu, m'offense & me soupçonne.

TITUS.

Va, mon cœur à ta foi tout entier s'abandonne ;
Ne me reproche rien.

MESSALA.

Quoi ! vous dont la douleur,
Du Sénat avec moi détesta la rigueur,
Qui versiez dans mon sein ce grand Secret de Rome,
Ces plaintes d'un Héros, ces larmes d'un grand homme !
Comment avez-vous pu devorer si long-tems
Une douleur plus tendre, & des maux plus touchans ?
De vos feux devant moi vous étouffiez la flâme.
Quoi donc ! l'ambition qui domine en votre ame,
Eteignoit-elle en vous de si chers sentimens ?
Le Sénat a-t'il fait vos plus cruels tourmens ?

Le haïssez-vous plus que vous n'aimez Tullie ?
TITUS.
Ah ! j'aime avec transport : je hais avec furie,
Je suis extrême en tout, je l'avouë & mon cœur
Voudroit en tout se vaincre, & connait son erreur.
MESSALA.
Et pourquoi de vos mains déchirant vos blessures,
Déguiser votre amour & non pas vos injures ?
TITUS.
Que veux-tu, Messala ? J'ai, malgré mon courroux,
Prodigué tout mon sang pour ce Sénat jaloux.
Tu le sais, ton courage eut part à ma victoire :
Je sentois du plaisir à parler de ma gloire.
Mon cœur, enorgueïlli des succès de mon bras,
Trouvoit de la grandeur à venger des ingrats.
On confie aisément des malheurs qu'on surmonte ;
Mais qu'il est accablant de parler de sa honte !
MESSALA.
Quelle est donc cette honte & ce grand repentir ?
Et de quels sentimens auriez-vous à rougir ?
TITUS.
Je rougis de moi-même & d'un feu téméraire,
Inutile, imprudent, à mon devoir contraire.
MESSALA.
Eh bien ! l'ambition, l'amour & ses fureurs,
Sont-ce des passions indignes des grands cœurs ?
TITUS.
L'ambition, l'amour, le dépit, tout m'accable ;
De ce conseil de Rois l'orgueil insupportable
Méprise ma jeunesse, & me dispute un rang,
Brigué par ma valeur & payé par mon sang :
Au milieu du dépit dont mon ame est saisie,
Je perds tout ce que j'aime, on m'enleve Tullie.
On te l'enleve, hélas ! trop aveugle courroux,
Tu n'osois y prétendre, & ton cœur est jaloux.

TRAGEDIE.

Je l'avoûrai, ce feu, que j'avais fû contraindre,
S'irrite en s'échappant, & ne peut plus s'éteindre.
Ami, c'en était fait : elle partait ; mon cœur
De sa funeste flamme allait être vainqueur :
Je rentrais dans mes droits : je sortais d'esclavage.
Le Ciel a t'il marqué ce terme à mon courage ?
Moi le fils de Brutus, moi l'ennemi des Rois,
C'est du sang de Tarquin que j'attendrais des loix ?
Elle refuse encor de m'en donner, l'ingrate,
Et partout dédaigné, partout ma honte éclate.
Le dépit, la vengeance, & la honte, & l'amour,
De mes sens soulevés disposent tour à tour.

MESSALA.

Puis-je ici vous parler, mais avec confiance ?

TITUS.

Toujours de tes conseils j'ai chéri la prudence.
Eh bien, fai-moi rougir de mes égaremens.

MESSALA.

J'approuve & votre amour & vos ressentimens.
Faudra-t'il donc toujours que Titus autorise
Ce Sénat de Tyrans, dont l'orgueil nous maîtrise ?
Non ; s'il vous faut rougir, rougissez en ce jour
De votre patience, & non de votre amour.
Quoi ! pour prix de vos feux, & de tant de vaillance,
Citoyen sans pouvoir, Amant sans espérance,
Je vous verrais languir, victime de l'Etat,
Oublié de Tullie, & bravé du Sénat ?
Ah ! peut-être, Seigneur, un cœur tel que le vôtre
Aurait pû gagner l'une, & se venger de l'autre.

TITUS.

De quoi viens-tu flater mon esprit éperdu ?
Moi, j'aurais pû fléchir sa haine ou sa vertu ?
N'en parlons plus : tu vois les fatales barrières
Qu'élevent entre nous nos devoirs & nos peres.

Sa haine désormais égale mon amour.
Elle va donc partir ?

MESSALA.

Oui, Seigneur, dès ce jour.

TITUS.

Je n'en murmure point Le Ciel lui rend justice ;
Il la fit pour regner.

MESSALA.

Ah ! ce Ciel plus propice
Lui destinait peut-être un Empire plus doux ;
Et sans ce fier Sénat, sans la guerre, sans vous...
Pardonnez ; vous savez, quel est son héritage ;
Son frere ne vit plus, Rome était son partage.
Je m'emporte, Seigneur : mais si pour vous servir,
Si pour vous rendre heureux, il ne faut que périr ;
Si mon sang...

TITUS.

Non, ami, mon devoir est le maître.
Non, croi-moi, l'homme est libre au moment qu'il veut l'être.
Je l'avoue, il est vrai, ce dangereux poison
A pour quelques momens égaré ma raison ;
Mais le cœur d'un soldat sait dompter la mollesse ;
Et l'amour n'est puissant que par notre faiblesse.

MESSALA.

Vous voyez des Toscans venir l'Ambassadeur ;
Cet honneur qu'il vous rend...

TITUS.

Ah ! quel funeste honneur !
Que me veut-il ? C'est lui qui m'enléve Tullie ;
C'est lui qui met le comble au malheur de ma vie.

SCENE II.
TITUS, ARONS.

ARONS.

Après avoir en vain, près de votre Sénat,
Tenté ce que j'ai pû pour sauver cet Etat,
Souffrez qu'à la vertu rendant un juste hommage,
J'admire en liberté ce généreux courage,
Ce bras qui venge Rome, & soûtient son pays,
Au bord du précipice où le Sénat l'a mis.
Ah! que vous étiez digne, & d'un prix plus auguste,
Et d'un autre adversaire, & d'un parti plus juste!
Et que ce grand courage, ailleurs mieux employé,
D'un plus digne salaire aurait été payé!
Il est, il est des Rois, j'ose ici vous le dire,
Qui mettraient en vos mains le sort de leur Empire,
Sans craindre ces vertus qu'ils admirent en vous,
Dont j'ai vû Rome éprise, & le Sénat jaloux.
Je vous plains de servir sous ce Maître farouche,
Que le mérite aigrit, qu'aucun bienfait ne touche,
Qui, né pour obéir, se fait un lâche honneur
D'appésantir sa main sur son libérateur ;
Lui, qui s'il n'usurpait les droits de la Couronne,
Devrait prendre de vous les ordres qu'il vous donne.

TITUS.

Je rens grace à vos soins, Seigneur, & mes soupçons
De vos bontés pour moi respectent les raisons.
Je n'examine point, si votre politique
Pense armer mes chagrins contre ma République,
Et porter mon dépit, avec un art si doux,
Aux indiscrétions qui suivent le courroux.
Perdez moins d'artifice à tromper ma franchise ;

Théâtre. Tome I.

Ce cœur est tout ouvert, & n'a rien qu'il déguise.
Outragé du Sénat, j'ai droit de le haïr :
Je le hais ; mais mon bras est prêt à le servir.
Quand la cause commune au combat nous appelle,
Rome au cœur de ses fils éteint toute querelle :
Vainqueurs de nos débats nous marchons réünis,
Et nous ne connaissons que vous pour ennemis.
Voilà ce que je suis, & ce que je veux être.
Soit grandeur, soit vertu, soit préjugé peut-être,
Né parmi les Romains, je périrai pour eux.
J'aime encor mieux, Seigneur, ce Sénat rigoureux,
Tout injuste pour moi, tout jaloux qu'il peut être,
Que l'éclat d'une Cour, & le sceptre d'un Maître.
Je suis fils de Brutus, & je porte en mon cœur
La liberté gravée, & les Rois en horreur.

ARONS.

Ne vous flâtez-vous point d'un charme imaginaire ?
Seigneur, ainsi qu'à vous, la liberté m'est chère :
Quoique né sous un Roi, j'en goûte les appas ;
Vous vous perdez pour elle, & n'en joüissez pas.
Est-il donc, entre nous, rien de plus despotique,
Que l'esprit d'un Etat qui passe en République ?
Vos loix sont vos tyrans : leur barbare rigueur
Devient sourde au mérite, au sang, à la faveur :
Le Sénat vous opprime, & le peuple vous brave ;
Il faut s'en faire craindre, ou ramper leur Esclave.
Le Citoyen de Rome, insolent ou jaloux,
Ou hait votre grandeur, ou marche égal à vous.
Trop d'éclat l'effarouche ; il voit d'un œil sévère,
Dans le bien qu'on lui fait, le mal qu'on lui peut
 faire ;
Et d'un bannissement le décret odieux
Devient le prix du sang qu'on a versé pour eux.
  Je sai bien, que la Cour, Seigneur, a ses naufrages ;
Mais ses jours sont plus beaux, son Ciel a moins
 d'orages.

Souvent la liberté, dont on se vante ailleurs,
Etale auprès d'un Roi ses dons les plus flâteurs.
Il récompense, il aime, il prévient les services ;
La gloire auprès de lui ne fuit point les délices.
Aimé du Souverain, de ses rayons couvert,
Vous ne servez qu'un Maître, & le reste vous sert.
Ebloui d'un éclat, qu'il respecte & qu'il aime,
Le vulgaire applaudit jusqu'à nos fautes même ;
Nous ne redoutons rien d'un Sénat trop jaloux,
Et les sévères Loix se taisent devant nous.
Ah ! que né pour la Cour, ainsi que pour les armes,
Des faveurs de Tarquin vous goûteriez les charmes !
Je vous l'ai déja dit ; il vous aimait, Seigneur ;
Il aurait avec vous partagé sa grandeur ;
Du Sénat à vos pieds la fierté prosternée
Aurait . . .

TITUS.

J'ai vû sa Cour, & je l'ai dédaignée.
Je pourais, il est vrai, mendier son appui,
Et son premier esclave être Tyran sous lui.
Grace au Ciel ! je n'ai point cette indigne faiblesse :
Je veux de la grandeur, & la veux sans bassesse.
Je sens que mon destin n'était point d'obéir :
Je combattrai vos Rois, retournez les servir.

ARONS.

Je ne puis qu'approuver cet excès de constance ;
Mais songez, que lui-même éleva votre enfance.
Il s'en souvient toujours. Hier encor, Seigneur,
En pleurant avec moi son fils & son malheur,
Titus, me disait-il, soutiendrait ma famille,
Et lui seul méritait mon Empire & ma fille.

TITUS *en se détournant.*

Sa fille ! Dieux ! Tullie ? O vœux infortunés !

ARONS *en regardant Titus.*

Je la ramène au Roi, que vous abandonnez :

Elle va loin de vous, & loin de sa patrie,
Accepter pour époux le Roi de Ligurie.
Vous cependant ici servez votre Sénat,
Persécutez son père, opprimez son Etat.
J'espère que bientôt ces voûtes embrasées,
Ce Capitole en cendre, & ces tours écrasées,
Du Sénat & du Peuple éclairant les tombeaux,
A cet hymen heureux vont servir de flambeaux.

SCENE III.
TITUS, MESSALA.

TITUS.

AH! mon cher Messala, dans quel trouble il me laisse!
Tarquin me l'eût donnée! ô douleur qui me presse!
Moi, j'aurais pû!... mais non, Ministre dangereux,
Tu venais épier le secret de mes feux.
Hélas! en me voyant se peut-il qu'on l'ignore!
Il a lu dans mes yeux l'ardeur qui me dévore.
Certain de ma faiblesse, il retourne à sa Cour,
Insulter aux projets d'un téméraire amour.
J'aurais pû l'épouser! lui consacrer ma vie!
Le Ciel à mes désirs eût destiné Tullie!
Malheureux que je suis!

MESSALA.
    Vous pourriez être heureux;
Arons pourrait servir vos légitimes feux.
Croyez-moi.

TITUS.
   Bannissons un espoir si frivole;
Rome entière m'appelle aux murs du Capitole.
Le Peuple rassemblé sous ces arcs triomphaux,

TRAGEDIE.

Tout chargés de ma gloire, & pleins de mes travaux,
M'attend pour commencer les sermens redoutables,
De notre liberté garants inviolables.

MESSALA.

Allez servir ces Rois.

TITUS.

Oui, je les veux servir;
Oui, tel est mon devoir, & je le veux remplir.

MESSALA.

Vous gémissez pourtant ?

TITUS.

Ma victoire est cruelle.

MESSALA.

Vous l'achetez trop cher.

TITUS.

Elle en sera plus belle.
Ne m'abandonne point dans l'état où je suis.

MESSALA.

Allons, suivons ses pas, aigrissons ses ennuis.
Enfonçons dans son cœur le trait qui le déchire.

SCENE IV.

BRUTUS, MESSALA.

BRUTUS.

ARrêtez, Messala, j'ai deux mots à vous dire.

MESSALA.

A moi, Seigneur !

BRUTUS.

A vous. Un funeste poison
Se répand en secret sur toute ma maison
Tiberinus mon fils, aigri contre son frère,

Laisse éclater déja sa jalouse colère ;
Et Titus, animé d'un autre emportement,
Suit contre le Sénat son fier ressentiment.
L'Ambassadeur Toscan, témoin de leur faiblesse,
En profite avec joie, autant qu'avec adresse.
Il leur parle, & je crains les discours séduisans
D'un Ministre vieilli dans l'art des Courtisans.
Il devait dès demain retourner vers son Maître ;
Mais un jour quelquefois est beaucoup pour un traître.
Messala, je prétens ne rien craindre de lui :
Allez lui commander de partir aujourdhui ;
Je le veux.

MESSALA.

C'est agir sans doute avec prudence
Et vous serez content de mon obéissance.

BRUTUS.

Ce n'est pas tout ; mon fils avec vous est lié,
Je sai sur son esprit ce que peut l'amitié ;
Comme sans artifice il est sans défiance.
Sa jeunesse est livrée à votre expérience.
Plus il se fie à vous, plus je dois espérer,
Qu'habile à le conduire, & non à l'égarer,
Vous ne voudrez jamais, abusant de son âge,
Tirer de ses erreurs un indigne avantage,
Le rendre ambitieux & corrompre son cœur.

MESSALA.

C'est de quoi dans l'instant je lui parlais, Seigneur.
Il sait vous imiter, servir Rome, & lui plaire ;
Il aime aveuglément sa patrie & son père.

BRUTUS.

Il le doit ; mais surtout il doit aimer les Loix ;
Il doit en être esclave, en porter tout le poids.
Qui veut les violer, n'aime point sa patrie.

TRAGEDIE.

MESSALA.
Nous avons vu tous deux si son bras l'a servie.
BRUTUS.
Il a fait son devoir.
MESSALA.
Et Rome eût fait le sien,
En rendant plus d'honneurs à ce cher Citoyen.
BRUTUS.
Non, non, le Consulat n'est point fait pour son âge;
J'ai moi-même à mon fils refusé mon suffrage.
Croyez-moi, le succès de son ambition
Serait le premier pas vers la corruption;
Le prix de la vertu serait héréditaire;
Bientôt l'indigne fils du plus vertueux père,
Trop assuré d'un rang d'autant moins mérité,
L'attendrait dans le luxe & dans l'oisiveté.
Le dernier des Tarquins en est la preuve insigne.
Qui naquit dans la pourpre en est rarement digne.
Nous préservent les Cieux d'un si funeste abus,
Berceau de la mollesse & tombeau des vertus!
Si vous aimez mon fils, [je me plais à le croire]
Représentez-lui mieux sa véritable gloire;
Etouffez dans son cœur un orgueil insensé :
C'est en servant l'Etat qu'il est récompensé.
De toutes les vertus mon fils doit un exemple;
C'est l'appui des Romains que dans lui je contemple :
Plus il a fait pour eux, plus j'exige aujourdhui.
Connaissez à mes vœux l'amour que j'ai pour lui.
Tempérez cet ardeur de l'esprit d'un jeune homme :
La flater c'est le perdre, & c'est outrager Rome.
MESSALA.
Je me bornais, Seigneur, à le suivre aux combats;
J'imitais sa valeur, & ne l'instruisais pas.
J'ai peu d'autorité ; mais s'il daigne me croire,
Rome verra bientôt comme il chérit la gloire.

Q 4

BRUTUS.

Allez donc, & jamais n'encenfez fes erreurs,
Si je hais les Tyrans, je hais plus les flateurs.

SCENE V.
MESSALA *feul*.

IL n'eft point de Tyran plus dur, plus haïffable,
Que la févérité de ton cœur intraitable.
Va, je verrai peut-être à mes pieds abattu,
Cet orgueil infultant de ta fauffe vertu.
Coloffe, qu'un vil peuple éleva fur nos têtes,
Je pourrai t'écrafer, & les foudres font prêtes.

Fin du fecond Acte.

ACTE III.

SCENE I.

ARONS, ALBIN, MESSALA.

ARONS *une lettre à la main.*

JE commence à goûter une juste espérance ;
Vous m'avez bien servi par tant de diligence ;
Tout succède à mes vœux. Ouï, cette lettre, Albin,
Contient le sort de Rome, & celui de Tarquin.
Avez-vous dans le camp réglé l'heure fatale ?
A-t'on bien observé la Porte Quirinale ?
L'assaut sera-il prêt, si par nos conjurés
Les remparts cette nuit ne nous sont point livrés ?
Tarquin est-il content ? Crois-tu qu'on l'introduise,
Ou dans Rome sanglante, ou dans Rome soumise ?

ALBIN.

Tout sera prêt, Seigneur, au milieu de la nuit.
Tarquin de vos projets goûte déja le fruit ;
Il pense de vos mains tenir son Diadême ;
Il vous doit, a-t'il dit, plus qu'à Porsenna même.

ARONS.

Ou les Dieux, ennemis d'un Prince malheureux,
Confondront des desseins si grands, si dignes d'eux :
Ou demain sous ses loix Rome sera rangée :
Rome en cendre peut-être, & dans son sang plongée.

Mais il vaut mieux qu'un Roi, fur le Trône remis,
Commande à des fujets malheureux & foumis,
Que d'avoir à dompter, au fein de l'abondance,
D'un peuple trop heureux l'indocile arrogance.
A Albin.
Allez, j'attens ici la Princeffe en fecret.
A Meffala.
Meffala, demeurez.

SCENE II.
ARONS, MESSALA.

ARONS.

EH bien ! qu'avez-vous fait ?
Avez-vous de Titus fléchi le fier courage ?
Dans le parti des Rois penfez-vous qu'il s'engage ?
MESSALA.
J'avais trop préfumé, l'inflexible Titus
Aime trop fa patrie, & tient trop de Brutus.
Il fe plaint du Sénat, il brûle pour Tullie.
L'orgueil, l'ambition, l'amour, la jaloufie,
Le feu de fon jeune âge & de fes paffions
Semblaient ouvrir fon ame à mes féductions ;
Cependant, qui l'eût crû ? la liberté l'emporte.
Son amour eft au comble, & Rome eft la plus forte,
J'ai tenté par degrés d'effacer cette horreur,
Que pour le nom de Roi Rome imprime en fon cœur;
En vain j'ai combattu ce préjugé févère ;
Le feul nom des Tarquins irritait fa colère ;
De fon entretien même il m'a foudain privé ;
Et je hazardais trop, fi j'avais achevé.
ARONS.
Ainfi de le fléchir Meffala defefpére.

TRAGEDIE.

MESSALA.

J'ai trouvé moins d'obstacle à vous donner son frère,
Et j'ai du moins séduit un des fils de Brutus.

ARONS.

Quoi ! vous auriez déja gagné Tiberinus ?
Par quels ressorts secrets, par quelle heureuse intrigue ?

MESSALA.

Son ambition seule a fait toute ma brigue.
Avec un œil jaloux il voit depuis longtems
De son frère & de lui les honneurs différens.
Ces drapeaux suspendus à ces voûtes fatales,
Ces festons de lauriers, ces pompes triomphales,
Tous les cœurs des Romains, & celui de Brutus,
Dans ces solemnités volant devant Titus,
Sont pour lui des affronts, qui dans son ame aigrie
Echauffent le poison de sa secrette envie.
Cependant que Titus, sans haine & sans courroux,
Trop au-dessus de lui pour en être jaloux,
Lui tend encor la main de son char de victoire,
Et semble en l'embrassant l'accabler de sa gloire ;
J'ai saisi ces momens, j'ai sû peindre à ses yeux,
Dans une Cour brillante, un rang plus glorieux.
J'ai pressé, j'ai promis ; au nom de Tarquin même,
Tous les honneurs de Rome, après le rang suprême ;
Je l'ai vû s'éblouïr, je l'ai vû s'ébranler ;
Il est à vous, Seigneur, & cherche à vous parler.

ARONS.

Pourra-t-il nous livrer la Porte Quirinale ?

MESSALA.

Titus seul y commande, & sa vertu fatale
N'a que trop arrêté le cours de vos destins ;
C'est un Dieu qui préside au salut des Romains.
Gardez de hazarder cette attaque soudaine,
Sûre avec son appui, sans lui trop incertaine.

ARONS.
Mais si du Consulat il a brigué l'honneur,
Pourrait-il dédaigner la suprême grandeur,
Du Throne avec Tullie un assuré partage ?
MESSALA.
Le Throne est un affront à sa vertu sauvage.
ARONS.
Mais il aime Tullie.
MESSALA.
Il l'adore, Seigneur.
Il l'aime d'autant plus qu'il combat son ardeur.
Il brûle pour la fille en détestant le père ;
Il craint de lui parler, il gémit de se taire ;
Il la cherche, il la fuit, il dévore ses pleurs ;
Et de l'amour encor il n'a que les fureurs.
Dans l'agitation d'un si cruel orage,
Un moment quelquefois renverse un grand courage.
Je sai quel est Titus : ardent, impétueux,
S'il se rend, il ira plus loin que je ne veux.
La fière ambition qu'il renferme dans l'ame,
Au flambeau de l'amour peut rallumer sa flâme.
Avec plaisir sans doute il verrait à ses pieds
Des Sénateurs tremblans les fronts humiliés ;
Mais je vous tromperais, si j'osais vous promettre,
Qu'à cet amour fatal il veuille se soumettre.
Je peux parler encor, & je vais aujourdhui ...
ARONS.
Puisqu'il est amoureux, je compte encor sur lui.
Un regard de Tullie, un seul mot de sa bouche,
Peut plus pour amollir cette vertu farouche,
Que les subtils détours & tout l'art séducteur
D'un Chef de Conjurés, & d'un Ambassadeur.
N'espérons des humains rien que par leur faiblesse.
L'ambition de l'un, de l'autre la tendresse,
Voilà des Conjurés qui serviront mon Roi ;

TRAGEDIE.

C'est d'eux que j'attens tout ; ils sont plus forts
que moi.

Tullie entre. Messala se retire.

SCENE III.
TULLIE, ARONS, ALGINE.

ARONS.

MAdame, en ce moment je reçois cette lettre,
Qu'en vos augustes mains mon ordre est de
remettre,
Et que jusqu'en la mienne a fait passer Tarquin.

TULLIE.

Dieux ! protégez mon Père, & changez son destin.

Elle lit.

» Le Throne des Romains peut sortir de sa cendre :
» Le vainqueur de son Roi peut en être l'appui.
» Titus est un Héros ; c'est à lui de défendre
» Un sceptre que je veux partager avec lui.
» Vous, songez que Tarquin vous a donné la vie ;
» Songez que mon destin va dépendre de vous.
» Vous pourriez refuser le Roi de Ligurie ;
» Si Titus vous est cher, il sera votre époux.

Ai-je bien lu ?.. Titus ?.. Seigneur... est-il possible ?
Tarquin dans ses malheurs jusqu'alors infléxible,
Pourrait ?... mais d'où sait-il ?... & comment ?. Ah !
Seigneur,
Ne veut-on qu'arracher les secrets de mon cœur ?
Epargnez les chagrins d'une triste Princesse ;
Ne tendez point de piége à ma faible jeunesse.

ARONS.

Non, Madame, à Tarquin je ne sai qu'obéir,

Ecouter mon devoir, me taire, & vous servir.
Il ne m'appartient point de chercher à comprendre
Des secrets qu'en mon sein vous craignez de répandre.
Je ne veux point lever un œil présomptueux
Vers le voile sacré que vous jettez sur eux.
Mon devoir seulement m'ordonne de vous dire,
Que le Ciel veut par vous relever cet Empire ;
Que ce Throne est un prix qu'il met à vos vertus.

TULLIE.

Je servirais mon père, & serais à Titus !
Seigneur, il se pourrait...

ARONS.

N'en doutez point, Princesse,
Pour le sang de ses Rois ce Héros s'intéresse.
De ces Républicains la triste austérité,
De son cœur généreux revolte la fierté ;
Les refus du Sénat ont aigri son courage ;
Il penche vers son Prince, achevez cet ouvrage.
Je n'ai point dans son cœur prétendu pénétrer ;
Mais puisqu'il vous connaît, il vous doit adorer.
Quel œil, sans s'éblouir, peut voir un Diadême,
Présenté par vos mains, embelli par vous-même ?
Parlez-lui seulement, vous pourrez tout sur lui.
De l'ennemi des Rois triomphez aujourdhui.
Arrachez au Sénat, rendez à votre père,
Ce grand appui de Rome, & son Dieu tutelaire ;
Et méritez l'honneur d'avoir entre vos mains,
Et la cause d'un père, & le sort des Romains.

TRAGEDIE.

SCENE IV.
TULLIE, ALGINE.

TULLIE.

Ciel ! que je dois d'encens à ta bonté propice !
Mes pleurs t'ont défarmé : tout change ; & ta juſtice
Aux feux dont j'ai rougi rendant leur pureté,
En les récompenſant, les met en liberté.

A Algine.

Va le chercher, va, cours. Dieux ! il m'évite encore :
Faut-il qu'il ſoit heureux, hélas ! & qu'il l'ignore ?
Mais ... n'écoutai-je point un eſpoir trop flateur ?
Titus pour le Sénat a-t-il donc tant d'horreur ?
Que dis-je ? hélas ! devrais-je au dépit qui le preſſe
Ce que j'aurais voulu devoir à ſa tendreſſe ?

ALGINE.

Je ſai, que le Sénat alluma ſon courroux,
Qu'il eſt ambitieux, & qu'il brûle pour vous.

TULLIE.

Il fera tout pour moi, n'en doute point, il m'aime.
Va, dis-je ...

Algine ſort.

Cependant ce changement extrême ...
Ce billet ! .. De quels ſoins mon cœur eſt combattu !
Eclatez, mon amour, ainſi que ma vertu ;
La gloire, la raiſon, le devoir, tout l'ordonne.
Quoi ! mon père à mes feux va devoir ſa Couronne !
De Titus & de lui je ſerai le lien !
Le bonheur de l'Etat va donc naître du mien !
Toi que je peux aimer, quand pourrai-je t'apprendre
Ce changement du ſort où nous n'oſions prétendre ?

Quand pourrai-je, Titus, dans mes juftes tranfports,
T'entendre fans regrets, te parler fans remords ?
Tous mes maux font finis ; Rome, je te pardonne ;
Rome, tu vas fervir, fi Titus t'abandonne ;
Sénat, tu vas tomber, fi Titus eft à moi ;
Ton Héros m'aime ; tremble, & reconnais ton Roi.

SCENE V.

TITUS, TULLIE.

TITUS.

MAdame, eft-il bien vrai ? Daignez-vous voir encore
Cet odieux Romain que votre cœur abhorre,
Si juftement haï, fi coupable envers vous ?
Cet ennemi ?

TULLIE.

    Seigneur, tout eft changé pour nous.
Le deftin me permet... Titus... il faut me dire,
Si j'avais fur votre ame un véritable empire.

TITUS.

Eh ! pouvez-vous douter de ce fatal pouvoir,
De mes feux, de mon crime, & de mon défefpoir ?
Vous ne l'avez que trop cet empire funefte :
L'amour vous a foumis mes jours que je détefte.
Commandez, épuifez votre jufte courroux ;
Mon fort eft en vos mains.

TULLIE.

    Le mien dépend de vous.

TITUS.

De moi ! mon cœur tremblant ne vous en croit qu'à peine.
Moi ! je ne ferais plus l'objet de votre haine !
            Ah !

Ah ! Princesse, achevez ; quel espoir enchanteur
M'élève en un moment au faîte du bonheur ?
   TULLIE, *en donnant la lettre.*
Lisez, rendez heureux, vous, Tullie, & mon père.
   Tandis qu'il lit :
Je puis donc me flater... mais quel regard sévère !
D'où vient ce morne accueil, & ce front consterné ?
Dieux...
    TITUS.
   Je suis des mortels le plus infortuné.
Le sort, dont la rigueur à m'accabler s'attache,
M'a montré mon bonheur, & soudain me l'arrache ;
Et pour combler les maux que mon cœur a soufferts,
Je puis vous posséder, je vous aime, & vous perds.
    TULLIE.
Vous, Titus ?
    TITUS.
   Ce moment a condamné ma vie
Au comble des horreurs ou de l'ignominie,
A trahir Rome, ou vous ; & je n'ai désormais
Que le choix des malheurs, ou celui des forfaits.
    TULLIE.
Que dis-tu ? quand ma main te donne Diadême,
Quand tu peux m'obtenir, quand tu vois que je t'aime ;
Je ne m'en cache plus : un trop juste pouvoir,
Autorisant mes vœux, m'en a fait un devoir.
Hélas ! j'ai crû ce jour le plus beau de ma vie ;
Et le premier moment où mon ame ravie
Peut de ses sentimens s'expliquer sans rougir,
Ingrat, est le moment qu'il m'en faut repentir.
Que m'oses-tu parler de malheur & de crime ?
Ah ! servir des ingrats contre un Roi légitime,
M'opprimer, me chérir, détester mes bienfaits ;
Ce sont-là mes malheurs, & voilà tes forfaits.

Ouvre les yeux, Titus, & mets dans la balance
Les refus du Sénat, & la toute-puissance.
Choisi de recevoir, ou de donner la loi,
D'un vil peuple ou d'un Throne, & de Rome ou de moi.
Inspirez-lui, grands Dieux! le parti qu'il doit prendre.

TITUS, *en lui rendant la lettre.*

Mon choix est fait.

TULLIE.

Eh bien ? crains-tu de me l'apprendre ?
Parle, ose mériter ta grace ou mon courroux.
Quel sera ton destin ?...

TITUS.

D'être digne de vous,
Digne encor de moi-même, à Rome encor fidelle;
Brûlant d'amour pour vous, de combattre pour elle;
D'adorer vos vertus, mais de les imiter;
De vous perdre, Madame, & de vous mériter.

TULLIE.

Ainsi donc pour jamais...

TITUS.

Ah! pardonnez, Princesse:
Oubliez ma fureur, épargnez ma faiblesse;
Ayez pitié d'un cœur de soi-même ennemi,
Moins malheureux cent fois quand vous l'avez haï:
Pardonnez, je ne puis vous quitter, ni vous suivre.
Ni pour vous, ni sans vous, Titus ne saurait vivre,
Et je mourrai plûtôt qu'un autre ait votre foi.

TULLIE.

Je te pardonne tout, elle est encor à toi.

TITUS.

Eh bien! si vous m'aimez, ayez l'ame Romaine,
Aimez ma République, & soyez plus que Reine;
Apportez-moi pour dot, au lieu du rang des Rois,

TRAGEDIE.

L'amour de mon pays, & l'amour de mes Loix.
Acceptez aujourdhui Rome pour votre mère,
Son vengeur pour époux, Brutus pour votre père :
Que les Romains vaincus en génerosité,
A la fille des Rois doivent leur liberté.

TULLIE.

Qui? moi j'irais trahir?....

TITUS.

Mon défefpoir m'égare ;
Non, toute trahifon eft indigne & barbare.
Je fai ce qu'eft un père & fes droits abfolus.
Je fai... que je vous aime... & ne me connais plus.

TULLIE.

Ecoute au moins ce fang qui m'a donné la vie.

TITUS.

Eh! dois-je écouter moins mon fang & ma Patrie?

TULLIE.

Ta patrie! ah barbare! en eft il donc fans moi?

TITUS.

Nous fommes ennemis,.. la Nature, la Loi,
Nous impofe à tous deux un devoir fi farouche.

TULLIE.

Nous ennemis! ce nom peut fortir de ta bouche!

TITUS.

Tout mon cœur la dément.

TULLIE.

Ofe donc me fervir ;
Tu m'aimes, venge-moi.

SCENE VI.

BRUTUS, ARONS, TITUS, TULLIE, MESSALA, ALBIN, PROCULUS, Licteurs.

BRUTUS *à Tullie*.

Madame, il faut partir.
Dans les premiers éclats des tempêtes publiques,
Rome n'a pû vous rendre à vos Dieux domestiques ;
Tarquin même en ce tems, prompt à vous oublier,
Et du soin de nous perdre occupé tout entier,
Dans nos calamités confondant sa famille,
N'a pas même aux Romains redemandé sa fille.
Souffrez que je rappelle un triste souvenir :
Je vous privai d'un père, & dûs vous en servir.
Allez, & que du Throne où le Ciel vous appelle,
L'infléxible équité soit la garde éternelle.
Pour qu'on vous obéisse, obéissez aux Loix ;
Tremblez en contemplant tout le devoir des Rois ;
Et si de vos flateurs la funeste malice
Jamais dans votre cœur ébranlait la justice,
Prête alors d'abuser du pouvoir souverain,
Souvenez-vous de Rome, & songez à Tarquin ;
Et que ce grand exemple, où mon espoir se fonde,
Soit la leçon des Rois, & le bonheur du monde.

A Arons.

Le Sénat vous la rend, Seigneur, & c'est à vous
De la remettre aux mains d'un père & d'un époux.
Proculus va vous suivre à la Porte sacrée.

TITUS *éloigné.*

O de ma passion fureur désespérée !

TRAGEDIE. 261
Il va vers Arons.
Je ne souffrirai point, non... permettez, Seigneur,..
Brutus & Tullie sortent avec leur suite.
Arons & Messala restent.
Dieux! ne mourrai-je point de honte & de douleur?
A Arons.
... Pourrai-je vous parler?

ARONS.
Seigneur, le tems me presse;
Il me faut suivre ici Brutus & la Princesse;
Je puis d'une heure encor retarder son départ;
Craignez, Seigneur, craignez de me parler trop tard.
Dans son appartement nous pouvons l'un & l'autre
Parler de ses destins, & peut-être du vôtre.
Il sort.

SCENE VII.
TITUS, MESSALA.

TITUS.
Sort, qui nous as rejoints, & qui nous désunis!
Sort, ne nous as-tu faits que pour être ennemis?
Ah! cache, si tu peux, ta fureur & tes larmes.

MESSALA.
Je plains tant de vertus, tant d'amour & de charmes;
Un cœur tel que le sien méritait d'être à vous.

TITUS.
Non, c'en est fait, Titus n'en sera point l'époux,

MESSALA.
Pourquoi? Quel vain scrupule à vos désirs s'oppose?

TITUS.
Abominables loix, que la cruelle impose!
Tyrans, que j'ai vaincus, je pourrais vous servir!
Peuples, que j'ai sauvés, je pourrais vous trahir!

R 3

L'amour dont j'ai six mois vaincu la violence,
L'amour aurait sur moi cette affreuse puissance !
J'exposerais mon père à ses Tyrans cruels !
Et quel père ? Un Héros, l'exemple des mortels ;
L'appui de son pays, qui m'instruisit à l'être,
Que j'imitai, qu'un jour j'eusse égalé peut-être.
Après tant de vertus, quel horrible destin !

MESSALA.

Vous eutes les vertus d'un Citoyen Romain :
Il ne tiendra qu'à vous d'avoir celles d'un Maître.
Seigneur, vous serez Roi dès que vous voudrez l'être.
Le Ciel met dans vos mains, en ce moment heureux,
La vengeance, l'Empire, & l'objet de vos feux.
Que dis-je ? ce Consul, ce Héros, que l'on nomme
Le père, le soutien, le fondateur de Rome,
Qui s'enyvre à vos yeux de l'encens des humains,
Sur les débris d'un Throne écrasé par vos mains,
S'il eût mal soutenu cette grande querelle,
S'il n'eût vaincu par vous, il n'était qu'un rebelle.
   Seigneur, embellissez ce grand nom de vainqueur,
Du nom plus glorieux de pacificateur ;
Daignez nous ramener ces jours, où nos ancêtres,
Heureux, mais gouvernés, libres, mais sous des
     Maîtres,
Pesaient dans la balance, avec un même poids,
Les intérêts du peuple & la grandeur des Rois.
Rome n'a point pour eux une haine immortelle ;
Rome va les aimer, si vous régnez sur elle.
Ce pouvoir souverain, que j'ai vû tour à tour
Attirer de ce peuple & la haine & l'amour,
Qu'on craint en des Etats, & qu'ailleurs on désire,
Est des gouvernemens le meilleur ou le pire,
Affreux sous un Tyran, divin sous un bon Roi.

TITUS.

Messala, songez-vous que vous parlez à moi ?

TRAGEDIE.

Que désormais en vous je ne vois plus qu'un traître,
Et qu'en vous épargnant je commence de l'être ?

MESSALA.

Eh bien, apprenez donc, que l'on va vous ravir
L'inestimable honneur dont vous n'osez jouir,
Qu'un autre accomplira ce que vous pouviez faire.

TITUS.

Un autre ! arrête ; Dieux ! parle... qui ?

MESSALA.

Votre frére.

TITUS.

Mon frère ?

MESSALA.

A Tarquin même il a donné sa foi.

TITUS.

Mon frère trahit Rome ?

MESSALA.

Il sert Rome & son Roi;
Et Tarquin, malgré vous, n'acceptera pour gendre
Que celui des Romains qui l'aura pû défendre.

TITUS.

Ciel ! perfide ;.... écoutez : mon cœur long-tems
    séduit
A méconnu l'abîme où vous m'avez conduit.
Vous pensez me réduire au malheur nécessaire
D'être ou le délateur, ou complice d'un frère ;
Mais plutôt votre sang...

MESSALA.

Vous pouvez m'en punir ;
Frappez, je le mérite en voulant vous servir.
Du sang de votre ami que cette main fumante
Y joigne encor le sang d'un frère & d'une amante,
Et leur tête à la main, demandez au Sénat
Pour prix de vos vertus l'honneur du Consulat ;
Ou moi-même à l'instant déclarant les complices,

Je m'en vai commencer ces affreux sacrifices.
TITUS.
Demeure, malheureux, ou crain mon désespoir.

SCENE VIII.
TITUS, MESSALA, ALBIN.
ALBIN.

L'Ambassadeur Toscan peut maintenant vous voir,
Il est chez la Princesse.
TITUS.
...Oui, je vai chez Tullie...
J'y cours. O Dieux de Rome! O Dieux de ma Patrie!
Frappez, percez ce cœur de sa honte allarmé,
Qui serait vertueux, s'il n'avait point aimé.
C'est donc à vous, Sénat, que tant d'amour s'immole?
A vous, ingrats!... allons...
A Messala.
Tu vois ce Capitole
Tout plein des monumens de ma fidélité.
MESSALA.
Songez qu'il est rempli d'un Sénat détesté.
TITUS.
Je le sai. Mais... du Ciel qui tonne sur ma tête
J'entens la voix qui crie : Arrête, ingrat, arrête,
Tu trahis ton pays... Non, Rome! non, Brutus!
Dieux qui me secourez, je suis encor Titus.
La gloire a de mes jours accompagné la course;
Je n'ai point de mon sang déshonoré la source;
Votre victime est pure, & s'il faut qu'aujourdhui
Titus soit aux forfaits entraîné malgré lui,
S'il faut que je succombe au destin qui m'opprime,
Dieux! sauvez les Romains, frappez avant le crime.

Fin du troisième Acte.

ACTE IV.

SCENE I.
TITUS, ARONS, MESSALA.

TITUS.

Oui, j'y suis résolu, partez, c'est trop attendre ;
Honteux, désespéré, je ne veux rien entendre ;
Laissez-moi ma vertu, laissez-moi mes malheurs.
Fort contre vos raisons, faible contre ses pleurs,
Je ne la verrai plus. Ma fermeté trahie
Craint moins tous vos Tyrans, qu'un regard de Tullie.
Je ne la verrai plus ! oui, qu'elle parte.. ah Dieux !

ARONS.

Pour vos intérêts seuls arrêté dans ces lieux,
J'ai bientôt passé l'heure avec peine accordée,
Que vous-même, Seigneur, vous m'aviez demandée.

TITUS.

Moi, que j'ai demandée ?

ARONS.

Hélas ! que pour vous deux
J'attendais en secret un destin plus heureux !
J'espérais couronner des ardeurs si parfaites ;
Il n'y faut plus penser.

TITUS.

Ah ! cruel que vous êtes !
Vous avez vû ma honte, & mon abaissement,

BRUTUS,
Vous avez vû Titus balancer un moment:
Allez, adroit témoin de mes lâches tendresses,
Allez à vos deux Rois annoncer mes faiblesses.
Contez à ces Tyrans terrassés par mes coups,
Que le fils de Brutus a pleuré devant vous.
Mais ajoutez au moins que parmi tant de larmes,
Malgré vous & Tullie, & ses pleurs & ses charmes,
Vainqueur encor de moi, libre, & toujours Romain,
Je ne suis point soumis par le sang de Tarquin ;
Que rien ne me surmonte, & que je jure encore
Une guerre éternelle à ce sang que j'adore.

ARONS.

J'excuse la douleur, où vos sens sont plongés ;
Je respecte en partant vos tristes préjugés.
Loin de vous accabler, avec vous je soupire.
Elle en mourra, c'est tout ce que je peux vous dire,
Adieu, Seigneur.

MESSALA.
O Ciel !

SCENE II.
TITUS, MESSALA.

TITUS.

Non, je ne puis souffrir
Que des remparts de Rome on la laisse sortir.
Je veux la retenir au péril de ma vie.

MESSALA.
Vous voulez...

TITUS.
Je suis loin de trahir ma patrie,
Rome l'emportera, je le sai ; mais enfin

TRAGEDIE.

Je ne puis séparer Tullie & mon destin.
Je respire, je vis, je périrai pour elle.
Pren pitié de mes maux, courons, & que ton zéle
Soulève nos amis, rassemble nos soldats.
En dépit du Sénat je retiendrai ses pas.
Je prétens que dans Rome elle reste en ôtage.
Je le veux.

MESSALA.

Dans quels soins votre amour vous engage!
Et que prétendez-vous, par ce coup dangereux,
Que d'avouer sans fruit un amour malheureux?

TITUS.

Eh bien, c'est au Sénat qu'il faut que je m'adresse.
Va de ces Rois de Rome adoucir la rudesse;
Di-leur que l'intérêt de l'Etat, de Brutus...
Hélas, que je m'emporte en desseins superflus!

MESSALA.

Dans la juste douleur où votre ame est en proye,
Il faut pour vous servir...

TITUS.

Il faut que je la voye;
Il faut que je lui parle. Elle passe en ces lieux;
Elle entendra du moins mes éternels adieux.

MESSALA.

Parlez-lui, croyez-moi.

TITUS.

Je suis perdu, c'est elle.

SCENE III.

TITUS, MESSALA, TULLIE, ALGINE.

ALGINE.

ON vous attend, Madame.

TULLIE.

Ah sentence cruelle !
L'ingrat me touche encor, & Brutus à mes yeux
Paraît un Dieu terrible armé contre nous deux.
J'aime, je crains, je pleure, & tout mon cœur s'égare.
Allons.

TITUS.

Non, demeurez. Daignez du moins...

TULLIE.

Barbare !
Veux-tu par tes discours...

TITUS.

Ah ! dans ce jour affreux,
Je sai ce que je dois, & non ce que je veux ;
Je n'ai plus de raison, vous me l'avez ravie.
Eh bien, guidez mes pas, gouvernez ma furie ;
Régnez donc en Tyran sur mes sens éperdus ;
Dictez, si vous l'osez, les crimes de Titus.
Non, plûtôt que je livre aux flammes, au carnage,
Ces murs, ces Citoyens, qu'a sauvés mon courage ;
Qu'un pere, abandonné par un fils furieux,
Sous le fer de Tarquin...

TULLIE.

M'en préservent les Dieux !
La nature te parle, & sa voix m'est trop chère ;

TRAGEDIE. 269

Tu m'as trop bien appris à trembler pour un pere;
Rassure-toi, Brutus est désormais le mien;
Tout mon sang est à toi; qui te répond du sien :
Notre amour, mon hymen, mes jours en sont le gage,
Je serai dans tes mains, sa fille, son ôtage.
Peux-tu délibérer ? Penses-tu qu'en secret
Brutus te vît au Trône avec tant de regret ?
Il n'a point sur son front placé le Diadême;
Mais sous un autre nom n'est-il pas Roi lui-même?
Son règne est d'une année, & bientôt... mais hélas!
Que de faibles raisons, si tu ne m'aimes pas!
Je ne dis plus qu'un mot. Je pars... & je t'adore.
Tu pleures, tu frémis, il en est tems encore;
Achéve, parle, ingrat, que te faut-il de plus ?

TITUS.

Votre haine : elle manque au malheur de Titus.

TULLIE.

Ah! c'est trop essuyer tes indignes murmures,
Tes vains engagemens, tes plaintes, tes injures,
Je te rens ton amour, dont le mien est confus,
Et tes trompeurs sermens, pires que tes refus.
Je n'irai point chercher au fond de l'Italie
Ces fatales grandeurs que je te sacrifie,
Et pleurer loin de Rome entre les bras d'un Roi,
Cet amour malheureux que j'ai senti pour toi.
J'ai réglé mon destin; Romain, dont la rudesse
N'affecte de vertu que contre ta maîtresse,
Héros pour m'accabler, timide à me servir,
Incertain dans tes vœux, apprens à les remplir.
Tu verras qu'une femme, à tes yeux méprisable,
Dans ses projets au moins était inébranlable;
Et par la fermeté dont ce cœur est armé,
Titus, tu connaîtras comme il t'aurait aimé.
Au pied de ces murs même où régnaient mes ancê-
tres,

De ces murs que ta main défend contre leurs maîtres,
Où tu m'oses trahir, & m'outrager comme eux,
Où ma foi fut séduite, où tu trompas mes feux ;
Je jure à tous les Dieux, qui vengent les parjures,
Que mon bras dans mon sang effaçant mes injures,
Plus juste que le tien, mais moins irrésolu,
Ingrat, va me punir de t'avoir mal connu ;
Et je vai...

TITUS *l'arrêtant.*

Non, Madame, il faut vous satisfaire
Je le veux, j'en frémis, & j'y cours pour vous plaire.
D'autant plus malheureux, que dans ma passion
Mon cœur n'a pour excuse aucune illusion ;
Que je ne goûte point dans mon désordre extrême,
Le triste & vain plaisir de me tromper moi-même ;
Que l'amour aux forfaits me force de voler ;
Que vous m'avez vaincu sans pouvoir m'aveugler ;
Et qu'encor indigné de l'ardeur qui m'anime,
Je chéris la vertu, mais j'embrasse le crime.
Haïssez-moi, fuyez, quittez un malheureux,
Qui meurt d'amour pour vous, & déteste ses feux,
Qui va s'unir à vous sous ces affreux augures,
Parmi les attentats, le meurtre & les parjures.

TULLIE.

Vous insultez, Titus, à ma funeste ardeur ;
Vous sentez à quel point vous régnez dans mon cœur.
Oui, je vis pour toi seul, oui, je te le confesse ;
Mais malgré ton amour, mais malgré ma faiblesse,
Appren que le trépas m'inspire moins d'effroi,
Que la main d'un époux qui craindrait d'être à moi,
Qui se repentirait d'avoir servi son Maître,
Que je fais Souverain, & qui rougit de l'être.
   Voici l'instant affreux qui va nous éloigner.
Souvien-toi que je t'aime, & que tu peux régner.

TRAGEDIE.

L'Ambassadeur m'attend ; consulte, délibère ;
Dans une heure avec moi tu reverras mon père.
Je pars, & je reviens sous ces murs odieux,
Pour y rentrer en Reine, ou périr à tes yeux.

TITUS.
Vous ne périrez point. Je vai.

TULLIE.
      Titus, arrête ;
En me suivant plus loin, tu hazardes ta tête ;
On peut te soupçonner : demeure, adieu, résous
D'être mon meurtrier, ou d'être mon époux.

SCENE IV.
TITUS seul.

TU l'emportes, cruelle, & Rome est asservie.
Revien régner sur elle, ainsi que sur ma vie ;
Revien, je vai me perdre, ou vai te couronner ;
Le plus grand des forfaits est de t'abandonner.
Qu'on cherche Messala. Ma fougueuse imprudence
A de son amitié lassé la patience.
Maitresse, amis, Romains, je pers tout en un jour.

SCENE V.
TITUS, MESSALA.

TITUS.
SErs ma fureur enfin, sers mon fatal amour ;
Vien, sui moi.

MESSALA.
   Commandez, tout est prêt ; mes cohortes
Sont au Mont Quirinal, & livreront les portes.

Tous nos braves amis vont jurer avec moi,
De reconnaître en vous l'héritier de leur Roi.
Ne perdez point de tems ; déja la nuit plus sombre
Voile nos grands desseins du secret de son ombre.

TITUS.

L'heure approche ; Tullie en compte les momens...
Et Tarquin après tout eût mes premiers sermens.
Le sort en est jetté.

Le fond du Théâtre s'ouvre.

Que vois-je ? c'est mon père.

SCENE VI.

BRUTUS, TITUS, MESSALA, LICTEURS.

BRUTUS.

Vien, Rome est en danger ; c'est en toi que j'espère.
Par un avis secret le Sénat est instruit,
Qu'on doit attaquer Rome au milieu de la nuit.
J'ai brigué pour mon sang, pour le Héros que j'aime,
L'honneur de commander dans ce péril extrême ;
Le Sénat te l'accorde ; arme-toi, mon cher fils ;
Une seconde fois va sauver ton pays ;
Pour notre liberté va prodiguer ta vie ;
Va, mort ou triomphant, tu feras mon envie.

TITUS.

Ciel !...

BRUTUS.

Mon fils !...

TITUS.

Remettez, Seigneur, en d'autres mains

TRAGEDIE.

Les faveurs du Sénat, & le fort des Romains.
MESSALA.
Ah ! quel défordre affreux de fon ame s'empare !
BRUTUS.
Vous pourriez refufer l'honneur qu'on vous prépare !
TITUS.
Qui ? moi, Seigneur ?
BRUTUS.
Eh ! quoi ! votre cœur égaré
Des refus du Sénat eft encore ulcéré ?
De vos prétentions je vois les injuftices.
Ah ! mon fils, eft-il tems d'écouter vos caprices ?
Vous avez fauvé Rome, & n'êtes pas heureux ?
Cet immortel honneur n'a pas comblé vos vœux ?
Mon fils au Confulat a-t-il ofé prétendre,
Avant l'âge où les Loix permettent de l'attendre ?
Va, ceffe de briguer une injufte faveur ;
La place où je t'envoye eft ton pofte d'honneur.
Va, ce n'eft qu'aux Tyrans que tu dois ta colère :
De l'Etat & de toi je fens que je fuis père.
Donne ton fang à Rome, & n'en exige rien ;
Sois toujours un Héros, fois plus, fois Citoyen.
Je touche, mon cher fils, au bout de ma carrière ;
Tes triomphantes mains vont fermer ma paupière ;
Mais foutenu du tien, mon nom ne mourra plus ;
Je renaîtrai pour Rome, & vivrai dans Titus.
Que dis-je ? je te fuis. Dans mon âge débile,
Les Dieux ne m'ont donné qu'un courage inutile ;
Mais je te verrai vaincre, ou mourrai comme toi,
Vengeur du nom Romain, libre encor, & fans Roi.
TITUS.
Ah ! Meffala !

SCENE VII.
BRUTUS, VALERIUS, TITUS, MESSALA.

VALERIUS.

SEigneur, faites qu'on se retire.
BRUTUS *à son fils.*
Cours, vole....
(*Titus & Messala sortent.*)
VALERIUS.
On trahit Rome.
BRUTUS.
Ah qu'entens-je ?
VALERIUS.
On conspire.
Je n'en saurais douter ; on nous trahit, Seigneur.
De cet affreux complot j'ignore encor l'auteur ;
Mais le nom de Tarquin vient de se faire entendre,
Et d'indignes Romains ont parlé de se rendre.
BRUTUS.
Des Citoyens Romains ont demandé des fers !
VALERIUS.
Les perfides m'ont fui par des chemins divers ;
On les suit. Je soupçonne & Ménas, & Lélie,
Ces partisans des Rois & de la Tyrannie,
Ces secrets ennemis du bonheur de l'Etat,
Ardens à désunir le Peuple & le Sénat.
Messala les protège ; & dans ce trouble extrême,
J'oserais soupçonner jusqu'à Messala même,
Sans l'étroite amitié dont l'honore Titus.
BRUTUS.
Observons tous leurs pas, je ne puis rien de plus ;

La liberté, la loi, dont nous sommes les pères,
Nous défend des rigueurs peut-être nécessaires.
Arrêter un Romain sur de simples soupçons,
C'est agir en Tyrans, nous qui les punissons.
Allons parler au Peuple, enhardir les timides,
Encourager les bons, étonner les perfides.
Que les Pères de Rome, & de la liberté,
Viennent rendre aux Romains leur intrépidité ;
Quels cœurs en nous voyant ne reprendront courage ?
Dieux, donnez-nous la mort plûtôt que l'esclavage.
Que le Sénat nous suive.

SCENE VIII.
BRUTUS, VALERIUS, PROCULUS.

PROCULUS.

Un esclave, Seigneur,
D'un entretien secret implore la faveur.

BRUTUS.
Dans la nuit ? à cette heure ?

PROCULUS.
Oui, d'un avis fidelle
Il apporte, dit-il, la pressante nouvelle.

BRUTUS.
Peut-être des Romains le salut en dépend.
Allons, c'est les trahir que tarder un moment.

A Proculus.

Vous, allez vers mon fils ; qu'à cette heure fatale
Il défende surtout la Porte Quirinale ;
Et que la Terre avouë, au bruit de ses exploits,
Que le sort de mon sang est de vaincre les Rois.

Fin du quatrième acte.

ACTE V.

SCENE I.

BRUTUS, Les SÉNATEURS, PROCULUS, LICTEURS, l'Esclave VINDEX.

BRUTUS.

Oui, Rome n'était plus ; oui, sous la tyrannie
L'auguste liberté tombait anéantie.
Vos tombeaux se rouvraient ; c'en était fait ; Tarquin
Rentrait dès cette nuit la vengeance à la main.
C'est cet Ambassadeur, c'est lui dont l'artifice
Sous les pas des Romains creusait ce précipice.
Enfin, le croirez-vous ? Rome avait des enfans,
Qui conspiraient contr'elle, & servaient les Tyrans ;
Messala conduisait leur aveugle furie ;
A ce perfide Arons il vendait sa patrie.
Mais le Ciel a veillé sur Rome & sur vos jours.
Cet esclave a d'Arons écouté les discours.
  (En montrant l'Esclave.)
Il a prévû le crime, & son avis fidèle
A réveillé ma crainte, a ranimé mon zèle.

TRAGEDIE.

Meſſala, par mon ordre arrêté cette nuit,
Devant vous à l'inſtant allait être conduit.
J'attendais que du moins l'appareil des ſupplices
De ſa bouche infidelle arrachât ſes complices.
Mes Licteurs l'entouraient, quand Meſſala ſoudain,
Saiſiſſant un poignard, qu'il cachait dans ſon ſein,
Et qu'à vous, Sénateurs, il deſtinait peut-être :
Mes ſecrets, a-t-il dit, que l'on cherche à con-
  naître,
C'eſt dans ce cœur ſanglant qu'il faut les découvrir,
Et qui ſait conſpirer, ſait ſe taire, & mourir.
On s'écrie, on s'avance, il ſe frappe, & le traître
Meurt encor en Romain, quoiqu'indigne de l'être.
Déja des murs de Rome Arons était parti,
Aſſez loin vers le camp nos gardes l'ont ſuivi ;
On arrête à l'inſtant Arons avec Tullie.
Bientôt, n'en doutez point, de ce complot impie
Le Ciel va découvrir toutes les profondeurs ;
Publicola partout en cherche les auteurs.
Mais quand nous connaîtrons le nom des parricides,
Prenez garde, Romains, point de grace aux per-
  fides :
Fuſſent-ils nos amis, nos freres, nos enfans,
Ne voyez que leur crime, & gardez vos ſermens.
Rome, la liberté, demandent leur ſupplice ;
Et qui pardonne au crime en devient le complice.

A l'Eſclave.

Et toi dont la naiſſance & l'aveugle deſtin
N'avait fait qu'un eſclave, & dût faire un Romain,
Par qui le Sénat vit, par qui Rome eſt ſauvée,
Reçoi la liberté que tu m'as conſervée ;
Et prenant déſormais des ſentimens plus grands,
Sois l'égal de mes fils, & l'effroi des Tyrans.
Mais qu'eſt-ce que j'entens ? Quelle rumeur ſou-
  daine ?

PROCULUS.
Arons est arrêté, Seigneur, & je l'amène.
BRUTUS.
De quel front pourra-t-il ? . . .

✳✳✳✳✳✳✳✳✳✳✳✳✳✳✳✳✳✳✳✳✳✳

SCENE II.
BRUTUS, les SENATEURS, ARONS, Licteurs.

ARONS.

Jusques à quand, Romains,
Voulez-vous profaner tous les droits des humains ?
D'un peuple revolté conseils vraiment sinistres,
Pensez-vous abaisser les Rois dans leurs Ministres ?
Vos Licteurs insolens viennent de m'arrêter ;
Est-ce mon Maître ou moi que l'on veut insulter ?
Et chez les Nations ce rang inviolable . . .
BRUTUS.
Plus ton rang est sacré, plus il te rend coupable ;
Cesse ici d'attester des titres superflus.
ARONS.
L'Ambassadeur d'un Roi . . .
BRUTUS.
Traître, tu ne l'es plus :
Tu n'es qu'un conjuré, paré d'un nom sublime,
Que l'impunité seule enhardissait au crime.
Les vrais Ambassadeurs, interprètes des Loix,
Sans les deshonorer savent servir leurs Rois ;
De la foi des humains discrets dépositaires,
La paix seule est le fruit de leurs saints ministères ;
Des Souverains du Monde ils sont les nœuds sacrés,
Et partout bienfaisans, sont partout révérés.

A ces traits, si tu peux, ose te reconnaître ;
Mais si tu veux au moins rendre compte à ton
　　Maître
Des ressorts, des vertus, des Loix de cet Etat,
Compren l'esprit de Rome, & connai le Sénat.
Ce peuple auguste & saint fait respecter encore
Les Loix des Nations que ta main deshonore ;
Plus tu les méconnais, plus nous les protégeons ;
Et le seul châtiment qu'ici nous t'imposons,
C'est de voir expirer les Citoyens perfides,
Qui liaient avec toi leurs complots parricides.
Tout couvert de leur sang répandu devant toi,
Va d'un crime inutile entretenir ton Roi,
Et montre en ta personne aux peuples d'Italie
La sainteté de Rome, & ton ignominie.
Qu'on l'emmène, Licteurs.

SCENE III.

Les SENATEURS, BRUTUS, VALERIUS, PROCULUS.

BRUTUS.

E H bien, Valerius,
Ils sont saisis sans doute, ils sont au moins connus.
Quel sombre & noir chagrin couvrant votre visage ?
De maux encor plus grands semble être le présage ?
Vous frémissez.

VALERIUS.
Songez que vous êtes Brutus.

BRUTUS.
Expliquez-vous...

VALERIUS.
> Je tremble à vous en dire plus.
(*Il lui donne des tablettes.*)
Voyez, Seigneur, lisez ; connaissez les coupables.
BRUTUS *prenant les tablettes.*
Me trompez-vous, mes yeux? O jours abominables!
O père infortuné! Tibérinus ? mon fils!
Sénateurs, pardonnez... le perfide est-il pris ?
VALERIUS.
Avec deux conjurés il s'est osé défendre ;
Ils ont choisi la mort plûtôt que de se rendre ;
Percé de coups, Seigneur, il est tombé près d'eux ;
Mais il reste à vous dire un malheur plus affreux,
Pour vous, pour Rome entiere, & pour moi plus
> sensible.
BRUTUS.
Qu'entens-je ?
VALERIUS.
> Reprenez cette liste terrible,
Que chez Messala même a saisi Proculus.
BRUTUS.
Lisons donc ... je frémis, je tremble, Ciel ! Titus !
(*Il se laisse tomber entre les bras de Proculus.*)
VALERIUS.
Assez près de ces lieux je l'ai trouvé sans armes,
Errant, désespéré, plein d'horreur & d'allarmes :
Peut-être il détestait cet horrible attentat.
BRUTUS.
Allez, Pères conscrits, retournez au Sénat ;
Il ne m'appartient plus d'oser y prendre place ;
Allez, exterminez ma criminelle race.
Punissez-en le père, & jusques dans mon flanc
Recherchez sans pitié la source de leur sang.
Je ne vous suivrai point, de peur que ma présence
Ne suspendît de Rome, ou fléchît la vengeance.

SCENE IV.

BRUTUS *seul.*

Grands Dieux, à vos décrets tous mes vœux sont soumis.
Dieux vengeurs de nos Loix, vengeurs de mon pays.
C'est vous qui par mes mains fondiez sur la justice,
De notre liberté l'éternel édifice :
Voulez-vous renverser ses sacrés fondemens ?
Et contre votre ouvrage armez-vous mes enfans ?
Ah ! que Tibérinus en sa lâche furie
Ait servi nos Tyrans, ait trahi sa patrie ;
Le coup en est affreux ; le traître était mon fils.
Mais, Titus ! un Héros, l'amour de son pays,
Qui dans ce même jour, heureux & plein de gloire,
A vû par un triomphe honorer sa victoire !
Titus, qu'au Capitole ont couronné mes mains !
L'espoir de ma vieillesse, & celui des Romains !
Titus ! Dieux !

SCENE V.

BRUTUS, VALERIUS, Suite, Licteurs.

VALERIUS.

Du Sénat la volonté suprême
Est, que sur votre fils vous prononciez vous-même.

BRUTUS.

Moi ?

VALERIUS.
Vous seul.
BRUTUS.
Et du reste en a-t-il ordonné ?
VALERIUS.
Des conjurés, Seigneur, le reste est condamné ;
Au moment où je parle ils ont vécu peut-être.
BRUTUS.
Et du sort de mon fils le Sénat me rend maître ?
VALERIUS.
Il croit à vos vertus devoir ce rare honneur.
BRUTUS.
O patrie !
VALERIUS.
Au Sénat que dirai-je, Seigneur ?
BRUTUS.
Que Brutus voit le prix de cette grace insigne,
Qu'il ne la cherchait pas ... mais qu'il s'en rendra digne ...
Mais mon fils s'est rendu sans daigner résister,
Il pourrait ... pardonnez si je cherche à douter ;
C'était l'appui de Rome, & je sens que je l'aime.
VALERIUS.
Seigneur, Tullie ...
BRUTUS.
Eh bien ...
VALERIUS.
Tullie au moment même
N'a que trop confirmé ces soupçons odieux.
BRUTUS.
Comment, Seigneur ?
VALERIUS.
A peine elle a revû ces lieux,
A peine elle aperçoit l'appareil des supplices,
Que sa main consommant ces tristes sacrifices,

TRAGEDIE,

Elle tombe, elle expire, elle immole à nos loix
Ce reste infortuné de nos indignes Rois.
Si l'on nous trahissait, Seigneur, c'était pour elle.
Je respecte en Brutus la douleur paternelle ;
Mais tournant vers ces lieux ses yeux appesantis,
Tullie en expirant a nommé votre fils.

BRUTUS.

Justes Dieux !

VALERIUS.

C'est à vous à juger de son crime ;
Condamnez, épargnez, ou frappez la victime.
Rome doit approuver ce qu'aura fait Brutus.

BRUTUS.

Licteurs, que devant moi l'on amene Titus.

VALERIUS

Plein de votre vertu, Seigneur, je me retire :
Mon esprit étonné vous plaint, & vous admire;
Et je vais au Sénat apprendre avec terreur
La grandeur de votre ame & de votre douleur.

SCENE VI.

BRUTUS, PROCULUS.

BRUTUS.

Non, plus j'y pense encor, & moins je m'imagine,
Que mon fils des Romains ait tramé la ruine.
Pour son père & pour Rome il avoit trop d'amour ?
On ne peut en ce point s'oublier en un jour.
Je ne le puis penser, mon fils n'est point coupable.

PROCULUS.

Messala, qui forma ce complot détestable,

Sous ce grand nom peut-être a voulu se couvrir ;
Peut-être on hait sa gloire, on cherche à la flétrir.
BRUTUS.
Plût au Ciel?
PROCULUS.
De vos fils c'est le seul qni vous reste ;
Qu'il soit coupable, ou non, de ce complot funeste,
Le Sénat indulgent vous remet ses destins ;
Ses jours sont assurés, puisqu'ils sont dans vos mains.
Vous saurez à l'Etat conserver ce grand homme ;
Vous êtes père enfin.
BRUTUS.
Je suis Consul de Rome.

✤✤✤✤✤✤✤✤✤✤✤✤✤✤✤✤✤✤✤✤✤✤

SCENE VII.
BRUTUS, PROCULUS, TITUS
dans le fond du Théâtre, avec des Licteurs.

PROCULUS.
LE voici.
TITUS.
C'est Brutus ! ô douloureux momens !
O Terre, entr'ouvre-toi sous mes pas chancelans !
Seigneur, souffrez qu'un fils…
BRUTUS.
Arrête, téméraire.
De deux fils que j'aimai les Dieux m'avaient fait père;
J'ai perdu l'un. Que dis-je ? ah ! malheureux Titus,
Parle : ai-je encor un fils ?
TITUS.
Non, vous n'en avez plus.
BRUTUS.
Répon donc à ton Juge, opprobre de ma vie.

TRAGEDIE.

(*Il s'assied.*)

Avais-tu résolu d'opprimer ta patrie,
D'abandonner ton père au pouvoir absolu,
De trahir tes sermens ?

TITUS.
                           Je n'ai rien résolu ;
Plein d'un mortel poison dont l'horreur me dévore,
Je m'ignorais moi-même, & je me cherche encore ;
Mon cœur encor surpris de son égarement,
Emporté loin de soi, fut coupable un moment ;
Ce moment m'a couvert d'une honte éternelle,
A mon pays que j'aime il m'a fait infidelle :
Mais ce moment passé, mes remords infinis
Ont égalé mon crime, & vengé mon pays.
Prononcez mon arrêt. Rome, qui vous contemple,
A besoin de ma perte, & veut un grand exemple.
Par mon juste supplice il faut épouvanter
Les Romains, s'il en est qui puissent m'imiter.
Ma mort servira Rome autant qu'eût fait ma vie ;
Et ce sang en tout tems utile à sa patrie,
Dont je n'ai qu'aujourdhui souillé la pureté,
N'aura coulé jamais que pour la liberté.

BRUTUS.
Quoi ! tant de perfidie avec tant de courage ?
De crimes, de vertus, quel horrible assemblage !
Quoi ! sous ces lauriers même, & parmi ces dra-
    peaux,
Que son sang à mes yeux rendait encor plus beaux,
Quel démon t'inspira cette horrible inconstance ?

TITUS.
Toutes les passions, la soif de la vengeance,
L'ambition, la haine, un instant de fureur....

BRUTUS.
Achève, malheureux.

TITUS.

Une plus grande erreur,
Un feu qui de mes sens est même encor le maître,
Qui fit tout mon forfait, qui l'augmente peut-être.
C'est trop vous offenser par cet aveu honteux,
Inutile pour Rome, indigne de nous deux.
Mon malheur est au comble, ainsi que ma furie ;
Terminez mes forfaits, mon désespoir, ma vie,
Votre opprobre, & le mien. Mais si dans les combats
J'avais suivi la trace où m'ont conduit vos pas,
Si je vous imitai, si j'aimai ma patrie,
D'un remords assez grand si ma rage est suivie,

Il se jette à genoux.

A cet infortuné daignez ouvrir les bras ;
Dites du moins, mon fils, Brutus, ne te hait pas.
Ce mot seul me rendant mes vertus & ma gloire,
De la honte où je suis défendra ma mémoire.
On dira que Titus, descendant chez les morts,
Eut un regard de vous pour prix de ses remords,
Que vous l'aimiez encor, & que malgré son crime
Votre fils dans la tombe emporta votre estime.

BRUTUS.

Son remords me l'arrache. O Rome ! ô mon pays !
Proculus.... à la mort que l'on mène mon fils.
Lève-toi, triste objet d'horreur & de tendresse :
Lève-toi, cher appui qu'espérait ma vieillesse :
Vien embrasser ton père : il t'a dû condamner ;
Mais s'il n'était Brutus, il t'allait pardonner.
Mes pleurs, en te parlant, inondent ton visage :
Va, porte à ton supplice un plus mâle courage ;
Va, ne t'attendri point, sois plus Romain que moi,
Et que Rome t'admire en se vengeant de toi.

TITUS.

Adieu, je vai périr, digne encor de mon père.

On l'emmène.

TRAGEDIE.

SCENE VIII.
BRUTUS, PROCULUS.

PROCULUS.

SEigneur, tout le Sénat, dans sa douleur sincère,
En frémissant du coup qui doit vous accabler...
BRUTUS.
Vous connaissez Brutus, & l'osez consoler ?
Songez, qu'on nous prépare une attaque nouvelle.
Rome seule a mes soins, mon cœur ne connaît qu'elle.
Allons, que les Romains, dans ces momens affreux,
Me tiennent lieu du fils que j'ai perdu pour eux ;
Que je finisse au moins ma déplorable vie,
Comme il eût dû mourir en vengeant la patrie.

SCENE DERNIERE.
BRUTUS, PROCULUS, un SÉNATEUR.

LE SENATEUR.
SEigneur...
BRUTUS.
Mon fils n'est plus ?
LE SENATEUR.
C'en est fait... & mes yeux...
BRUTUS.
Rome est libre. Il suffit... Rendons graces aux Dieux.

Fin du cinquiéme & dernier Acte.

LA MORT

LA MORT
DE CESAR,
TRAGEDIE.

LETTERA
DEL SIGNOR
CONTE ALGAROTTI
AL SIGNORE
ABATE FRANCHINI
Inviato del Gran Duca di Toscana à Parigi.

IO non so per che cagione cotesti Signori si abbiano a maravigliar tanto che io mi sia per alcune settimane ritirato alla campagna, e in un angolo di una Provincia come e' dicono. Ella nò che non se ne maraviglia punto; la qual pur sa à che fine io mi vada cercando varj paesi, e quali cose io m'abbia potuto trovare in questa Campagna. Qui lungi dal tumulto di Parigi vi si gode una vita condita dà piaceri della mente; e ben si può dire che a queste cene non manca nè *Lambert* nè *Moliere*. Io do l'ultima mano à miei *Dialoghi*, i quali han trovata molta grazia innanzi gli occhi così della bella *Emilia*, come del dotto *Voltaire*; è quasi direi allo specchio di essi io vò studiando i bei modi della culta conversazione che vorrei pur transferire nella mia Operetta. Ma che dira ella se dal fondo di questa Provincia io le manderò cosa che dovriano pur tanto desiderare cotesti Signori *inter beatæ fumum & opes strepitumque Romæ*? Questa si è il *Cesare* del nostro *Voltaire* non alterato o manco, ma quale è uscito delle mani dell' Autore suo. Io non dubito che ella non sia per prendere, in leggendo questa Tragedia, un piacer grandissimo; e credo che anch' ella vi ravviserà dentro un nuovo genere di perfezione à che si può recare il Teatro Tragico Francese. Benchè un gran paradosso parrà cotesto a coloro che credono spenta la fortuna di quello insieme con *Cornelio* e *Racine*, e nulla sanno immaginare sopra le costoro produzioni. Ma certo niente pareva, non sono ancora molti anni passati, che si avesse a desiderare nella Musica vocale dopo *Scarlatti*, o nella strumentale dopo *Corelli*. Pur nondimeno il *Marcello* e il *Tartini* ne han fatto sentire che vi avea così nell' una come nell' altra alcun termine più là. Intantochè egli pare non accorgersi l'uomo de' luoghi che rimangono ancora vacni nelle Arti se non dopo occupati. Così interverrà nel Theatro; e la Morte di *Giulio Cesare* mostrerà *nescio quid majus quanto* al genere delle Tragedie Francesi. Che se la Tragedia, a distinzione della Commedia, è la imitazione di un'azione che abbia in se del terribile e del compassionevole, è facile à vedere, quanto questa che non è intorno à un matrimonio o à un amoretto, ma che è intorno à un fatto atrocissimo e alla piu gran rivoluzione che sia avvenuta nel più grande imperio del mundo, è facile dico à vedere quanto ella venga ad essere piu distinta dalla Commedia delle altre Tragedie Francesi, e monti dirò così sopra un coturno più alto di quelle. Ma non è già per tutto ciò che io credo che i più non sieno per sentirla altrimenti. Non fa mestieri aver veduto *mores hominum multorum & urbes* per sapere che i più bei ragionamenti del mondo se ne vanno quasi sempre con la peggio quando egli hanno à combattere contra le opinioni radicate dall' usanza e dall' autorità di quel sesso, il cui imperio si stende sino alle Provincie scientifiche. L'Amore che è Signor dispotico delle scene Francesi vorrà difficilmente comportare, che altre passioni vogliano partire il regno con esso lui; e non so come una Tragedia dove non entran donne, tutta sentimenti di libertà e pratiche di politica, potrà piacere là dove odono *Mitridate* fare il galante sul punto di muovere il campo verso Roma, e dove odono *Cesare* medesimo che novello *Orlando* si vanta di aver fatto giostra con *Pompeo* in Farsaglia per i belli occhi di *Cleopatra*. E forse che il *Cesare* del *Voltaire* potrà correre la medesima fortuna à Parigi che *Temistocle*, *Alcibiade* e quegli altri grandi uomini della Grecia corsero in Atene; i quali erano ammirati da tutta la Terra e sbanditi à un tempo medesimo della patria loro.

Come sia, il *Voltaire* ha preso in questa Tragedia ad imitare la severità del Teatro Inglese, e segnatamente *Sakespeare* uno de' loro Poeti, in cui dicesi, e non à torto, che vi sono errori innumerabili e pensieri inimitabili, *faults innumerable and thoughts inimitable*. Del che il suo *Cesare* medesimo ne fà pienissima fede. E ben ella può credere che il nostro Poeta ha fatto quell' uso di *Sakespeare* che *Virgilio* faceva di *Ennio*. Egli ha espresso in Francese le due scene ultime della Tragedia Inglese, le quali, toltone alcune mende, sono come quelle due di *Burro* e di *Narciso* con *Nerone* nel *Britannico*, due specchi cioè di eloquenza nel persuadere altrui le cose le più contrarie tra loro sullo stesso argomento. Ma chi sa se anche da questo lato, voglio dire a cagion della imitazione di *Sakespeare*, questa Tragedia non sia per piacere meno che non si vorrebbe? A niuno è nascosto come la Francia e l'Inghilterra sono rivali nella Politica, nel Commercio, nella gloria delle armi e delle lettere.

Littora littoribus contraria fluctibus undæ.

E si potrebbe dare il caso la Poesia Inglese fosse accolta a parigi allo stesso modo della Filosofia che è stata loro recata dal medesimo paese. Ma certo dovranno sapere i Francesi non picciolo grado à chi è venuto ad arricchire in certa maniera il loro Parnasso di una sorgente novella. Tanto più che grandissima è la discrezione con che ad imitare gl' Inglesi s'è fatto il nostro Poeta, come colui che ha trasportato nel Teatro di Francia la severità delle loro Tragedie senza la ferocità. Nella quale idea d'imitazioni egli ha di gran lunga superato *Addiffono*, il quale nel suo *Catone* ha mostrato a' suoi non tanto la regolarità del Teatro Francese quanto la importunità degli amori di quello. E con ciò egli è venuto a corrompere uno de' pochissimi Drammi moderni, in cui lo stile sia veramente tragico, e in cui i Romani parlino Latino, à dir così, e non Spagnuolo.

Ma un romore senza dubbio grandissimo ella sentirà levarsi contro à questa Tragedia, perchè ella sia di tre Atti solamente. *Aristotile* egli è il vero, parlando nella Poetica della lunghzza dell' azione teatrale non si spiega così chiaramente sopra questa tal divisione in cinque Atti, ma ognuno sa quei versi della Poetica Latina:

Neve minor neu sit quinto productior actu
Fabula quæ posci vult & spectata reponi.

Il qual precetto da *Orazio* per la Commedia egualmente che per la Tragedia. Ma se pur vi ha delle Commedie di *Moliere* di trè Atti e non più, e che ciò non ostante son tenute buone, non so perchè non vi possa ancora essere una buona Tragedia che sia di tre Atti, e non di cinque.

—————— *Quid autem*
Cæcilio Plautoque dabit Romanus ademptum
Virgilio Varioque?

E forse che sarebbe per lo migliore se la maggior parte delle Tragedie di oggidì si riducessero a trè Atti solamente ; dacchè si vede che per aggiungere i cinque, il più degli Autori sono pur stati costretti ad appiccarvi degli Episodi, i quali allungano il componimento e ne sceman l'effetto, snervando come fanno l'azione principale. E il *Racine* medesimo per somiglianti ragioni compose gia l'*Ester* di tre Atti e non più. Che se i Greci nelle loro Tragedie benchè semplicissime furono religiosi osservatori della divisione in cinque Atti, è da far considerazione, oltre che per lo più gli Atti sono anzi brevi che nò, che il coro vi occupa una grandissima parte del Dramma.

Io non so se quivi io bene m'apponga; questo so certo che mi giova parlare di Poesia con esso lei che ne potrebbe esser maestro come ella ne è talora leggiadrissimo artefice. *Pollio & ipse facit nova carmina.* Sicchè ella bien saprà scorgere la bellezza di questa Tragedia, molti versi della quale hanno di gia occupato un luogo nella mia memoria, e vi risuonan dentro in maniera che io non gli potrei far tacere. E pigliando principalmente ad esaminare la costituzione della favola, ella potrà meglio giudicare di chichesia se il *Voltaire* siccome ha aperto tra' suoi una nuova carriera così ancora ne sia giunto alla metà. Ma che non vien ella medesina à Cirey à communicarci le dotte sui riflessioni? ora massimamente che ne assicurano essere per la pace già segnata composte le cofe di Europa. Niente allora quì mancherebbe al defiderio mio, e à niuno potrebbe parer nuovo in Parigi che io mi rimaneffi in una Provincia.

Cirey 12. *Octobre* 1735.

ACTEURS.

JULES-CESAR, Dictateur.
MARC-ANTOINE, Conful.
JUNIUS BRUTUS, Préteur.
CASSIUS,
CIMBER,
DECIMUS, } Senateurs.
DOLABELLA,
CASCA,
Les Romains.
Licteurs.

La Scène eſt à Rome au Capitole.

LA MORT DE CESAR,
TRAGEDIE.

ACTE PREMIER.

SCENE I.
CESAR, ANTOINE.

ANTOINE.

Esar, tu vas régner ; voici le jour auguste,
Où le peuple Romain, pour toi toujours injuste,
Changé par tes vertus, va reconnaître en toi
Son vainqueur, son appui, son vengeur, & son Roi.
Antoine, tu le sais, ne connaît point l'envie.
J'ai chéri plus que toi la gloire de ta vie ;

J'ai préparé la chaîne où tu mets les Romains,
Content d'être sous toi le second des humains,
Plus fier de t'attacher ce nouveau Diadème,
Plus grand de te servir que de régner moi-même.
Quoi ! tu ne me répons que par de longs soupirs !
Ta grandeur fait ma joie, & fait tes déplaisirs !
Roi de Rome & du Monde, est-ce à toi de te plaindre ?
César peut-il gémir, ou Cesar peut il craindre ?
Qui peut à ta grande ame inspirer la terreur ?

CESAR.

L'amitié, cher Antoine ; il faut t'ouvrir mon cœur.
Tu sais que je te quitte, & le destin m'ordonne
De porter nos drapeaux aux champs de Babylone.
Je pars, & vai venger sur le Parthe inhumain
La honte de Crassus & du peuple Romain.
L'aigle des légions, que je retiens encore,
Demande à s'envoler vers les mers du Bosphore ;
Et mes braves soldats n'attendent pour signal,
Que de revoir mon front ceint du bandeau royal.
Peut-être avec raison Cesar peut entreprendre
D'attaquer un pays qu'a soumis Alexandre.
Peut-être les Gaulois, Pompée & les Romains,
Valent bien les Persans subjugués par ses mains.
J'ose au moins le penser ; & ton ami se flate
Que le vainqueur du Rhin peut l'être de l'Euphrate.
Mais cet espoir m'anime, & ne m'aveugle pas.
Le sort peut se lasser de marcher sur mes pas :
La plus haute sagesse en est souvent trompée ;
Il peut quitter Cesar, ayant trahi Pompée ;
Et dans les factions, comme dans les combats,
Du triomphe à la chûte il n'est souvent qu'un pas.
J'ai servi, commandé, vaincu, quarante années ;
Du Monde entre mes mains j'ai vû les destinées ;
Et j'ai toujours connu qu'en chaque évenement
Le destin des Etats dépendait d'un moment.

Quoi qu'il puiſſe arriver, mon cœur n'a rien à craindre;
Je vaincrai ſans orgueuil, ou mourrai ſans me plaindre.
Mais j'exige en partant, de ta tendre amitié,
Qu'Antoine à mes enfans ſoit pour jamais lié;
Que Rome par mes mains défenduë & conquiſe,
Que la Terre à mes fils, comme à toi, ſoit ſoumiſe:
Et qu'emportant d'ici le grand titre de Roi,
Mon ſang & mon ami le prennent après moi.
Je te laiſſe aujourdhui ma volonté dernière.
Antoine, à mes enfans il faut ſervir de pere.
Je ne veux point de toi demander des ſermens,
De la foi des humains ſacrés & vains garans;
Ta promeſſe ſuffit, & je la crois plus pure
Que les autels des Dieux entourés du parjure.

ANTOINE.

C'eſt déja pour Antoine une aſſez dure loi,
Que tu cherches la guerre & le trépas ſans moi,
Et que ton intérêt m'attache à l'Italie,
Quand la gloire t'appelle aux bornes de l'Aſie.
Je m'afflige encor plus de voir que ton grand cœur
Doute de ſa fortune, & préſage un malheur:
Mais je ne comprens point ta bonté qui m'outrage,
Ceſar, que me dis-tu de tes fils, de partage?
Tu n'as de fils qu'Octave, & nulle adoption
N'a d'un autre Ceſar appuyé ta maiſon.

CESAR.

Il n'eſt plus tems, ami, de cacher l'amertume,
Dont mon cœur paternel en ſecret ſe conſume.
Octave n'eſt mon ſang qu'à la faveur des loix:
Je l'ai nommé Ceſar, il eſt fils de mon choix.
Le deſtin, (dois-je dire, ou propice, ou ſévère?)
D'un véritable fils en effet m'a fait pere,
D'un fils que je chéris, mais qui pour mon malheur,

A ma tendre amitié répond avec horreur.
ANTOINE.
Et quel est cet enfant ? Quel ingrat peut-il être,
Si peu digne du sang dont les Dieux l'ont fait naître ?
CESAR.
Ecoute : Tu connais ce malheureux Brutus,
Dont Caton cultiva les farouches vertus,
De nos antiques loix ce défenseur austère,
Ce rigide ennemi du pouvoir arbitraire,
Qui toujours contre moi, les armes à la main,
De tous mes ennemis a suivi le destin ;
Qui fut mon prisonnier aux champs de Thessalie ;
A qui j'ai malgré lui sauvé deux fois la vie,
Né, nourri loin de moi chez mes fiers ennemis.
ANTOINE.
Brutus ! il se pourrait...
CESAR.
     Ne m'en crois pas. Tien, lis.
ANTOINE.
Dieux ! la sœur de Caton, la fière Servilie !
CESAR.
Par un hymen secret elle me fut unie.
Ce farouche Caton, dans nos premiers débats,
La fit presqu'à mes yeux passer en d'autres bras :
Mais le jour qui forma ce second hyménée,
De son nouvel époux trancha la destinée.
Sous le nom de Brutus mon fils fut élevé.
Pour me hair, ô Ciel ! était-il reservé ?
Mais lis : tu sauras tout par cet écrit funeste.
ANTOINE. *Il lit.*
César, je vai mourir. La colère céleste
Va finir à la fois ma vie & mon amour.
Souvien-toi qu'à Brutus César donna le jour.
Adieu. Puisse ce fils éprouver pour son pere
L'amitié qu'en mourant te conservait sa mere !
         Servilie.

TRAGEDIE.

Quoi ! faut-il que du fort la tyrannique loi,
Cefar, te donne un fils fi peu femblable à toi ?

CESAR.

Il a d'autres vertus ; fon fuperbe courage
Flate en fecret le mien, même alors qu'il l'outrage.
Il m'irrite, il me plaît. Son cœur indépendant
Sur mes fens étonnés prend un fier afcendant.
Sa fermeté m'impofe, & je l'excufe même,
De condamner en moi l'autorité fuprême.
Soit qu'étant homme & pere, un charme féducteur,
L'excufant à mes yeux, me trompe en fa faveur :
Soit qu'étant né Romain, la voix de ma patrie
Me parle malgré moi contre ma tyrannie ;
Et que la liberté que je viens d'opprimer,
Plus forte encor que moi, me condamne à l'aimer.
Te dirai-je encor plus ? Si Brutus me doit l'être,
S'il eft fils de Cefar, il doit haïr un Maître.
J'ai penfé comme lui, dès mes plus jeunes ans ;
J'ai détefté Sylla, j'ai haï les Tyrans.
J'euffe été Citoyen, fi l'orgueilleux Pompée
N'eût voulu m'opprimer fous fa gloire ufurpée.
Né fier, ambitieux, mais né pour les vertus,
Si je n'étais Cefar, j'aurais été Brutus.
Tout homme à fon état doit plier fon courage.
Brutus tiendra bientôt un différent langage,
Quand il aura connu de quel fang il eft né.
Croi-moi, le Diadème à fon front deftiné,
Adoucira dans lui fa rudeffe importune ;
Il changera de mœurs, en changeant de fortune.
La nature, le fang, mes bienfaits, tes avis,
Le devoir, l'intérêt, tout me rendra mon fils.

ANTOINE.

J'en doute. Je connais fa fermeté farouche :
La fecte dont il eft n'admet rien qui la touche.
Cette fecte intraitable, & qui fait vanité

D'endurcir les esprits contre l'humanité,
Qui dompte & foule aux pieds la Nature irritée,
Parle seule à Brutus, & seule est écoutée.
Ces préjugés affreux, qu'ils appellent devoir,
Ont sur ces cœurs de bronze un absolu pouvoir.
Caton même, Caton, ce malheureux Stoïque,
Ce Héros forcené, la victime d'Utique,
Qui fuyant un pardon qui l'eût humilié,
Préféra la mort même à ta tendre amitié;
Caton fut moins altier, moins dur, & moins à craindre,
Que l'ingrat qu'à t'aimer ta bonté veut contraindre.

CESAR.

Cher ami, de quels coups tu viens de me frapper !
Que m'as-tu dit ?

ANTOINE.

Je t'aime, & ne te puis tromper.

CESAR.

Le tems amollit tout.

ANTOINE.

Mon cœur en désespére.

CESAR.

Quoi, sa haine ! . . .

ANTOINE.

Croi-moi.

CESAR.

N'importe ; je suis pere.
J'ai chéri, j'ai sauvé mes plus grands ennemis :
Je veux me faire aimer de Rome & de mon fils ;
Et conquérant des cœurs vaincus par ma clémence,
Voir la Terre & Brutus adorer ma puissance.
C'est à toi de m'aider dans de si grands desseins :
Tu m'as prêté ton bras, pour dompter les humains ;
Dompte aujourdhui Brutus, adouci son courage !
Prépare par degrés cette vertu sauvage

Au secret important qu'il lui faut revéler,
Et dont mon cœur encor hésite à lui parler.
ANTOINE.
Je ferai tout pour toi ; mais j'ai peu d'espérance.

SCENE II.

CESAR, ANTOINE, DOLABELLA.

DOLABELLA.

CEsar, les Sénateurs attendent audience ;
A ton ordre suprême il se rendent ici.
CESAR.
Ils ont tardé long-tems. . . . Qu'ils entrent.
ANTOINE.
Les voici.
Que je lis sur leur front de dépit & de haine !

SCENE III.

CESAR, ANTOINE, BRUTUS, CASSIUS, CIMBER, DECIMUS, CINNA, CASCA, &c. Licteurs.

CESAR assis.

VEnez, dignes soutiens de la grandeur Romaine,
Compagnons de Cesar. Approchez, Cassius,
Cimber, Cinna, Décime, & toi mon cher Brutus.
Enfin voici le tems, si le Ciel me seconde,
Où je vais achever la conquête du Monde,
Et voir dans l'Orient le Trône de Cyrus
Satisfaire, en tombant, aux mânes de Crassus.

Théâtre. Tome I.   V

Il est tems d'ajoûter, par le droit de la guerre,
Ce qui manque aux Romains des trois parts de la
    Terre.
Tout est prêt, tout prévû pour ce vaste dessein :
L'Euphrate attend Cesar, & je pars dès demain.
Brutus & Cassius me suivront en Asie ;
Antoine retiendra la Gaule & l'Italie.
De la Mer Atlantique, & des bords du Bétis,
Cimber gouvernera les Rois assujettis.
Je donne à Décimus la Gréce & la Lycie,
A Marcellus le Pont, à Casca la Syrie.
Ayant ainsi réglé le sort des Nations,
Et laissant Rome heureuse & sans divisions,
Il ne reste au Sénat, qu'à juger sous quel titre
De Rome & des humains je dois être l'arbitre.
Sylla fut honoré du nom de Dictateur,
Marius fut Consul, & Pompée Empereur.
J'ai vaincu le dernier ; & c'est assez vous dire,
Qu'il faut un nouveau nom pour un nouvel Empire ;
Un nom plus grand, plus saint, moins sujet aux
    revers,
Autrefois craint dans Rome, & cher à l'Univers.
Un bruit trop confirmé se répand sur la Terre,
Qu'en vain Rome aux Persans ose faire la guerre ;
Qu'un Roi seul peut les vaincre & leur donner la
    loi :
Cesar va l'entreprendre, & Cesar n'est pas Roi.
Il n'est qu'un Citoyen fameux pour ses services,
Qui peut du peuple encor essuyer les caprices...
Romains, vous m'entendez, vous savez mon espoir,
Songez à mes bienfaits, songez à mon pouvoir.

CIMBER.

Cesar, il faut parler. Ces Sceptres, ces Couronnes,
Ce fruit de nos travaux, l'Univers que tu donnes,
Seraient aux yeux du Peuple, & du Sénat jaloux,

Un outrage à l'Etat, plus qu'un bienfait pour nous.
Marius, ni Sylla, ni Carbon ni Pompée,
Dans leur autorité sur le peuple usurpée,
N'ont jamais prétendu disposer à leur choix
Des conquêtes de Rome, & nous parler en Rois:
Cesar, nous attendions de ta clémence auguste
Un don plus précieux, une faveur plus juste,
Au-dessus des Etats donnés par ta bonté...

CESAR.

Qu'oses-tu demander, Cimber ?

CIMBER.

La liberté.

CASSIUS.

Tu nous l'avais promise ; & tu juras toi-même
D'abolir pour jamais l'autorité suprême.
Et je croyais toucher à ce moment heureux,
Où le vainqueur du Monde allait combler nos vœux.
Fumante de son sang, captive, désolée,
Rome dans cet espoir renaissoit consolée.
Avant que d'être à toi nous sommes ses enfans ;
Je songe à ton pouvoir ; mais songe à tes sermens.

BRUTUS.

Oui, que Cesar soit grand : mais que Rome soit libre.
Dieux ! maîtresse de l'Inde, esclave au bord du Tibre !
Qu'importe que son nom commande à l'Univers ?
Et qu'on l'appelle Reine, alors qu'elle est aux fers ?
Qu'importe à ma patrie, aux Romains que tu braves,
D'apprendre que Cesar a de nouveaux esclaves ?
Les Persans ne sont pas nos plus fiers ennemis ;
Il en est de plus grands. Je n'ai point d'autre avis.

CESAR.

Et toi, Brutus, aussi ?

ANTOINE à *César*.
         Tu connais leur audace :
Voi fi ces cœurs ingrats font dignes de leur grace.
              CESAR.
Ainfi vous voulez donc, dans vos témérités,
Tenter ma patience, & laffer mes bontés ?
Vous qui m'appartenez par le droit de l'épée,
Rampans fous Marius, efclaves de Pompée ;
Vous qui ne refpirez qu'autant que mon courroux
Retenu trop long-tems s'eft arrêté fur vous :
Républicains ingrats, qu'enhardit ma clémence,
Vous qui devant Sylla, garderiez le filence ;
Vous que ma bonté feule invite à m'outrager,
Sans craindre que Cefar s'abaiffe à fe venger.
Voilà ce qui vous donne une ame affez hardie,
Pour ofer me parler de Rome & de patrie,
Pour affecter ici cette illuftre hauteur,
Et ces grands fentimens devant votre vainqueur.
Il les fallait avoir aux plaines de Pharfale.
La fortune entre nous devient trop inégale.
Si vous n'avez fû vaincre, apprenez à fervir.
              BRUTUS.
Cefar, aucun de nous n'apprendra qu'à mourir.
Nul ne m'en défavouë, & nul en Theffalie
N'abaiffa fon courage à demander la vie.
Tu nous laiffas le jour, mais pour nous avilir :
Et nous le déteftons, s'il te faut obéir.
Cefar, qu'à ta colére aucun de nous n'échappe :
Commence ici par moi ; fi tu veux régner, frappe.
              CESAR.
Ecoute... & vous fortez. * Brutus m'ofe offenfer !
Mais fais-tu de quels traits tu viens de me percer ?
Va, Cefar eft bien loin d'en vouloir à ta vie.
Laiffe-là du Sénat l'indifcrète furie.
   * *Les Sénateurs fortent.*

TRAGEDIE.

Demeure. C'eſt toi ſeul qui peux me déſarmer.
Demeure. C'eſt toi ſeul que Ceſar veut aimer.
BRUTUS.
Tout mon ſang eſt à toi, ſi tu tiens ta promeſſe.
Si tu n'es qu'un Tyran, j'abhorre ta tendreſſe ;
Et je ne peux reſter avec Antoine & toi,
Puiſqu'il n'eſt plus Romain, & qu'il demande un Roi.

SCENE IV.
CESAR, ANTOINE.
ANTOINE.

EH bien, t'ai-je trompé ? Cois-tu que la nature
Puiſſe amolir une ame, & ſi fiere, & ſi dure ?
Laiſſe, laiſſe à jamais dans ſon obſcurité
Ce ſecret malheureux qui péſe à ta bonté.
Que de Rome, s'il veut, il déplore la chûte ;
Mais qu'il ignore au moins quel ſang il perſécute.
Il ne mérite pas de te devoir le jour.
Ingrat à tes bontés, ingrat à ton amour,
Renonce-le pour fils.
CESAR.
          Je ne le puis : je l'aime.
ANTOINE.
Ah ! ceſſe donc d'aimer l'orgueil du Diadême :
Deſcen donc de ce rang, où je te vois monté ;
La bonté convient mal à ton autorité ;
De ta grandeur naiſſante elle détruit l'ouvrage.
Quoi ! Rome eſt ſous tes loix, & Caſſius t'outrage !
Quoi Cimber ! quoi Cinna ! ces obſcurs Sénateurs,
Aux yeux du Roi du Monde affectent ces hauteurs !
Ils bravent ta puiſſance, & ces vaincus reſpirent !

V 3

CESAR

Ils sont nés mes égaux ; mes armes les vainquirent ;
Et trop au-dessus d'eux, je leur puis pardonner
De frémir sous le joug que je veux leur donner.

ANTOINE.

Marius de leur sang eût été moins avare.
Sylla les eût punis.

CESAR.

     Sylla fut un barbare,
Il n'a sû qu'opprimer. Le meurtre & la fureur
Faisaient sa politique, ainsi que sa grandeur.
Il a gouverné Rome au milieu des supplices ;
Il en était l'effroi, j'en serai les délices.
Je sai quel est le peuple, on le change en un jour ;
Il prodigue aisément sa haine & son amour ;
Si ma grandeur l'aigrit, ma clémence l'attire.
Un pardon politique à qui ne peut me nuire,
Dans mes chaînes qu'il porte, un air de liberté
A ramené vers moi sa faible volonté.
Il faut couvrir de fleurs l'abîme où je l'entraîne,
Flater encor ce tigre à l'instant qu'on l'enchaîne,
Lui plaire en l'accablant, l'asservir, le charmer,
Et punir mes rivaux en me faisant aimer.

ANTOINE.

Il faudrait être craint : c'est ainsi que l'on régne.

CESAR.

Va, ce n'est qu'aux combats que je veux qu'on me craigne.

ANTOINE.

Le Peuple abusera de ta facilité.

CESAR,

Le Peuple a jusqu'ici consacré ma bonté.
Voi ce Temple que Rome éléve à ma clémence.

ANTOINE.

Crain qu'elle n'en éleve un autre à la vengeance ;

TRAGEDIE.

Crain des cœurs ulcérés, nourris de défespoir,
Idolâtres de Rome, & cruels par devoir.
Cassius allarmé prévoit qu'en ce jour même
Ma main doit fur ton front mettre le Diadême.
Déja même à tes yeux on ofe en murmurer.
Des plus impétueux tu devrais t'affurer.
A prévenir leurs coups daigne au moins te contraindre.

CESAR.

Je les aurais punis, fi je les pouvais craindre.
Ne me conseille point de me faire haïr.
Je fai combattre, vaincre, & ne fai point punir.
Allons, & n'écoutant ni foupçon, ni vengeance,
Sur l'Univers foumis régnons fans violence.

Fin du premier Acte.

ACTE II.

SCENE I.

BRUTUS, ANTOINE, DOLABELLA.

ANTOINE.

CE superbe refus, cette animosité,
Marquent moins de vertu que de férocité.
Les bontés de Cesar, & surtout sa puissance,
Méritaient plus d'égards & plus de complaisance :
A lui parler du moins vous pourriez consentir.
Vous ne connaissez pas qui vous osez haïr :
Et vous en frémiriez, si vous pouviez apprendre...

BRUTUS.

Ah ! je frémis déja ; mais c'est de vous entendre.
Ennemi des Romains, que vous avez vendus,
Pensez-vous ou tromper, ou corrompre Brutus ?
Allez ramper sans moi sous la main qui vous brave ;
Je sai tous vos desseins, vous brûlez d'être esclave.
Vous voulez un Monarque ! & vous êtes Romain !

ANTOINE.

Je suis ami, Brutus, & porte un cœur humain.
Je ne recherche point une vertu plus rare :
Tu veux être un Héros, mais tu n'est qu'un Barbae :
Et ton farouche orgueil, que rien ne peut fléchir,
Embrassa la vertu, pour la faire haïr.

SCENE II.
BRUTUS *seul.*

Quelle bassesse, ô Ciel! & quelle ignominie!
Voilà donc les soutiens de ma triste patrie!
Voilà vos successeurs, Horace, Decius,
Et toi, vengeur des Loix, toi mon sang, toi Brutus!
Quels restes, justes Dieux! de la grandeur Romaine!
Chacun baise en tremblant la main qui nous enchaîne.
César nous a ravi jusques à nos vertus,
Et je cherche ici Rome, & ne la trouve plus.
Vous que j'ai vû périr, vous immortels courages,
Héros, dont en pleurant j'apperçois les images,
Famille de Pompée, & toi, divin Caton,
Toi dernier des Héros du sang de Scipion,
Vous ranimez en moi ces vives étincelles
Des vertus dont brillaient vos ames immortelles.
Vous vivez dans Brutus, vous mettez dans mon sein
Tout l'honneur qu'un Tyran ravit au nom Romain.
Que vois-je, grand Pompée, au pied de ta statuë?
Quel billet, sous mon nom, se présente à ma vuë?
Lisons: (*) *Tu dors, Brutus, & Rome est dans les fers!*
Rome, mes yeux sur toi seront toujours ouverts;
Ne me reproche point des chaînes que j'abhorre.
Mais quel autre billet à mes yeux s'offre encore?
Non, tu n'es pas Brutus. Ah! reproche cruel!
César! tremble, Tyran, voilà ton coup mortel.
Non, tu n'es pas Brutus. Je le suis, je veux l'être.
Je périrai, Romains; ou vous serez sans Maître.
Je vois que Rome encor a des cœurs vertueux.

(*) *Il prend le billet.*

On demande un vengeur, on a sur moi les yeux ;
On excite cette ame, & cette main trop lente :
On demande du Sang ... Rome sera contente.

SCENE III.

BRUTUS, CASSIUS, CINNA, CASCA, DECIMUS, Suite.

CASSIUS.

JE t'embrasse, Brutus, pour la dernière fois.
Amis, il faut tomber sous les débris des Loix;
De Cesar désormais je n'attens plus de grace ;
Il sait mes sentimens, il connaît notre audace.
Notre ame incorruptible étonne ses desseins ;
Il va perdre dans nous les derniers des Romains.
C'en est fait, mes amis, il n'est plus de patrie,
Plus d'honneur, plus de loix, Rome est anéantie ;
De l'Univers & d'elle il triomphe aujourdhui.
Nos imprudens ayeux n'ont vaincu que pour lui.
Ces dépouilles des Rois, ce Sceptre de la Terre,
Six cent ans de vertus, de travaux & de guerre ;
Cesar joüit de tout, & dévore le fruit
Que six siécles de gloire à peine avaient produit.
Ah Brutus ! es-tu né pour servir sous un Maître ?
La liberté n'est plus.

BRUTUS.
      Elle est prête à renaître.

CASSIUS.
Que dis-tu ? Mais quel bruit vient frapper mes esprits !

BRUTUS.
Laisse-là ce vil peuple, & ses indignes cris.

CASSIUS.
La liberté, dis-tu ? ... Mais quoi ... le bruit redouble.

SCENE IV.

BRUTUS, CASSIUS, CIMBER, DECIMUS.

CASSIUS.

AH ! Cimber, est-ce toi ? parle, quel est ce trouble ?

DECIMUS.

Trame-t-on contre Rome un nouvel attentat ?
Qu'a-t-on fait ? qu'as-tu vû ?

CIMBER.

      La honte de l'Etat.
Cesar était au Temple, & cette fière idole
Semblait être le Dieu qui tonne au Capitole.
C'est-là qu'il annonçait son superbe dessein,
D'aller joindre la Perse à l'Empire Romain.
On lui donnait les noms de foudre de la guerre,
De vengeur des Romains, de vainqueur de la Terre ;
Mais parmi tant d'éclat, son orgueil imprudent
Voulait un autre titre & n'était pas content.
Enfin parmi ces cris, & ces chants d'allégresse,
Du peuple qui l'entoure Antoine fend la presse,
Il entre : ô honte ! ô crime indigne d'un Romain !
Il entre, la Couronne, & le Sceptre à la main.
On se tait : on frémit : lui, sans que rien l'étonne,
Sur le front de Cesar attache la Couronne ;
Et soudain devant lui se mettant à genoux,
Cesar, règne, dit-il, sur la Terre & sur nous.
Des Romains à ces mots les visages pâlissent ;
De leurs cris douloureux les voûtes retentissent.
J'ai vû des Citoyens s'enfuir avec horreur,
D'autres rougir de honte & pleurer de douleur.

Cesar, qui cependant lisait sur son visage
De l'indignation l'éclatant témoignage,
Feignant des sentimens long-tems étudiés,
Jette & Sceptre & Couronne, & les foule à ses pieds.
Alors tout se croit libre, alors tout est en proie
Au fol enyvrement d'une indiscrete joie.
Antoine est allarmé : Cesar feint, & rougit ;
Plus il cèle son trouble, & plus on l'applaudit.
La modération sert de voile à son crime :
Il affecte à regret un refus magnanime.
Mais malgré ses efforts, il frémissait tout bas,
Qu'on applaudit en lui les vertus qu'il n'a pas.
Enfin ne pouvant plus retenir sa colère,
Il sort du Capitole avec un front sévère.
Il veut que dans une heure on s'assemble au Sénat.
Dans une heure, Brutus, Cesar change l'Etat.
De ce Sénat sacré la moitié corrompuë,
Ayant acheté Rome, à Cesar l'a venduë ;
Plus lâche que ce peuple, à qui dans son malheur,
Le nom de Roi du moins fait toujours quelque horreur.
Cesar, déja trop Roi, veut encor la Couronne :
Le peuple la réfuse, & le Sénat la donne ;
Que faut-il faire enfin, Héros qui m'écoutez ?

CASSIUS.

Mourir, finir des jours dans l'opprobre comptés.
J'ai traîné les liens de mon indigne vie,
Tant qu'un peu d'espérance a flaté ma patrie.
Voici son dernier jour, & du moins Cassius
Ne doit plus respirer, lorsque l'Etat n'est plus.
Pleure qui voudra Rome, & lui reste fidelle ;
Je ne peux la venger, mais j'expire avec elle.
Je vais où sont nos Dieux... Pompée & Scipion,

En regardant leurs statues.
Il est tems de vous suivre, & d'imiter Caton.
BRUTUS.
Non, n'imitons personne, & servons tous d'exemple :
C'est nous, braves amis, que l'Univers contemple ;
C'est à nous de répondre à l'admiration
Que Rome en expirant conserve à notre nom.
Si Caton m'avait crû, plus juste en sa furie,
Sur Cesar expirant il eût perdu la vie ;
Mais il tourna sur soi ses innocentes mains ;
Sa mort fut inutile au bonheur des humains.
Faisant tout pour la gloire, il ne fit rien pour Rome,
Et c'est la seule faute où tomba ce grand homme.
CASSIUS.
Que veux-tu donc qu'on fasse en un tel désespoir ?
BRUTUS, *montrant le billet.*
Voilà ce qu'on m'écrit, voilà notre devoir.
CASSIUS.
On m'en écrit autant, j'ai reçu ce reproche.
BRUTUS.
C'est trop le mériter.
CIMBER.
L'heure fatale approche.
Dans une henre un Tyran détruit le nom Romain.
BRUTUS.
Dans une heure à Cesar il faut percer le sein.
CASSIUS.
Ah ! je te reconnais à cette noble audace.
DECIMUS.
Ennemi des Tyrans, & digne de ta race,
Voilà les sentimens que j'avais dans mon cœur.
CASSIUS.
Tu me rens à moi-même, & je t'en dois l'honneur ;

C'est-là ce qu'attendaient ma haine & ma colère
De la mâle vertu qui fait ton caractère.
C'est Rome qui t'inspire en des desseins si grands :
Ton nom seul est l'arrêt de la mort des Tyrans.
Lavons mon cher Brutus, l'opprobre de la Terre ;
Vengeons ce Capitole, au défaut du tonnerre.
Toi Cimber, toi Cinna, vous Romains indomptés,
Avez-vous une autre ame & d'autres volontés ?

CIMBER.

Nous pensons comme toi, nous méprisons la vie.
Nous détestons Cesar, nous aimons la patrie ;
Nous la vengerons tous ; Brutus & Cassius
De quiconque est Romain raniment les vertus.

DECIMUS.

Nés Juges de l'Etat, nés les vengeurs du crime,
C'est souffrir trop long-tems la main qui nous op-
  prime ;
Et quand sur un Tyran nous suspendons nos coups,
Chaque instant qu'il respire est un crime pour nous.

CIMBER.

Admettrons-nous quelqu'autre à ces honneurs su-
  prêmes ?

BRUTUS.

Pour venger la patrie il suffit de nous-mêmes.
Dolabella, Lépide, Emile, Bibulus,
Ou tremblent sous Cesar, ou bien lui sont vendus.
Ciceron qui d'un traître a puni l'insolence,
Ne sert la liberté que par son éloquence,
Hardi dans le Sénat, faible dans le danger,
Fait pour haranguer Rome, & non pour la venger.
Laissons à l'Orateur, qui charme sa patrie,
Le soin de nous louer, quand nous l'aurons servie.
Non, ce n'est qu'avec vous que je veux partager
Cet immortel honneur, & ce pressant danger.
Dans une heure au Sénat le Tyran doit se rendre :

TRAGEDIE.

Là, je le punirai ; là, je le veux surprendre ;
Là, je veux que ce fer, enfoncé dans son sein,
Venge Caton, Pompée, & le peuple Romain.
C'est hazarder beaucoup. Ses ardens satellites
Partout du Capitole occupent les limites ;
Ce peuple mou, volage, & facile à fléchir,
Ne sait s'il doit encor l'aimer ou le haïr.
Notre mort, mes amis, paraît inévitable.
Mais qu'une telle mort est noble & désirable !
Qu'il est beau de périr dans des desseins si grands,
De voir couler son sang dans le sang des Tyrans !
Qu'avec plaisir alors on voit sa derniere heure !
Mourons, braves amis, pourvû que Cesar meure,
Et que la liberté, qu'oppriment ses forfaits,
Renaisse de sa cendre, & revive à jamais.

CASSIUS.

Ne balançons donc plus, courons au Capitole :
C'est-là qu'il nous opprime, & qu'il faut qu'on l'immole.
Ne craignons rien du peuple il semble encor douter ;
Mais si l'idole tombe, il va la détester.

BRUTUS.

Jurez donc avec moi, jurez sur cette épée,
Par le sang de Caton, par celui de Pompée,
Par les manes sacrés de tous ces vrais Romains,
Qui dans les champs d'Afrique ont fini leurs destins,
Jurez par tous les Dieux, vengeurs de la patrie,
Que Cesar sous vos coups va terminer sa vie.

CASSIUS.

Faisons plus, mes amis, jurons d'exterminer
Quiconque ainsi que lui prétendra gouverner :
Fussent nos propres fils, nos freres, ou nos peres :
S'ils sont Tyrans, Brutus, ils sont nos adversaires.
Un vrai Républicain n'a pour pere & pour fils

LA MORT DE CESAR,

Que la vertu, les Dieux, les Loix & son pays.
BRUTUS.
Oui, j'unis pour jamais mon sang avec le vôtre.
Tous dès ce moment même adoptés l'un par l'autre,
Le salut de l'Etat nous a rendu parens.
Scélons notre union du sang de nos Tyrans.

Il s'avance vers la statuë de Pompée.

Nous le jurons par vous, Héros, dont les images
A ce pressant devoir excitent nos courages;
Nous promettons, Pompée, à tes sacrés genoux,
De faire tout pour Rome, & jamais rien pour nous;
D'être unis pour l'Etat, qui dans nous se rassemble,
De vivre, de combattre, & de mourir ensemble.
Allons, préparons-nous : c'est trop nous arrêter.

SCENE V.

CESAR, BRUTUS.

CESAR.

Demeure. C'est ici que tu dois m'écouter;
Où vas-tu, malheureux?

BRUTUS.
Loin de la Tyrannie.

CESAR.
Licteurs, qu'on le retienne.

BRUTUS.
Achève, & pren ma vie.

CESAR.
Brutus, si ma colère en voulait à tes jours,
Je n'aurais qu'à parler, j'aurais finis leurs cours.
Tu l'as trop mérité. Ta fière ingratitude

Se

TRAGEDIE,

Se fait de m'offenser une farouche étude.
Je te retrouve encor avec ceux des Romains,
Dont j'ai plus soupçonné les perfides desseins ;
Avec ceux qui tantôt ont osé me déplaire,
Ont blamé ma conduite, ont bravé ma colère.

BRUTUS.

Ils parlaient en Romains, Cesar ; & leurs avis,
Si les Dieux t'inspiraient, seraient encor suivis.

CESAR.

Je souffre ton audace, & consens à t'entendre :
De mon rang avec toi je me plais à descendre.
Que me reproches-tu ?

BRUTUS.

     Le monde ravagé,
Le sang des Nations, ton pays saccagé :
Ton pouvoir, tes vertus, qui font tes injustices,
Qui de tes attentats sont en toi les complices ;
Ta funeste bonté, qui fait aimer tes fers,
Et qui n'est qu'un appas pour tromper l'Univers.

CESAR.

Ah ! c'est ce qu'il fallait reprocher à Pompée.
Par sa feinte vertu la tienne fut trompée.
Ce Citoyen superbe, à Rome plus fatal,
N'a pas même voulu Cesar pour son égal.
Crois-tu, s'il m'eût vaincu, que cette ame hautaine,
Eût laissé respirer la liberté Romaine ;
Sous un joug despotique il t'aurait accablé.
Qu'eût fait Brutus alors ?

BRUTUS.

     Brutus l'eût immolé.

CESAR.

Voilà donc ce qu'enfin ton grand cœur me destine !
Tu ne t'en défens point. Tu vis pour ma ruine,
Brutus !

LA MORT DE CESAR,

BRUTUS.

Si tu le crois, prévien donc ma fureur,
Qui peut te retenir ?

CESAR. *Il lui présente la lettre de Servilie.*

La nature, & mon cœur.
Lis, ingrat, lis, connais le sang que tu m'opposes,
Voi qui tu peux haïr, & pourfui si tu l'ofes.

BRUTUS.

Où fuis-je ? Qu'ai-je lû ? me trompez-vous, mes
yeux ?

CESAR.

Eh bien! Brutus, mon fils!

BRUTUS.

Lui, mon pere! grands Dieux!

CESAR.

Oui, je le fuis, ingrat: Quel filence farouche!
Que dis-je? Quels fanglots échappent de ta bouche?
Mon fils... Quoi, je te tiens muet entre mes bras!
La Nature t'étonne & ne t'attendrit pas!

BRUTUS.

O fort épouvantable, & qui me défefpère!
O fermens! ô patrie! ô Rome toujours chère!
Cefar!... Ah, malheureux; j'ai trop long-tems vécu.

CESAR.

Parle. Quoi d'un remords ton cœur eft combattu!
Ne me déguife rien. Tu gardes le filence?
Tu crains d'être mon fils, ce nom facré t'offenfe?
Tu crains de me chérir, de partager mon rang;
C'eft un malheur pour toi d'être né de mon fang!
Ah! ce fceptre du monde, & ce pouvoir suprême,
Ce Cefar, que tu hais, les voulait pour toi-même.
Je voulais partager, avec Octave & toi,
Le prix de cent combats, & le titre de Roi.

BRUTUS.

Ah! Dieux!

TRAGEDIE.

CESAR.

Tu veux parler, & te retiens à peine ?
Ces tranſports ſont-ils donc de tendreſſe ou de haine ?
Quel eſt donc le ſecret qui ſemble t'accabler ?

BRUTUS.

Ceſar....

CESAR.

Eh bien, mon fils ?

BRUTUS.

Je ne puis lui parler.

CESAR.

Tu n'oſes me nommer du tendre nom de pere ?

BRUTUS.

Si tu l'es, je te fais une unique prière.

CESAR.

Parle. En te l'accordant, je croirai tout gagner.

BRUTUS.

Fai-moi mourir ſur l'heure, ou ceſſe de regner.

CESAR.

Ah ! barbare ennemi, tigre que je careſſe !
Ah ! cœur dénaturé qu'endurcit ma tendreſſe !
Va, tu n'es plus mon fils. Va, cruel Citoyen,
Mon cœur déſeſpéré prend l'exemple du tien ;
Ce cœur, à qui tu fais cette effroyable injure,
Saura bien comme toi vaincre enfin la Nature.
Va, Ceſar n'eſt pas fait pour te prier envain ;
J'apprendrai de Brutus à ceſſer d'être humain.
Je ne te connais plus. Libre dans ma puiſſance,
Je n'écouterai plus une injuſte clémence.
Tranquille, à mon courroux je vai m'abandonner ;
Mon cœur trop indulgent eſt las de pardonner.
J'imiterai Sylla, mais dans ſes violences ;
Vous tremblerez, ingrats, au bruit de mes vengeances.
Va, cruel, va trouver tes indignes amis.

Tous m'ont osé déplaire, ils seront tous punis.
On sait ce que je puis, on verra ce que j'ose :
Je deviendrai barbare, & toi seul en es cause.

BRUTUS.

Ah ! ne le quittons point dans ses cruels desseins,
Et sauvons, s'il se peut, Cesar & les Romains.

Fin du second Acte.

ACTE III.

SCENE I.
CASSIUS, CIMBER, DECIME, CINNA, CASCA, les Conjurés.

CASSIUS.

ENfin donc l'heure approche, où Rome va renaître.
La Maîtresse du monde est aujourdhui sans Maître.
L'honneur en est à vous, Cimber, Casca, Probus,
Décime. Encore une heure, & le Tyran n'est plus.
Ce que n'ont pû Caton, & Pompée, & l'Asie,
Nous seuls l'exécutons, nous vengeons la patrie ;
Et je veux qu'en ce jour on dise à l'Univers,
Mortels, respectez Rome, elle n'est plus aux fers.

CIMBER.

Tu vois tous nos amis, ils sont prêts à te suivre,
A frapper, à mourir, à vivre s'il faut vivre,
A servir le Sénat dans l'un ou l'autre sort,
En donnant à Cesar, ou recevant la mort.

DECIME.

Mais d'où vient que Brutus ne paraît point encore,
Lui, ce fier ennemi du Tyran qu'il abhorre ?
Lui qui prit nos sermens, qui nous rassembla tous,
Lui qui doit sur Cesar porter les premiers coups ?
Le gendre de Caton tarde bien à paraître.
Serait-il arrêté ? Cesar peut-il connaître ? . . .
Mais le voici. Grands Dieux ! qu'il paraît abattu !

SCENE II.

CASSIUS, BRUTUS, CIMBER, CASCA, DECIME, les Conjurés.

CASSIUS.

Brutus quelle infortune accable ta vertu?
Le Tyran sait-il tout? Rome est-elle trahie?
BRUTUS.
Non, Cesar ne sait point qu'on va trancher sa vie.
Il se confie à vous.
DECIME.
Qui peut donc te troubler?
BRUTUS.
Un malheur, un secret, qui vous fera trembler.
CASSIUS.
De nous ou du Tyran c'est la mort qui s'apprête.
Nous pouvons tous périr; mais trembler, nous!
BRUTUS.
Arrête;
Je vai t'epouvanter par ce secret affreux.
Je dois sa mort à Rome, à vous, à nos neveux,
Au bonheur des mortels; & j'avais choisi l'heure,
Le lieu, le bras, l'instant, où Rome veut qu'il meure;
L'honneur du premier coup à mes mains est remis;
Tout est prêt. Apprenez que Brutus est son fils.
CIMBER.
Toi, son fils!
CASSIUS.
De Cesar!
DECIME.
O Rome!

TRAGEDIE.

BRUTUS.

Servilie
Par un hymen secret à Cesar fut unie ;
Je suis de cet hymen le fruit infortuné.

CIMBER.

Brutus, fils d'un Tyran !

CASSIUS.

Non, tu n'en es pas né ;
Ton cœur est trop Romain.

BRUTUS.

Ma honte est véritable.
Vous, amis, qui voyez le destin qui m'accable,
Soyez par mes sermens les maîtres de mon sort.
Est-il quelqu'un de vous d'un esprit assez fort,
Assez Stoïque, assez au dessus du vulgaire,
Pour oser décider ce que Brutus doit faire ?
Je m'en remets à vous. Quoi ! vous baissez les yeux !
Toi, Cassius, aussi, tu te tais avec eux !
Aucun ne me soutient au bord de cet abîme !
Aucun ne m'encourage, ou ne m'arrache au crime !
Tu frémis, Cassius ! & prompt à t'étonner...

CASSIUS.

Je frémis du conseil que je vais te donner.

BRUTUS.

Parle.

CASSIUS.

Si tu n'étais qu'un Citoyen vulgaire,
Je te dirais, Va, sers, sois Tyran sous ton pere ;
Écrase cet Etat que tu dois soutenir ;
Rome aura désormais deux traîtres à punir :
Mais je parle à Brutus, à ce puissant génie,
A ce Héros armé contre la tyrannie,
Dont le cœur inflexible, au bien déterminé,
Epura tout le sang que Cesar t'a donné.
Ecoute, tu connais avec quelle furie

Jadis Catilina menaça sa patrie ?
BRUTUS.
Oui.
CASSIUS.
Si le même jour, que ce grand criminel
Dut à la liberté porter le coup mortel ;
Si lorsque le Sénat eut condamné ce traître,
Catilina pour fils t'eût voulu reconnaître,
Entre ce monstre & nous forcé de décider,
Parle, qu'aurais-tu fait ?
BRUTUS.
Peux-tu le demander ?
Penses-tu qu'un instant ma vertu démentie,
Eût mis dans la balance un homme & la patrie ?
CASSIUS.
Brutus, par ce seul mot ton devoir est dicté.
C'est l'arrêt du Sénat, Rome est en sûreté.
Mais di, sens tu ce trouble, & ce secret murmure,
Qu'un préjugé vulgaire impute à la Nature ;
Un seul mot de Cesar a-t-il éteint dans toi
L'amour de ton pays, ton devoir, & ta foi ?
En disant ce secret, ou faux ou véritable,
Et t'avouant pour fils, en est-il moins coupable ?
En es-tu moins Brutus ? En es-tu moins Romain ?
Nous dois-tu moins ta vie, & ton cœur, & ta main ?
Toi, son fils ! Rome enfin n'est-elle plus ta mere ?
Chacun des Conjurés n'est-il donc plus ton frere ?
Né dans nos murs sacrés, nourri par Scipion,
Elève de Pompée, adopté par Caton,
Ami de Cassius, que veux-tu davantage ?
Ces titres sont sacrés, tout autre les outrage.
Qu'importe qu'un Tyran, vil esclave d'amour,
Ait séduit Servilie, & t'ait donné le jour ?
Laisse-là les erreurs, & l'hymen de ta mère ;
Caton forma tes mœurs, Caton seul est ton père ;

TRAGEDIE.

Tu lui dois ta vertu, ton ame est toute à lui :
Brise l'indigne nœud que l'on t'offre aujourd'hui :
Qu'à nos sermens communs ta fermeté réponde,
Et tu n'as de parens que les vengeurs du monde.

BRUTUS.

Et vous, braves amis, parlez, que pensez-vous ?

CIMBER.

Jugez de nous par lui, jugez de lui par nous.
D'un autre sentiment si nous étions capables,
Rome n'auroit point eu des enfans plus coupables.
Mais à d'autres qu'à toi pourquoi t'en rapporter ?
C'est ton cœur, c'est Brutus, qu'il te faut consulter.

BRUTUS.

Eh bien, à vos regards mon ame est dévoilée ?
Lisez-y les horreurs dont elle est accablée.
Je ne vous céle rien, ce cœur s'est ébranlé,
De mes stoïques yeux des larmes ont coulé.
Après l'affreux serment, que vous m'avez vû faire,
Prêt à servir l'Etat, mais à tuer mon père,
Pleurant d'être son fils, honteux de ses bienfaits,
Admirant ses vertus, condamnant ses forfaits,
Voyant en lui mon père, un coupable, un grand
         homme,
Entrainé par Cesar, & retenu par Rome,
D'horreur & de pitié mes esprits déchirés,
Ont souhaité la mort que vous lui préparez.
Je vous dirai bien plus, sachez que je l'estime.
Son grand cœur me séduit, au sein même du crime;
Et si sur les Romains quelqu'un pouvait régner,
Il est le seul Tyran que l'on dût épargner.
Ne vous allarmez point ; ce nom que je déteste,
Ce nom seul de Tyran l'emporte sur le réste,
Le Sénat, Rome, & vous, vous avez tous ma foi :
Le bien du Monde entier me parle contre nn Roi,
J'embrasse avec horreur une vertu cruelle;

J'en friſſoune à vos yeux ; mais je vous ſuis fidelle.
Ceſar me va parler que ne puis-je aujourd'hui
L'attendrir, le changer, ſauver l'Etat & lui !
Veuillent les Immortels, s'expliquant par ma bouche,
Prêter à mon organe un pouvoir qni le touche !
Mais ſi je n'obtiens rien de cet ambitieux,
Levez le bras, frappez, je détourne les yeux.
Je ne trahirai point mon pays pour mon père :
Que l'on approuve, au non, ma fermeté ſévère,
Qu'à l'Univers ſurpris cette grande action
Soit un objet d'horreur ou admiration :
Mon eſprit peu jaloux de vivre en la mémoire,
Ne conſidére point le reproche ou la gloire ;
Toujours indépendant, & toujours Citoyen.
Mon devoir me ſuffit, tout le reſte n'eſt rien.
Allez, ne ſongez plus qu'à ſortir d'eſclavage,

CASSIUS

Du ſalut de l'Etat ta parole eſt le gage.
Nous comptons tous ſur toi, Comme ſi dans ces lieux
Nous entendions Caton, Rome même & nos Dieux.

SCENE III.

BRUTUS ſeul.

Voici donc le moment, où Ceſar va m'entendre ;
Voici ce Capitole, où la mort va l'attendre.
Epargnez-moi, grands Dieux, l'horreur de le haïr,
Dieux, arrêtez ces bras levés pour le punir !
Rendez, s'Il ſe peut, Rome à ſon grand cœur plus
    chère,
Et faites qu'il ſoit juſte, afin qu'il ſoit mon père,
Le voici. Je demeure immobile, éperdu,
O Mânes de Caton, ſoutenez ma vertu.

SCENE IV.
CESAR, BRUTUS.

CÉSAR.

EH bien, que veux-tu ? Parle. As tu le cœur d'un homme ?
Es-tu fils de Cesar ?

BRUTUS.

Oui, si tu l'es de Rome

CESAR.

Républicain farouche, où vas-tu t'emporter ?
N'as-tu voulu me voir que pour mieux m'insulter ?
Quoi ! tandis que sur toi mes faveurs se répandent,
Que du monde soumis les hommages t'attendent,
L'Empire, mes bontés, rien ne fléchit ton cœur ?
De quel œil vois-tu donc le Sceptre ?

BRUTUS.

Avec horreur.

CESAR.

Je plains tes préjugés, je les excuse même.
Mais peux-tu me haïr ?

BRUTUS.

Non, Cesar, & je t'aime.
Mon cœur par tes exploits fut pour toi prévenu,
Avant que pour ton sang tu m'eusses reconnu.
Je me suis plaint aux Dieux de voir qu'un si grand homme
Fût à la fois la gloire & le fléau de Rome.
Je déteste Cesar avec le nom de Roi :
Mais Cesar Citoyen serait un Dieu pour moi ?
Je lui sacrifirais ma fortune & ma vie.

CESAR.

Que peux-tu donc haïr en moi ?

BRUTUS.

　　　　　　La Tyrannie.
Daigne écouter les vœux, les larmes, les avis
De tous les vrais Romains, du Sénat, de ton fils.
Veux-tu vivre en effet le premier de la Terre,
Jouïr d'un droit plus saint que celui de la guerre,
Etre encor plus que Roi, plus même que Cesar?

CESAR.

Eh bien ?

BRUTUS.

　　　　Tu vois la Terre enchaînée à ton char :
Romps nos fers, sois Romain, renonce au Diadème.

CESAR.

Ah ! que proposes-tu ?

BRUTUS.

　　　　　　Ce qu'a fait Sylla même
Longtems dans notre sang Sylla s'était noyé ;
Il rendit Rome libre, & tout fut oublié.
Cet assassin illustre, entouré de victimes,
En descendant du Throne effaça tous ses crimes.
Tu n'eus point ses fureurs, ose avoir ses vertus.
Ton cœur sut pardonner ; Cesar, fais encor plus.
Que servent désormais les graces que tu donnes ?
C'est à Rome, à l'Etat qu'il faut que tu pardonnes:
Alors plus qu'à ton rang nos cœurs te sont soumis ;
Alors tu sais régner, alors je suis ton fils.
Quoi ! je te parle en vain ?

CESAR.

　　　　　　Rome demande un Maître ;
Un jour à tes dépens tu l'apprendras peut-être.
Tu vois nos Citoyens plus puissans que des Rois.
Nos mœurs changent, Brutus ; il faut changer nos
　　Loix.
La liberté n'est plus que le droit de se nuire ;
Rome, qui détruit tout, semble enfin se détruire,

TRAGEDIE.

Ce Colosse effrayant, dont le monde est foulé,
En pressant l'Univers, est lui-même ébranlé.
Il penche vers sa chûte, & contre la tempête
Il demande mon bras pour soutenir sa tête.
Enfin depuis Sylla, nos antiques vertus,
Les Loix, Rome, l'Etat, sont des noms superflus.
Dans nos tems corrompus, pleins de guerres civiles,
Tu parles comme au tems des Dèces, des Emiles.
Caton t'a trop séduit, mon cher fils, je prévoi
Que ta triste vertu perdra l'Etat & toi.
Fai céder, si tu peux, ta raison détrompée
Au vainqueur de Caton, au vainqueur de Pompée,
A ton pere qui t'aime, & qui plaint ton erreur.
Sois mon fils en effet, Brutus, ren-moi ton cœur;
Pren d'autres sentimens, ma bonté t'en conjure;
Ne force point ton ame à vaincre la nature.
Tu ne me répons rien: tu détournes les yeux ?

BRUTUS.

Je ne me connais plus. Tonnez sur moi grands Dieux!
Cesar...

CESAR.

Quoi ! tu t'émeus ? ton ame est amollie !
Ah ! mon fils...

BRUTUS.

Sais-tu bien qu'il y va de ta vie !
Sais-tu que le Sénat n'a point de vrai Romain,
Qui n'aspire en secret à te percer le sein ?

Il se jette à ses genoux.

Que le salut de Rome, & que le tien te touche.
Ton génie allarmé te parle par ma bouche :
Il me pousse, il me presse, il me jette à tes pieds.
Cesar, au nom des Dieux dans ton cœur oubliés,
Au nom de tes vertus, de Rome, & de toi-même,
Dirai-je au nom d'un fils qui frémit & qui t'aime,
Qui te préfère au monde, & Rome seule à toi,

Ne me rebutes pas.
CESAR.
Malheureux, laisse-moi.
Que me veux-tu?
BRUTUS.
Croi-moi, ne sois point insensible.
CESAR.
L'Univers peut changer; mon ame est infléxible.
BRUTUS.
Voilà donc ta réponse?
CESAR.
Oui, tout est résolu.
Rome doit obéir, quand Cesar a voulu.
BRUTUS *d'un air consterné.*
Adieu, Cesar.
CESAR.
Eh, quoi! d'où viennent tes allarmes;
Demeure encor, mon fils Quoi, tu verses des larmes?
Quoi! Brutus peut pleurer! Est-ce d'avoir un Roi?
Pleures-tu les Romains?
BRUTUS.
Je ne pleure que toi.
Adieu, te dis-je.
CESAR.
O Rome! ô rigueur héroïque;
Que ne puis-je à ce point aimer ma République!

SCENE V.

CESAR, DOLABELLA, Romains.

DOLABELLA.

LE Sénat par ton ordre au Temple est arrivé:
On n'attend plus que toi, le Throne est élevé.
Tous ceux qui t'ont vendu leur vie & leurs suffrages,

TRAGEDIE.

Vont prodiguer l'encens au pied de tes images.
J'amène devant toi la foule des Romains ;
Le Sénat va fixer leurs esprits incertains..
Mais si Cesar croyait un vieux soldat qui l'aime ;
Nos présages affreux, nos Devins, nos Dieux même,
Cesar différerait ce grand événement.

CESAR.

Quoi ! lorsqu'il faut régner, différer d'un moment !
Qui pourrait m'arrêter, moi ?

DOLABELLA.

                        Toute la Nature
Conspire à t'avertir, par un sinistre augure.
Le Ciel qui fait les Rois redoute ton trépas.

CESAR.

Va, Cesar n'est qu'un homme, & je ne pense pas,
Que le Ciel de mon sort à ce point s'inquiète,
Qu'il anime pour moi la Nature muette,
Et que les élémens paraissent confondus,
Pour qu'un mortel ici respire un jour de plus.
Les Dieux du haut du Ciel ont compté nos années,
Suivons sans reculer nos hautes destinées.
Cesar n'a rien à craindre.

DOLABELLA.

                  Il a des ennemis,
Qui sous un joug nouveau sont à peine asservis.
Qui sait s'ils n'auroient point conspiré leur vengeance ?

CESAR.

Ils n'oseraient.

DOLABELLA.

        Ton cœur a trop de confiance.

CESAR.

Tant de précautions contre mon jour fatal
Me rendraient méprisable, & me défendraient mal.

DOLABELLA.

Pour le salut de Rome il faut que Cesar vive ;

336 LA MORT DE CESAR,
Dans le Sénat au moins permets que je te suive.
CESAR.
Non, pourquoi changer l'ordre entre nous concerté ?
N'avançons point, ami, le moment arrêté ;
Qui change ses desseins découvre sa faiblesse.
DOLABELLA.
Je te quitte à regret. Je crains, je le confesse.
Ce nouveau mouvement dans mon cœur est trop fort.
CESAR.
Va, j'aime mieux mourir que de craindre la mort.
Allons.

SCENE VI.
DOLABELLA, Romains.
DOLABELLA.

CHers Citoyens, quel Héros, quel courage,
De la Terre & de vous méritait mieux l'hommage ?
Joignez vos vœux aux miens, Peuples, qui l'admirez,
Confirmez les honneurs qui lui sont préparés.
Vivez pour le servir, mourez pour le défendre...
Quelles clameurs ! ô Ciel ! quels cris se font entendre!
LES CONJURE'S *derriere le Théatre*.
Meurs, expire, Tyran. Courage, Cassius.
DOLABELLA.
Ah ! courons le sauver.

SCENE VII.

CASSIUS *un poignard à la main*,
DOLABELLA, Romains.

CASSIUS.

C'En est fait, il n'est plus.
DOLABELLA.
Peuples, secondez-moi, frappons, perçons ce traître.
CASSIUS.
Peuples, imitez-moi, vous n'avez plus de Maître,
Nations de Héros, vainqueurs de l'Univers,
Vive la liberté ; ma main brise vos fers.
DOLABELLA.
Vous trahissez, Romains, le sang de ce Grand-homme ?
CASSIUS.
J'ai tué mon ami, pour le salut de Rome.
Il vous asservit tous, son sang est répandu.
Est-il quelqu'un de vous de si peu de vertu,
D'un esprit si rampant, d'un si faible courage,
Qu'il puisse regretter Cesar & l'esclavage ?
Quel est ce vil Romain, qui veut avoir un Roi ?
S'il en est un, qu'il parle, & qu'il se plaigne à moi.
Mais vous m'applaudissez, vous aimiez tous la gloire.
ROMAINS.
Cesar fut un Tyran, périsse sa mémoire.
CASSIUS.
Maîtres du monde entier, de Rome heureux enfans,
Conservez à jamais ces nobles sentimens.
Je sai que devant vous Antoine va paraître ;
Amis, souvenez-vous que Cesar fut son Maître ;
Qu'il a servi sous lui, dès ses plus jeunes ans,

Théâtre. Tome I.   Y

Dans l'école du crime & dans l'art des Tyrans,
Il vient justifier son Maître & son Empire ;
Il vous méprise assez pour penser vous séduire.
Sans doute il peut ici faire entendre sa voix :
Telle est la loi de Rome ; & j'obéis aux Loix.
Le Peuple est désormais leur organe suprême,
Le juge de Cesar, d'Antoine, de moi-même.
Vous rentrez dans vos droits indignement perdus ;
Cesar vous les ravit, je vous les ai rendus :
Je les veux affermir. Je rentre au Capitole ;
Brutus est au Sénat, il m'attend, & j'y vole.
Je vais avec Brutus, en ces murs désolés,
Rappeller la justice, & nos Dieux exilés ;
Etouffer des méchans les fureurs intestines,
Et de la liberté réparer les ruïnes.
Vous, Romains, seulement consentez d'être heureux,
Ne vous trahissez pas ; c'est tout ce que je veux ;
Redoutez tout d'Antoine, & surtout l'artifice.

ROMAINS.

S'il vous ose accuser, que lui-même il périsse.

CASSIUS.

Souvenez-vous, Romains, de ces sermens sacrés.

ROMAINS.

Aux vengeurs de l'Etat nos cœurs sont assurés.

SCENE VIII.

ANTOINE, ROMAINS, DOLABELLA.

UN ROMAIN.

Mais Antoine paraît.

AUTRE ROMAIN.

              Qu'osera-t'il nous dire ?

TRAGEDIE.
UN ROMAIN.
Ses yeux versent des pleurs, il se trouble, il soupire.
UN AUTRE.
Il aimait trop Cesar.
ANTOINE.
Montant à la Tribune aux harangues.
Oui, je l'aimais, Romains ;
Oui, j'aurais de mes jours prolongé ses destins.
Hélas ! vous avez tous pensé comme moi-même ;
Et lorsque de son front ôtant le Diadême,
Ce Héros à vos loix s'immolait aujourdhui,
Qui de vous en effet n'eût expiré pour lui ?
Hélas ! je ne viens point célébrer sa mémoire ;
La voix du monde entier parle assez de sa gloire ;
Mais de mon désespoir ayez quelque pitié,
Et pardonnez du moins des pleurs à l'amitié.
UN ROMAIN.
Il les fallait verser quand Rome avait un Maître.
Cesar fut un Héros ; mais Cesar fut un traître.
AUTRE ROMAIN.
Puisqu'il était Tyran, il n'eût point de vertus,
Et nous approuvons tous Cassius & Brutus.
ANTOINE.
Contre ses meurtriers je n'ai rien à vous dire ;
C'est à servir l'Etat que leur grand cœur aspire.
De votre Dictateur ils ont percé le flanc ;
Comblés de ses bienfaits, ils sont teints de son sang.
Pour forcer des Romains à ce coup détestable,
Sans doute il fallait bien que Cesar fût coupable ;
Je le crois. Mais enfin Cesar a-t'il jamais
De son pouvoir sur vous appesanti le faix ?
A-t'il gardé pour lui le fruit de ses conquêtes ?
Des dépouilles du Monde il couronnait vos têtes.
Tout l'or des Nations, qui tombaient sous ses coups,
Tout le prix de son sang fut prodigué pour vous.

Y 2

De son char de triomphe il voyait vos allarmes;
Cesar en descendait pour essuyer vos larmes.
Du monde qu'il soumit vous triomphez en paix,
Puissans par son courage, heureux par ses bienfaits.
Il payait le service, il pardonnait l'outrage.
Vous le savez, grands Dieux! vous dont il fut l'image;
Vous, Dieux, qui lui laissiez le Monde à gouverner,
Vous savez si son cœur aimoit à pardonner.

ROMAINS.
Il est vrai que Cesar fit aimer sa clémence.

ANTOINE.
Hélas! si sa grande ame eût connu la vengeance,
Il vivrait, & sa vie eût rempli nos souhaits.
Sur tous ses meurtriers il versa ses bienfaits.
Deux fois à Cassius il conserva la vie.
Brutus... où suis-je? ô Ciel! ô crime! ô barbarie!
Chers amis, je succombe, & mes sens interdits...
Brutus son assassin!... ce monstre était son fils.

ROMAINS.
Ah Dieux!

ANTOINE.
   Je vois frémir vos généreux courages;
Amis, je vois les pleurs qui mouillent vos visages.
Oui, Brutus est son fils, mais vous qui m'écoutez,
Vous étiez ses enfans dans son cœur adoptés.
Hélas! si vous saviez sa volonté derniere!

ROMAINS.
Quelle est-elle? parlez.

ANTOINE,
   Rome est son héritiere.
Ses trésors sont vos biens; vous en allez jouir;
Au-delà du tombeau Cesar veut vous servir.
C'est vous seuls qu'il aimait, c'est pour vous qu'en
  Asie
Il allait prodiguer sa fortune, sa vie.

TRAGEDIE.

O Romains, disait-il, peuple Roi que je sers,
Commandez à Cesar, Cesar à l'Univers.
Brutus ou Cassius eût-il fait davantage ?

ROMAINS.

Ah ! nous les détestons. Ce doute nous outrage.

UN ROMAIN.

Cesar fut en effet le pere de l'Etat.

ANTOINE.

Votre pere n'est plus ; un lâche assassinat
Vient de trancher ici les jours de ce Grand-Homme,
L'honneur de la Nature & la gloire de Rome.
Romains, priverez-vous des honneurs du bucher
Ce pere, cet ami, qui vous était si cher ?
On l'apporte à vos yeux.

(Le fond du Théâtre s'ouvre ; des Licteurs apportent le corps de Cesar, couvert d'une robe sanglante ; Antoine descend de la Tribune, & se jette à genoux auprès du corps.)

ROMAINS.
    O spectacle funeste !

ANTOINE.

Du plus grand des Romains voilà ce qui vous reste ;
Voilà ce Dieu vengeur, idolâtré par vous,
Que ses assassins même adoraient à genoux ;
Qui toujours votre appui, dans la paix, dans la guerre,
Une heure auparavant faisait trembler la Terre,
Qui devait enchaîner Babylone à son char ;
Amis, en cet état connaissez-vous César ?
Vous les voyez, Romains, vous touchez ces blessures,
Ce sang qu'ont sous vos yeux versé des mains parjures.
» Là, Cimber l'a frappé ; là, sur le grand Cesar
» Cassius & Décime enfonçaient leur poignard.
» Là, Brutus éperdu, Brutus l'ame égarée,
» A souillé dans ses flancs sa main dénaturée.

» Cesar le regardant d'un œil tranquille & doux,
» Lui pardonnait encor en tombant sous ses coups,
» Il l'appellait son fils, & ce nom cher & tendre
» Est le seul qu'en mourant Cesar ait fait entendre;
» O mon fils ! disait-il.

UN ROMAIN.

O monstre, que les Dieux
Devaient exterminer avant ce coup affreux !

AUTRES ROMAINS, *en regardant le corps dont ils sont proche.*

Dieux ! son sang coule encor.

ANTOINE.

Il demande vengeance,
Il l'attend de vos mains & de votre vaillance.
Entendez-vous sa voix ? réveillez-vous, Romains ;
Marchez, suivez-moi tous contre ses assassins ;
Ce sont-là les honneurs qu'à Cesar on doit rendre.
Des brandons du bucher qui va le mettre en cendre,
Embrasons les Palais de ces fiers Conjurés :
Enfonçons dans leur sein nos bras désespérés.
Venez, dignes amis ; venez, vengeurs des crimes,
Au Dieu de la patrie immoler ces victimes.

ROMAINS.

Oui, nous les punirons ; oui, nous suivrons vos pas
Nous jurons par son sang de venger son trépas.
Courons.

ANTOINE à *Dolabella*.

Ne laissons pas leur fureur inutile ;
Précipitons ce peuple inconstant & facile ;
Entraînons-le à la guerre, & sans rien ménager,
Succédons à Cesar, en courant le venger.

Fin du troisième & dernier acte.

SAMSON,

OPERA.

AVERTISSEMENT.

MR. Rameau, *le plus grand Muſicien de France*, mit cet Opéra en muſique vers l'an 1732. On était prêt de le jouer, lorſque la même cabale, qui fit ſuſpendre depuis les repréſentations de Mahomet ou du Fanatiſme, empêcha qu'on ne repréſentât l'Opéra de SAMSON ; & tandis qu'on permettait que ce ſujet parût ſur le Théâtre de la Comédie Italienne, & que Samſon y fît des miracles conjointement avec Arlequin, on ne permit pas que ce même ſujet fût annobli ſur le Théâtre de l'Académie de Muſique.

Le Muſicien employa depuis preſque tous les airs de Samſon dans d'autres compoſitions lyriques, que l'envie n'a pas pû ſupprimer.

On publie le Poëme dénué de ſon plus grand charme, & on le donne ſeulement comme une eſquiſſe d'un genre extraordinaire. C'eſt la ſeule excuſe peut-être de l'impreſſion d'un ouvrage fait plûtôt pour être chanté que pour être lu. Les noms de Venus & d'Adonis trouvent dans cette Tragédie une place plus naturelle qu'on ne croirait d'abord. C'eſt en effet ſur leurs terres que l'action ſe paſſe. Ciceron, dans ſon excellent livre de la Nature des Dieux, dit, que la Déeſſe Aſtarté, révérée des Syriens, était Venus même, & qu'elle épouſa Adonis. On ſait de plus qu'on célébrait la fête d'Adonis chez les Philiſtins. Ainſi ce qui ſerait ailleurs un mélange abſurde du profane & du ſacré, ſe place ici de ſoi-même.

ACTEURS.

SAMSON.
DALILA.
LE ROI DES PHILISTINS,
LE GRAND-PRETRE,
LES CHŒURS.

SAMSON,
OPERA.

ACTE PREMIER.

SCENE I.

(*Le Théâtre représente une campagne. Les Israëlites, couchés sur le bord du fleuve Adonis, déplorent leur captivité.*)

DEUX CHORIPHÉES.

Ribus captives,
Qui sur ces rives
Traînez vos fers;
Tribus captives,
De qui les voix plaintives
Font retentir les airs,
Adorez dans vos maux le Dieu de l'Univers.

CHOEUR.
Adorons dans nos maux le Dieu de l'Univers.
UN CHORIPHÉE.
Ainsi depuis quarante hivers

SAMSON,

Des Philiſtins le pouvoir indomptable
Nous accable,
Leur fureur eſt implacable ;
Elle inſulte aux tourmens que nous avons ſoufferts.

CHOEUR.
Adorons dans nos maux le Dieu de l'Univers.

UN CHORIPHÉE.
Race malheureuſe & divine,
Triſtes Hébreux, frémiſſez tous :
Voici le jour affreux qu'un Roi puiſſant deſtine
A placer ſes Dieux parmi nous.
Des Prêtres menſongers, pleins de zèle & de rage,
Vont nous forcer à plier les genoux
Devant les Dieux de ce climat ſauvage.
Enfans du Ciel, que ferez-vous ?

CHOEUR.
Nous bravons leurs courroux.
Le Seigneur ſeul a notre hommage.

CHORIPHÉE.
Tant de fidélité ſera chere à ſes yeux.
Deſcendez du Throne des Cieux,
Fille de la clémence,
Douce eſpérance,
Tréſor des malheureux ;
Venez tromper nos maux, venez remplir nos vœux.
Deſcendez, douce eſpérance.

SCENE II.

SECOND CHORIPHÉE.

AH! déja je les vois, ces Pontifes cruels,
Qui d'une Idole horrible entourent les Autels.

LES PRETRES DES IDOLES *dans l'enfoncement*
autour d'un Autel couvert de leurs Dieux.

Ne souillons point nos yeux de ces vains sacrifices ;
Fuyons ces monstres adorés.
De leurs Prêtres sanglans ne soyons point complices.

CHOEUR.

Fuyons, éloignons-nous.

LE GRAND-PRETRE DES IDOLES.

Esclaves, demeurez :
Demeurez, votre Roi par ma voix vous l'ordonne.
D'un pouvoir inconnu lâches adorateurs,
Oubliez-le à jamais, lorsqu'il vous abandonne :
Adorez les Dieux ses vainqueurs.
Vous rampez dans nos fers, ainsi que vos ancêtres,
Mutins toujours vaincus, & toujours insolens :
Obéissez, il en est tems,
Connaissez les Dieux de vos Maîtres.

CHOEUR.

Tombe plûtôt sur nous la vengeance du Ciel !
Plûtôt l'Enfer nous engloutisse !
Périsse, périsse
Ce Temple, & cet Autel !

LE GRAND-PRETRE.

Rebut des Nations, vous déclarez la guerre
Aux Dieux, aux Pontifes, aux Rois ?

CHOEUR.

Nous méprisons vos Dieux, & nous craignons les loix
Du Maître de la Terre.

SCENE III.

SAMSON *entre, couvert d'une peau de lion.*
Les Personnages de la Scène précedente.

SAMSON.

Quel spectacle d'horreur !
Quoi ! ces fiers enfans de l'erreur
Ont porté parmi vous ces monstres qu'ils adorent ?
Dieu des combats, regarde en ta fureur
Les indignes rivaux que nos Tyrans implorent.
Soutien mon zèle, inspire-moi,
Venge ta cause, venge-toi.

LE GRAND-PRETRE.
Profane, impie, arrête !

SAMSON.
Lâches ! dérobez votre tête
A mon juste courroux ;
Pleurez vos Dieux, craignez pour vous.
Tombez, Dieux ennemis ! soyez réduits en poudre.
Vous ne méritez pas,
Que le Dieu des combats
Arme le Ciel vengeur, & lance ici sa foudre ;
Il suffit de mon bras.
Tombez, Dieux ennemis ! soyez reduits en poudre.
(Il renverse les Autels.)

LE GRAND-PRETRE.
Le Ciel ne punit point ce sacrilège effort ?
Le Ciel se tait, vengeons sa querelle.
Servons le Ciel en donnant la mort
A ce peuple rebelle.

LE CHOEUR DES PRETRES.
Servons le Ciel en donnant la mort
A ce peuple rebelle.

SCENE IV.

SAMSON, LES ISRAELITES.

SAMSON.

Vos esprits étonnés sont encor incertains ?
Redoutez-vous ces Dieux renversés par mes mains ?
CHOEUR DES FILLES ISRAELITES.
Mais qui nous défendra du courroux effroyable.
D'un Roi le Tyran des Hébreux ?
SAMSON.
Le Dieu, dont la main favorable
A conduit ce bras belliqueux,
Ne craint point de ces Rois la grandeur périssable.
Faibles Tribus, demandez son appui ;
Il vous armera du tonnerre ;
Vous serez redoutés du reste de la Terre,
Si vous ne redoutez que lui.
CHOEUR.
Mais nous sommes, hélas ! sans armes, sans défense.
SAMSON.
Vous m'avez, c'est assez, tous vos maux vont finir.
Dieu m'a prêté sa force, sa puissance :
Le fer est inutile au bras qu'il veut choisir :
En domptant les lions, j'appris à vous servir :
Leur dépouille sanglante est le noble présage
Des coups dont je ferai périr
Les Tyrans qui sont leur image.

Air.

Peuple, éveille-toi, romps tes fers,
Remonte à ta grandeur première,
Comme un jour Dieu du haut des airs

SAMSON,

Rappellera les morts à la lumière,
Du sein de la poussiere,
Et ranimera l'Univers.
Peuple, éveille-toi, romps tes fers,
La liberté t'appelle ;
Tu naquis pour elle ;
Repren tes concerts.
Peuple, éveille-toi, romps tes fers.

Autre Air.

L'hyver détruit les fleurs & la verdure ;
Mais du flambeau des jours la féconde clarté
Ranime la Nature,
Et lui rend sa beauté ;
L'affreux esclavage
Flétrit le courage ;
Mais la liberté
Releve sa grandeur, & nourrit sa fierté,
Liberté ! liberté !

Fin du premier Acte.

ACTE II.

SCENE I.

(*Le Théâtre représente le péristyle du Palais du Roi: on voit à travers les colonnes des forêts & des collines: dans le fond de la perspective le Roi est sur son Throne entouré de toute sa Cour habillée à l'Orientale.*)

LE ROI.

Ainsi ce peuple esclave, oubliant son devoir,
    Contre son Roi lève un front indocile.
Du sein de la poussière il brave mon pouvoir:
      Sur quel roseau fragile
      A-t-il mis son espoir?

UN PHILISTIN.

   Un imposteur, un vil esclave,
   Samson les séduit & vous brave:
Sans doute il est armé du secours des Enfers?

LE ROI.

L'insolent vit encor? Allez, qu'on le saisisse;
    Préparez tout pour son supplice:
   Courez, soldats, chargez de fers
Des coupables Hébreux la troupe vagabonde;
Ils sont les ennemis & le rebut du monde,

Et détestés partout, détestent l'Univers.
CHOEUR DES PHILISTINS *derrière le Théâtre.*
Fuyons la mort, échappons au carnage,
Les Enfers secondent sa rage.
LE ROI.
J'entens encor les cris de ces Peuples mutins :
De leur Chef odieux va-t-on punir l'audace ?
UN PHILISTIN (*entrant sur la scene.*)
Il est vainqueur, il nous menace.
Il commande aux destins :
Il ressemble au Dieu de la guerre,
La mort est dans ses mains.
Vos soldats renversés ensanglantent la Terre ;
Le peuple fuit devant ses pas.
LE ROI.
Que dites-vous ? un seul homme, un Barbare,
Fait fuir mes indignes soldats ?
Quel démon pour lui se déclare ?

SCENE II.

LE ROI (*les Philistins autour de lui.*)
SAMSON (*suivi des Hébreux, portant dans une main une massue, & de l'autre une branche d'olivier.*)

SAMSON.

Roi, Prêtres ennemis, que mon Dieu fait trembler,
Voyez ce signe heureux de la paix bienfaisante,
Dans cette main sanglante,
Qui vous peut immoler.

OPERA.

CHOEUR DES PHILISTINS.

Quel mortel orgueilleux peut tenir ce langage?
Contre un Roi si puissant quel bras peut s'élever?

LE ROI.

Si vous êtes un Dieu, je vous dois mon hommage.
Si vous êtes un homme, osez-vous me braver?

SAMSON.

Je ne suis qu'un mortel; mais le Dieu de la Terre,
  Qui commande aux Rois,
  Qui souffle à son choix
  Et la mort & la guerre,
  Qui vous tient sous ses loix,
  Qui lance le tonnerre,
  Vous parle par ma voix.

LE ROI.

Eh bien, quel est ce Dieu? quel est le témoignage,
  Qu'il daigne s'annoncer par vous?

SAMSON.

  Vos soldats mourans sous mes coups,
La crainte où je vous vois, mes exploits, mon courage.
Au nom de ma patrie, au nom de l'Eternel,
Respectez desormais les enfans d'Israël,
  Et finissez leur esclavage.

LE ROI.

Moi qu'au sang Philistin je fasse un tel outrage?
Moi mettre en liberté ces peuples odieux?
Votre Dieu serait-il plus puissant que mes Dieux?

SAMSON.

Vous allez l'éprouver : voyez, si la Nature
  Reconnaît ses commandemens.
Marbres, obéissez, que l'onde la plus pure
Sorte de ses rochers, & retombe en torrens.

(On voit des fontaines jaillir dans l'enfoncement.)

CHOEUR.

Ciel ! ô Ciel ! à sa voix on voit jaillir cette onde
Des marbres amollis !
Les élémens lui sont soumis !
Est-il le Souverain du Monde ?

LE ROI.

N'importe ; quel qu'il soit, je ne peux m'avilir
A recevoir des loix de qui doit me servir.

SAMSON.

Eh bien ! vous avez vû quelle était sa puissance,
Connaissez quelle est sa vengeance.
Descendez, feux des Cieux, ravagez ces climats :
Que la foudre tombe en éclats ;
De ces fertiles champs détruisez l'espérance.
(Tout le Théâtre paraît embrasé.)
Brûlez, moissons ; séchez, guérêts ;
Embrasez-vous, vastes forêts.
Au Roi.
Connaissez quelle est sa vengeance.

CHOEUR.

Tout s'embrase, tout se détruit.
Un Dieu terrible nous poursuit.
Brûlante flamme, affreux tonnerre,
Terribles coups,
Ciel ! ô Ciel ! sommes-nous
Au jour où doit périr la Terre ?

LE ROI.

Suspends, suspends cette rigueur,
Ministre impérieux d'un Dieu plein de fureur,
Je commence à reconnaître
Le pouvoir dangereux de ton superbe Maître ;
Mes Dieux longtems vainqueurs commencent à céder,
C'est à leur voix à me résoudre.

SAMSON.

C'est à la sienne à commander.

Il nous avait punis, il m'arme de fa foudre :
A tes Dieux infernaux va porter ton effroi.
Pour la dernière fois peut-être tu contemples
    Et ton Throne & leurs Temples.
    Tremble pour eux & pour toi.

SCENE III.

SAMSON, Chœur d'Ifraélites.

SAMSON.

Vous que le Ciel confole après des maux fi grands,
  Peuples, ofez paraître aux Palais des Tyrans :
Sonnez, trompette, organe de la gloire,
    Sonnez, annoncez ma victoire.
LES HEBREUX.
Chantons tous ce Héros, l'arbitre des combats :
    Il est le feul, dont le courage
      Jamais ne partage
    La victoire avec les foldats.
    Il va finir notre efclavage.
      Pour nous eft l'avantage,
      La gloire eft à fon bras ;
    Il fait trembler fur leur Thrône
    Les Rois Maîtres de l'Univers,
    Les guerriers au champ de Bellone,
    Les faux Dieux au fond des Enfers.
CHOEUR.
Sonnez, trompette, organe de fa gloire,
    Sonnez annoncez fa victoire.

Le défenfeur intrépide

SAMSON,

D'un troupeau faible & timide
Garde leurs paisibles jours
Contre le peuple homicide,
Qui rugit dans les antres sourds ;
Le berger se repose, & sa flûte soupire
Sous ses doigts le tendre délire
De ses innocentes amours.

CHOEUR.

Sonnez, trompette, organe de la gloire.
Sonnez, annoncez sa victoire.

Fin du second Acte.

ACTE III.

SCENE I.

(Le Théâtre représente un boccage & un Autel, où sont Mars, Vénus & les Dieux de Syrie.)

LE ROI, LE GRAND-PRETRE de Mars, DALILA Prêtresse de Vénus, CHOEUR.

Dieux de Syrie,
Dieux immortels,
Ecoutez, protégez un peuple qui s'écrie
Aux pieds de vos Autels.
Eveillez-vous punissez la furie
De vôtre esclave criminel.
Votre peuple vous prie,
Livrez en nos mains
Le plus fier des humains.
CHOEUR.
Livrez en nos mains
Le plus fier des humains.
LE GRAND-PRETRE.
Mars terrible,
Mars invincible,

Protège nos climats,
Prépare
A ce barbare
Les fers & le trépas.

DALILA.
O Vénus, Déesse charmante,
Ne permets pas, que ces beaux jours,
Destinés aux amours,
Soient profanés par la guerre sanglante.

CHOEUR.
Livrez en nos mains
Le plus fier des humains.

ORACLE DES DIEUX DE SYRIE.
Samson nous a domptés ; ce glorieux Empire
Touche à son dernier jour ;
Fléchissez ce Héros, qu'il aime, qu'il soupire,
Vous n'avez d'espoir qu'en l'amour.

DALILA.
Dieu des plaisirs, daigne ici nous instruire
Dans l'art charmant de plaire & de séduire :
Prête à nos yeux tes traits toujours vainqueurs.
Apprends-nous à semer des fleurs
Le piége aimable où tu veux qu'on l'attire.

CHOEUR.
Dieu des plaisirs, daigne ici nous instruire
Dans l'art charmant de plaire & de séduire.

DALILA.
D'Adonis c'est aujourdhui la fête,
Pour ses jeux la jeunesse s'apprête.
Amour, voici le tems heureux,
Pour inspirer & pour sentir tes feux.

CHOEUR DES FILLES.
Amour, voici le tems, &c.
Dieu des plaisirs, &c.

Il vient plein de colère, & la terreur le suit ;
Retirons-nous sous cet épais feuillage.
(*Elle se retire avec les filles de Gaza & les Prêtresses.*)
Implorons le Dieu qui séduit
Le plus ferme courage.

SCENE II.

SAMSON *seul.*

LE Dieu des combats m'a conduit
Au milieu du carnage ;
Devant lui tout tremble, & tout fuit.
Le tonnerre, l'affreux orage,
Dans les champs font moins de carnage
Que son nom seul en a produit.
Chez le Philistin plein de rage,
Tous ceux qui voulaient arrêter
Ce fier torrent dans son passage,
N'ont fait que l'irriter.
Ils sont tombés, la mort est leur partage.
(*On entend une harmonie douce.*)
Ces sons harmonieux, ces murmures des eaux,
Semblent amollir mon courage.
Asyles de la paix, lieux charmans, doux ombrage,
Vous m'invitez au repos.

(*Il s'endort sur un lit de gazon.*)

SCENE III.

DALILA, SAMSON,

Chœur des Prêtresses de Vénus *revenant sur la scène.*

DALILA.

Plaisirs flateurs, amollissez son ame,
 Songes charmans, enchantez son sommeil:
FILLES DE GAZA.
Tendre amour, éclaire son reveil,
Mets dans nos yeux ton pouvoir & ta flâme.
DALILA.
Vénus inspire-nous, préside à ce beau jour.
Est-ce-là ce cruel, ce vainqueur homicide ?
Vénus, il semble né pour embellir ta Cour.
Armé, c'est le Dieu Mars ; désarmé, c'est l'Amour.
Mon cœur, mon faible cœur devant lui s'intimide.
 Enchaînons de fleurs
 Ce guerrier terrible.
 Que ce cœur farouche invincible,
 Se rende à tes douceurs.
CHOEUR.
 Enchaînons de fleurs
 Ce Héros terrible.

SAMSON *se réveille entouré des filles de Gaza.*
Où suis-je ? en quels climats me vois-je transporté ?
 Quels doux concerts se font entendre ?
Quels ravissans objets viennent de me surprendre ?
Est ce ici le séjour de la félicité ?
DALILA (à Samson.)
Du charmant Adonis nous célébrons la fête ;

L'amour en ordonna les jeux,
C'est l'amour qui les apprête ;
Puissent-ils mériter un regard de vos yeux !
SAMSON.
Quel est cet Adonis, dont votre voix aimable
Fait retentir ce beau séjour ?
DALILA.
C'était un Héros indomptable,
Qui fut aimé de la mere d'amour.
Nous chantons tous les ans cette aimable avanture.
SAMSON.
Parlez, vous m'allez enchanter :
Les vents viennent de s'arrêter :
Ces forêts, ces oiseaux, & toute la Nature,
Se taisent pour vous écouter.

DALILA *se met à côté de Samson. Le Chœur se range autour d'eux. Dalila chante cette Cantatille, accompagnée de peu d'instrumens qui sont sur le Théâtre.*

Vénus dans nos climats souvent daigne se rendre,
C'est dans nos bois qu'on vient apprendre
De son culte charmant tous les secrets divins.
Ce fut près de cette onde, en ces rians jardins,
Que Vénus enchanta le plus beau des humains.
Alors tout fut heureux dans une paix profonde ;
Tout l'univers aima dans le sein du loisir.
Vénus donnait au Monde
L'exemple du plaisir.
SAMSON.
Que ses traits ont d'appas ! que sa voix m'intéresse !
Que je suis étonné de sentir la tendresse !
De quel poison charmant je me sens pénétré !
DALILA.
Sans Vénus, sans l'amour, qu'aurait-il pû prétendre ?
Dans nos bois il est adoré.

Quand il fut redoutable ; il était ignoré.
Il devint Dieu dès qu'il fut tendre.
Depuis cet heureux jour
Ces prés, cette onde, cet ombrage,
Inspirent le plus tendre amour
Au cœur le plus sauvage.

SAMSON.

O Ciel, ô troubles inconnus !
J'étais ce cœur sauvage, & je ne le suis plus.
Je suis changé, j'éprouve une flamme naissante.
(à Dalila)
Ah ! s'il était une Vénus,
Si des amours cette Reine charmante
Aux mortels en effet pouvait se présenter,
Je vous prendrais pour elle, & croirais la flater.

DALILA.

Je pourrais de Vénus imiter la tendresse.
Heureux, qui peut brûler des feux qu'elle a sentis !
Mais j'eusse aimé peut-être un autre qu'Adonis,
Si j'avais été la Déesse.

✤✤✤✤✤✤✤✤✤✤✤✤✤✤✤✤✤✤✤✤✤

SCENE IV.

Les Acteurs précédens.

LES HEBREUX.

NE tardez point, venez, tout un peuple fidelle
Est prêt à marcher sous vos loix :
Soyez le premier de nos Rois ;
Combattez & regnez, la gloire vous appelle.

SAMSON.

Je vous suis, je le dois, j'accepte vos présens.
Ah ! ... quel charme puissant m'arrête !

Ah ! différez du moins, différez quelque tems
  Ces honneurs brillans qu'on m'apprête.
CHOEUR DES FILLES DE GAZA.
Demeurez, préſidez à nos fêtes ;
Que nos cœurs ſoient ici vos conquêtes.
DALILA.
  Oubliez les combats ;
  Que la paix vous attire.
Vénus vient vous ſourire ;
L'amour vous tend les bras.
LES HEBREUX.
Craignez le plaiſir décevant
Où votre grand cœur s'abandonne.
L'amour nous dérobe ſouvent
Les biens que la gloire nous donne
CHOEUR DES FILLES.
Demeurez, préſidez à nos fêtes,
Que nos cœurs ſoient vos tendres conquêtes.
DEUX HEBREUX.
 Venez, venez, ne tardez pas,
Nos cruels ennemis ſont prêts à nous ſurprendre ;
  Rien ne peut nous défendre
  Que votre invincible bras.
CHOEUR DES FILLES.
Demeurez, préſidez à nos fêtes,
Que nos cœurs ſoient vos tendres conquêtes.
SAMSON.
Je m'arrache à ces lieux... Allons, je ſuis vos pas.
Prêtreſſe de Vénus, vous, ſa brillante image,
  Je ne quitte point vos appas
Pour le throne des Rois, pour ce grand eſclavage ;
  Je les quitte pour les combats.
DALILA.
Me faudra-t-il longtems gémir de votre abſence ?

SAMSON.

Fiez vous à vos yeux de mon impatience;
Est-il un plus grand bien que celui de vous voir ?
Les Hébreux n'ont que moi pour unique espérance,
Et vous êtes mon seul espoir.

SCENE V.

DALILA [seule.]

IL s'éloigne, il me fuit, il emporte mon ame,
Partout il est vainqueur.
Le feu que j'allumais m'enflâme.
J'ai voulu l'enchaîner, il enchaîne mon cœur.

O mere des plaisirs, le cœur de ta Prêtresse
Doit être plein de toi, doit toujours s'enflammer.
O Vénus, ma seule Déesse,
La tendresse est ma loi, mon devoir est d'aimer.

Echo, voix errante,
Légere habitante
De ce beau séjour,
Echo, monument de l'amour,
Parle de ma faiblesse au Héros qui m'enchante.
Favoris du Printems, de l'amour & des airs,
Oiseaux, dont j'entens les concerts,
Chers confidens de ma tendresse extrême,
Doux ramages des oiseaux,
Voix fidèle des échos,
Répétez à jamais, je l'aime, je l'aime.

Fin du troisième Acte.

ACTE IV.

SCENE I.
LE GRAND-PRETRE DALILA.

LE GRAND-PRETRE.

OUi, le Roi vous accorde à ce Héros terrible,
 Mais vous entendez à quel prix.
Découvrez le secret de sa force invincible,
 Qui commande au Monde surpris.
 Un tendre hymen, un sort paisible,
Dépendront du secret que vous aurez appris.

DALILA.

Que peut-il me cacher ? il m'aime :
 L'indifférent seul est discret :
Samson me parlera, j'en juge par moi-même.
 L'amour n'a point de secret.

SCENE II.

DALILA *seule*.

Secourez-moi, tendres amours,
Amenez la paix sur la Terre;
Cessez, trompettes & tambours,
D'annoncer la funeste guerre;
Brillez, jour glorieux, le plus beau de mes jours,
Hymen, Amour, que ton flambeau l'éclaire:
Qu'à jamais je puisse plaire,
Puisque je sens que j'aimerai toujours.
Secondez-moi, tendres amours,
Amenez la paix sur la Terre.

SCENE III.

SAMSON DALILA.

SAMSON.

J'Ai sauvé les Hébreux, par l'effort de mon bras,
Et vous sauvez par vos appas
Votre peuple & votre Roi même:
C'est pour vous mériter, que j'accorde la paix.
Le Roi m'offre son Diadême.
Et je ne veux que vous pour prix de mes bienfaits.

DALILA.

Tout vous craint en ces lieux; on s'empresse à vous plaire.
Vous régnez sur vos ennemis;

Mais

OPERA.

Mais de tous les sujets que vous venez de faire,
Mon cœur vous est le plus soumis.

SAMSON & DALILA *ensemble.*

N'écoutons plus le bruit des armes,
Myrte amoureux, croissez près des lauriers.
L'amour est le prix des guerriers,
Et la gloire en a plus de charmes.

SAMSON.

L'hymen doit nous unir par des nœuds éternels ;
Que tardez-vous encore ?
Venez, qu'un pur amour vous amène aux Autels
Du Dieu des combats que j'adore.

DALILA.

Ah ! formons ces doux nœuds au Temple de Vénus.

SAMSON.

Non, son culte est impie, & ma Loi le condamne ;
Non, je ne puis entrer dans ce Temple profane.

DALILA.

Si vous m'aimez, il ne l'est plus.
Arrêtez, regardez cette aimable demeure,
C'est le Temple de l'Univers ;
Tous les mortels, à tout âge, à toute heure,
Y viennent demander des fers.
Arrêtez, regardez cette aimable demeure,
C'est le Temple de l'Univers.

SCENE IV.

SAMSON, DALILA, Chœur de différens Peuples, de Guerriers, de Pasteurs.

(*Le Temple de Vénus paraît dans toute sa splendeur.*)

AIR.

Amour, volupté pure,
Ame de la Nature,
Maître des élémens,
L'Univers n'est formé, ne s'anime & ne dure
Que par tes regards bienfaisans.
Tendre Vénus, tout l'Univers t'implore,
Tout n'est rien sans tes feux.
On craint les autres Dieux, c'est Vénus qu'on adore;
Ils régnent sur le Monde, & tu règnes sur eux.

GUERRIERS.

Vénus, notre fier courage,
Dans le sang, dans le carnage,
Vainement s'endurcit :
Tu nous désarmes,
Nous rendons les armes,
L'horreur à ta voix s'adoucit.

UNE PRETRESSE.

Chantez, oiseaux, chantez, votre ramage tendre
Est la voix des plaisirs.
Chantez, Vénus doit vous entendre ;
Sur les ailes des vents portez-lui nos soupirs.
Les filles de Flore
S'empressent d'éclore
Dans ce séjour ;
La fraîcheur brillante

De la fleur naissante
Se passe en un jour :
Mais une plus belle
Naît auprès d'elle,
Plaît à son tour.
Sensible image
Des plaisirs du bel âge,
Sensible image
Du charmant amour.

SAMSON.

Je n'y résiste plus, le charme qui m'obsède
Tyrannise mon cœur, enyvre tous mes sens :
Possédez à jamais ce cœur qui vous possède,
Et gouvernez tous mes momens.
Venez, vous vous troublez . . . .

DALILA.

. . . . . Ciel ! que vai-je lui dire !

SAMSON.

D'où vient que votre cœur soupire ?

DALILA.

Je crains de vous déplaire, & je dois vous parler.

SAMSON.

Ah ! devant vous c'est à moi de trembler.
Parlez, que voulez-vous ?

DALILA.

. . . . . Cet amour qui m'engage,
Fait ma gloire & mon bonheur ;
Mais il me faut un nouveau gage,
Qui m'assûre de votre cœur.

SAMSON.

Prononcez, tout sera possible.
A ce cœur amoureux,

DALILA.

Dites-moi, par quel charme heureux
Par quel pouvoir secret cette force invincible ? . . .

A a 2

SAMSON.
Que me demandez-vous ? C'est un secret terrible
Entre le Ciel & moi.
DALILA.
Ainsi vous doutez de ma foi ?
Vous doutez & m'aimez ! . . .
SAMSON.
. . . . Mon cœur est trop sensible ;
Mais ne m'imposez point cette funeste loi.
DALILA.
Un cœur sans confiance est un cœur sans tendresse.
SAMSON.
N'abusez point de ma faiblesse.
DALILA.
Cruel ! quel injuste refus !
Notre hymen en dépend; nos nœuds seraient rompus.
SAMSON.
Que dites-vous ? . . . .
DALILA.
. . . . . Parlez, c'est l'amour qui vous prie.
SAMSON.
Ah ! cessez d'écouter cette funeste envie.
DALILA.
Cessez de m'accabler de refus outrageans.
SAMSON.
Eh bien ! vous le voulez ; l'amour me justifie ;
Mes cheveux à mon Dieu consacrés dès longtems,
De ses bontés pour moi sont les sacrés garans :
Il voulut attacher ma force & mon courage
  A de si faibles ornemens :
Ils sont à lui, ma gloire est son ouvrage.
DALILA.
Ces cheveux, dites-vous ? . . . . . .
SAMSON.
. . . . Qu'ai-je dit ? malheureux !

OPERA.

Ma raifon revient, je friffonne.
TOUS DEUX ENSEMBLE.
La Terre mugit, le Ciel tonne,
Le Temple difparaît, l'aftre du jour s'enfuit,
L'horreur épaiffe de la nuit
De fon voile affreux m'environne.
SAMSON.
J'ai trahi de mon Dieu le fecret formidable.
Amour ! fatale volupté !
C'eft toi qui m'as précipité
Dans un piége effroyable,
Et je fens que Dieu m'a quitté.

SCENE V.

Les Philiftins, SAMSON, DALILA.

LE GRAND-PRETRE DES PHILISTINS.

Venez, ce bruit affreux, ces cris de la Nature,
Ce tonnerre, tout nous affûre,
Que du Dieu des combats il eft abandonné.
DALILA.
Que faites-vous, Peuple parjure ?
SAMSON.
Quoi ? de mes ennemis je fuis environné ?

(*Il combat.*)

Tombez, Tyrans . . . . . .
LES PHILISTINS.
. . . . Cédez, efclave.
Enfemble.
Frappons l'ennemi qui nous brave.
DALILA.
Arrêtez, cruels ! arrêtez,
Tournez fur moi vos cruautés.

SAMSON.
Tombez, Tyrans. . . . . .
LES PHILISTINS *combattans.*
. . . . . Cédez, esclave.
SAMSON.
Ah ! quelle mortelle langueur !
Ma main ne peut porter cette fatale épée.
Ah Dieu ! ma valeur est trompée ;
Dieu retire son bras vainqueur.
LES PHILISTINS.
Frappons l'ennemi qui nous brave :
Il est vaincu ; cédez, esclave.
SAMSON *entre leurs mains.*
Non, lâches ! non, ce bras n'est point vaincu par vous ;
C'est Dieu, qui me livre à vos coups.
[*On l'emmene.*]

SCENE VI.

DALILA *seule.*

O Désespoir ! ô tourmens ! ô tendresse !
Roi cruel ! Peuples inhumains !
O Vénus, trompeuse Déesse !
Vous abusiez de ma faiblesse.
Vous avez préparé, par mes fatales mains,
L'abîme horrible où je l'entraîne :
Vous m'avez fait aimer le plus grand des humains ;
Pour hâter sa mort & la mienne.
Throne, tombez, brûlez, Autels,
Soyez réduits en poudre.
Tyrans affreux, Dieux cruels,
Puisse un Dieu plus puissant écraser de sa foudre

OPERA.

Vous, & vos peuples criminels !

CHOEUR *derrière le Théâtre.*

Qu'il périsse,
Qu'il tombe en sacrifice
A nos Dieux.

DALILA.

Voix barbares ! cris odieux !
Allons partager son supplice.

Fin du quatrième Acte.

ACTE V.

(*Le Théâtre repréſente un ſallon du Palais.*)

SCENE I.

SAMSON *enchaîné*, Gardes.

Profonds abîmes de la Terre,
Enfer, ouvre-toi ?
Frappez, tonnerre,
Ecraſez-moi !
Mon bras a refuſé de ſervir mon courage ;
Je ſuis vaincu, je ſuis dans l'eſclavage ;
Je ne te verrai plus, flambeau ſacré des Cieux ;
Lumière, tu fuis de mes yeux.
Lumière, brillante image
D'un Dieu ton Auteur,
Premier ouvrage
Du Créateur.
Douce lumière,
Nature entière,
Des voiles de la nuit l'impénétrable horreur
Te cache à ma triſte paupière.
Profonds abîmes, &c.

SCENE II.

SAMSON, Chœur d'Hébreux.

PERSONNAGES DU CHŒUR.

HElas ! nous t'amenons nos Tribus enchaînées,
Compagnes infortunées
De ton horrible douleur.

SAMSON.

Peuple faint, malheureuse race,
Mon bras relevait ta grandeur ;
Ma faiblesse a fait ta disgrace.
Quoi ! Dalila me fuit ! Chers amis, pardonnez
A de si honteuses allarmes.

PERSONNAGES DU CHŒUR.

Elle a fini ses jours infortunés.
Oublions à jamais la cause de nos larmes.

SAMSON.

Quoi ! j'éprouve un malheur nouveau !
Ce que j'adore est au tombeau ?
Profonds abîmes de la Terre,
Enfer, ouvre-toi !
Frappez, tonnerre,
Ecrasez moi!

SAMSON ET DEUX CHORIPHÉES.

Trio.

Amour, Tyran que je déteste,
Tu détruis la vertu, tu traînes sur tes pas
L'erreur, le crime, le trépas :
Trop heureux qui ne connaît pas
Ton pouvoir aimable & funeste !

UN CHORIPHÉE.

Vos ennemis cruels s'avancent en ces lieux ;

Ils viennent infulter au deſtin qui nous preſſe;
Ils oſent imputer au pouvoir de leurs Dieux
  Les maux affreux où Dieu nous laiſſe.

✳✳✳✳✳✳✳✳✳✳✳✳✳✳✳✳✳✳✳✳

SCENE III.

Le Roi, Chœur de Philiſtins, SAMSON,
  Chœur d'Hébreux.

Le Roi & le Chœur.

LE ROI.

Elevez vos accens vers vos Dieux favorables,
  Vengez leurs Autels, vengez-nous.
LE CHOEUR DE PHILISTINS.
Elevons nos accens, &c.
CHOEUR D'ISRAELITES.
 Terminez nos jours déplorables.
SAMSON.
O Dieu vengeur, ils ne ſont point coupables;
  Tourne ſur moi tes coups.
CHOEUR DE PHILISTINS.
Elevons nos accens vers nos Dieux favorables.
 Vengeons leurs Autels, vengeons-nous.
SAMSON.
 O Dieu .... pardonne.
CHOEUR DE PHILISTINS.
      Vengeons-nous.
LE ROI.
Inventons, s'il ſe peut, un nouveau châtiment:
Que le trait de la mort ſuſpendu ſur ſa tête
 Le menace encor & s'arrête;
Que Samſon dans ſa rage entende notre fête,
 Que nos plaiſirs ſoient ſon tourment.

SCENE IV.

SAMSON, les Israëlites, le Roi, les Prêtresses de Vénus, les Prêtres de Mars.

UNE PRETRESSE.

Tous nos Dieux étonnés, & cachés dans les Cieux,
Ne pouvaient sauver notre Empire :
Vénus avec un sourire
Nous a rendus victorieux :
Mars a volé, guidé par elle :
Sur son char tout sanglant,
La victoire immortelle
Tirait son glaive étincelant
Contre tout un Peuple infidelle,
Et la nuit éternelle
Va dévorer leur Chef interdit & tremblant.

UNE AUTRE.

C'est Vénus, qui défend aux tempêtes
De gronder sur nos têtes.
Notre ennemi cruel
Entend encor nos fêtes,
Tremble de nos conquêtes,
Et tombe à son Autel.

LE ROI.

Eh bien ! qu'est devenu ce Dieu si redoutable,
Qui par tes mains devait nous foudroyer ?
Une femme a vaincu ce fantôme effroyable,
Et son bras languissant ne peut se déployer.
Il t'abandonne, il céde à ma puissance ;
Et tandis qu'en ces lieux j'enchaîne les Destins,
Son tonnerre étouffé dans ses débiles mains,
Se repose dans le silence.

SAMSON.
Grand Dieu ! j'ai soutenu cet horrible langage,
Quand il n'offensait qu'un mortel :
On insulte ton Nom, ton Culte, ton Autel ;
Lève-toi, venge ton ouvrage.
CHOEUR DE PHILISTINS.
Tes cris, tes cris ne sont point entendus.
Malheureux, ton Dieu n'est plus.
SAMSON.
Tu peux encor armer cette main malheureuse ;
Accorde-moi du moins une mort glorieuse.
LE ROI.
Non, tu dois sentir à longs traits
L'amertume de ton supplice.
Qu'avec toi ton Dieu périsse,
Et qu'il soit comme toi méprisé pour jamais.
SAMSON.
Tu m'inspires enfin, c'est sur toi que je fonde
Mes superbes desseins ;
Tu m'inspires, ton bras seconde
Mes languissantes mains.
LE ROI.
Vil esclave, qu'oses-tu dire ?
Prêt à mourir dans les tourmens,
Peux-tu bien menacer ce formidable Empire
A tes derniers momens ?
Qu'on l'immole, il est tems ;
Frappez, il faut qu'il expire.
SAMSON.
Arrêtez, je dois vous instruire
Des secrets de mon Peuple & du Dieu que je sers :
Ce moment doit servir d'exemple à l'Univers.
LE ROI.
Parles, apprends-nous tous les crimes,
Livre-nous toutes nos victimes.

OPERA.

SAMSON.
Roi, commande que les Hébreux
Sortent de ta présence, & de ce Temple affreux.

LE ROI.
Tu seras satisfait.

SAMSON.
La Cour qui t'environne,
Tes Prêtres, tes guerriers, sont-ils autour de toi ?

LE ROI.
Ils y sont tous, explique-toi.

SAMSON.
Suis-je auprès de cette colonne,
Qui soutient ce séjour si cher aux Philistins ?

LE ROI.
Oui, tu la touches de tes mains.

SAMSON *ébranlant les colonnes.*
Temple odieux ! que tes murs se traversent,
Que tes débris se dispersent
Sur moi, sur ce Peuple en fureur.

CHOEUR.
Tout tombe, tout périt. O Ciel ! ô Dieu vengeur !

SAMSON.
J'ai réparé ma honte, & j'expire en vainqueur.

Fin du cinquiéme & dernier Acte.

PANDORE,
OPERA.

PERSONNAGES.

PROMETHÉE, fils du Ciel & de la Terre, demi-Dieu.

PANDORE.

JUPITER.

MERCURE.

NEMESIS.

Nymphes.

Titans.

Divinités Célestes.

Divinités Infernales.

PANDORE,
OPERA.

✱✱✱✱✱✱✱✱✱✱✱✱✱✱✱✱✱✱✱✱✱

ACTE PREMIER.

(*Le Théâtre repréſente vne campagne, & des montagnes dans le fond.*)

✱✱✱✱✱✱✱✱✱✱✱✱✱✱✱✱✱✱✱✱✱

SCENE I.

PROMETHÉE *ſeul*, Chœur, PANDORE
dans l'enfoncement couchée ſur une ſtrade.

PROMETHÉE.

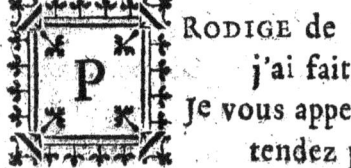RODIGE de mes mains, charmes que
j'ai fait naître,
Je vous appelle en vain, vous ne m'en-
tendez pas.
Pandore, tu ne peux connaître
Ni mon amour, ni tes appas.
Quoi! j'ai formé ton cœur, & tu n'es pas ſenſible!
Tes beaux yeux ne peuvent me voir!

Théâtre. Tome I.   B b

Un impitoyable pouvoir
Oppose à tous mes vœux un obstacle invincible;
Ta beauté fait mon désespoir.
Quoi ! toute la Nature autour de toi respire !
Oiseaux, tendres oiseaux, vous chantez, vous aimez,
Et je vois ses appas languir inanimés ;
La mort les tient sous son empire.

SCENE II.

PROMETHÉE, les Titans, ENCELADE & TYPHON, &c.

ENCELADE & TYPHON.

Enfant de la Terre & des Cieux,
Tes plaintes & tes cris ont ému ce bocage.
Parle, quel est celui des Dieux
Qui t'ose faire quelque outrage ?
PROMETHÉE (*en montrant Pandore.*)
Jupiter est jaloux de mon divin ouvrage ;
Il craint que cet objet n'ait un jour des Autels ;
Il ne peut sans courroux voir la Terre embellie ;
Jupiter à Pandore a refusé la vie !
Il rend mes chagrins éternels.
TYPHON.
Jupiter ? quoi ! c'est lui, qui formerait nos ames ?
L'usurpateur des Cieux peut être notre appui ?
Non : je sens que la vie & ses divines flâmes
Ne viennent point de lui.
ENCELADE [*en montrant Typhon son frère.*]
Nous avons pour ayeux la Nuit & le Tartare.
Invoquons l'éternelle nuit ;

Elle est avant le jour qui luit.
Que l'Olympe cède au Ténare.

TYPHON.

Que l'Enfer, que mes Dieux, répandent parmi nous
Le germe éternel de la vie :
Que Jupiter en frémisse d'envie,
Et qu'il soit vainement jaloux.

PROMETHÉE & LES DEUX TITANS.

Ecoutez-nous, Dieux de la nuit profonde,
De nos Astres nouveaux contemplez la clarté ;
Accourez du centre du Monde :
Rendez féconde
La Terre, qui m'a porté ;
Animez la beauté ;
Que votre pouvoir seconde
Mon heureuse témérité.

PROMETHÉE.

Au séjour de la nuit vos voix ont éclaté.
Le jour pâlit, la Terre tremble.
Le Monde est ébranlé, l'Erèbe se rassemble.

[*Le Théâtre change, & représente le Cahos. Tous les Dieux de l'Enfer viennent sur la scène.*]

CHOEUR DES DIEUX INFERNAUX.

Nous détestons
La lumiere éternelle ;
Nous attendons
Dans nos gouffres profonds
La race faible & criminelle,
Qui n'est pas née encor, & que nous haïssons.

NEMESIS.

Les ondes du Léthé, les flammes du Tartare,
Doivent tout ravager !
Parlez, qui voulez-vous plonger
Dans les profondeurs du Ténare ?

PROMETHÉE.
Je veux servir la Terre, & non pas l'opprimer.
Hélas! à cet objet j'ai donné la naissance,
Et je demande en vain, qu'il s'anime, qu'il pense,
Qu'il soit heureux, qu'il sache aimer.
LES TROIS PARQUES.
Notre gloire est de détruire,
Notre pouvoir est de nuire;
Tel est l'arrêt du sort.
Le Ciel donne la vie, & nous donnons la mort.
PROMETHÉE.
Fuyez donc à jamais ce beau jour qui m'éclaire ;
Vous êtes malfaisans, vous n'êtes point mes Dieux.
Fuyez, destructeurs odieux
De tout le bien que je veux faire ;
Dieux des malheurs, Dieux des forfaits,
Ennemis funèbres,
Replongez vous dans les ténèbres,
Ennemis funèbres,
Laissez le Monde en paix.
NEMESIS.
Tremble, tremble pour toi-même.
Crain notre retour,
Crain Pandore & l'Amour.
Le moment suprême
Vole sur tes pas.
Nous allons déchaîner les Démons des combats ;
Nous ouvrirons les portes du trépas.
Tremble, tremble pour toi-même.
(*Les Dieux des Enfers disparaissent. On revoit la campagne éclairée & riante. Les Nymphes des bois & des campagnes sont de chaque côté du Théâtre.*)
PROMETHÉE.
Ah! trop cruels amis! pourquoi déchaîniez-vous,
Du fond de cette nuit obscure,

OPERA.

Dans ces champs fortunés, & sous un Ciel si doux,
 Ces ennemis de la Nature ?
Que l'éternel cahos élève entre eux & nous
 Une barrière impénétrable.
  L'Enfer implacable
  Doit-il animer
  Ce prodige aimable
  Que j'ai sû former ?
  Un Dieu favorable
  Le doit enflammer.

ENCELADE.

Puisque tu mets ainsi la grandeur de ton être
A verser des bienfaits sur ce nouveau séjour,
 Tu méritais d'en être le seul Maître.
 Monte au Ciel, dont tu tiens le jour :
 Va ravir la céleste flâme :
  Ose former une ame,
 Et sois Créateur à ton tour.

PROMETHÉE.

L'Amour est dans les Cieux : c'est-là qu'il faut me
 rendre :
 L'Amour y règne sur les Dieux.
Je lancerai ses traits ; j'allumerai ses feux.
C'est le Dieu de mon cœur, & j'en dois tout attendre.
 Je vole à son Throne éternel :
Sur les ailes des vents l'Amour m'enlève au Ciel.

     [Il s'envole.]

CHOEUR DE NYMPHES.

Volez, fendez les airs & pénétrez l'enceinte
 Des Palais éternels ;
Ramenez les plaisirs du séjour de la crainte ;
En répandant des biens, méritez des Autéls.

  Fin du premier Acte.

PANDORE,

ACTE II.

(*Le Théâtre repréfente la même campagne.* Pandore *inanimée eft fur une eftrade. Un char brillant de lumière defcent du Ciel.*)

PROMETHÉE, PANDORE,
Nymphes, Titans, Chœurs, &c.

UNE DRYADE.

CHantez, Nymphes des bois, chantez l'heureux retour
Du demi-Dieu, qui commande à la Terre :
Il vous apporte un nouveau jour;
Il revient dans ce doux féjour
Du féjour brillant du tonnerre ?
Il revole en ces lieux fur le char de l'Amour.

CHOEUR DE NYMPHES.
Quelle douce aurore
Se lève fur nous ?
Terre jeune encore ?
Embelliffez-vous.
Brillantes fleurs, qui parez nos campagnes,
Sommet des fuperbes montagnes,
Qui divifez les airs, & qui pottez les Cieux;
O nature naiffante,
Devenez plus charmante,
Plus digne de fes yeux,

OPERA.

PROMETHÉE *(descendant du char le flambeau à la main.*

Je le ravis aux Dieux, je l'apporte à la Terre,
Ce feu sacré du tendre amour,
Plus puissant mille fois que celui du tonnerre,
Et que les feux du Dieu du jour

LE CHOEUR DES NYMPHES.

Fille du Ciel, ame du Monde,
Passez dans tous le cœurs.
L'air, la Terre & l'Onde
Attendent vos faveurs.

PROMETHÉE *(approchant de l'estrade où est Pandore)*

Que ce feu précieux, l'Astre de la Nature,
Que cette flamme pure
Te mette au nombre des vivans.
Terre, sois attentive à ces heureux instans :
Leve-toi, cher objet, c'est l'Amour qui l'ordonne :
A sa voix obéis toujours ;
Lève-toi, l'Amour te donne
La vie, un cœur, & de beaux jours.

(Pandore se lève sur son estrade & marche sur la scène)

CHOEUR.

Ciel ! O ciel ! elle respire !
Dieu d'amour, quel est ton Empire !

PANDORE.

Où suis-je ? & qu'est-ce que je voi ?
Je n'ai jamais été ; quel pouvoir m'a fait naître ?
J'ai passé du néant à l'être ;
Quels objets ravissans semblent nés avec moi !

[*On entend une symphonie.*]

Ces sons harmonieux enchantent mes oreilles ;
Mes yeux sont éblouïs de l'amas des merveilles
Que l'Auteur de mes jours prodigue sur mes pas ?
Ah ! d'où vient qu'il ne paraît pas ?

Bb 4

De moment en moment je pense & je m'éclaire.
Terre, qui me portez, vous n'êtes point ma mère,
  Un Dieu sans doute est mon Auteur ;
Je le sens, il me parle, il respire en mon cœur.
   [*Elle s'assied au bord d'une fontaine.*]
  Ciel ! est-ce moi que j'envisage,
Le crystal de cette onde est le miroir des Cieux.
La Nature s'y peint : plus j'y vois mon image,
  Plus je dois rendre grace aux Dieux.
NYMPHES & TITANS.
   (*On danse autour d'elle.*)
  Pandore, fille de l'Amour,
  Charmes naissans, beauté nouvelle,
Inspirez à jamais, sentez à votre tour
  Cette flamme immortelle,
  Dont vous tenez le jour.
   [*On danse.*]
PANDORE (*appercevant Prométhée au milieu
  des Nymphes*)
 Quel objet attire mes yeux ?
De tout ce que je vois dans ces aimables lieux,
C'est vous, c'est vous, sans doute, à qui je dois la vie.
Du feu de vos regards que mon ame est remplie !
  Vous semblez encor m'animer.
  PROMETHÉE.
  Vos beaux yeux ont sû m'enflammer,
  Lorsqu'ils ne s'ouvraient pas encore.
Vous ne pouviez répondre, & j'osais vous aimer :
  Vous parlez, & je vous adore.
  PANDORE.
Vous m'aimez ! cher auteur de mes jours commencés.
  Vous m'aimez ! & je vous dois l'être.
La Terre m'enchantait, que vous l'embellissez !
Mon cœur vole vers vous, il se rend à son maître,
  Et je ne puis connaître,

OPERA.

Si ma bouche en dit trop, on n'en dit pas assez.
PROMETHÉE.
Vous n'en sauriez trop dire, & la simple nature
Parle sans feinte & sans détour.
Que toujours la race future
Prononce ainsi le nom d'amour.
(*ensemble.*)
Charmant amour, éternelle puissance,
Premier Dieu de mon cœur,
Amour, ton empire commence,
C'est l'empire du bonheur.
PROMETHÉE.
Ciel, quelle épaisse nuit, quels éclats de tonnerre
Détruisent les premiers instans
Des innocens plaisirs que possédait la Terre !
Quelle horreur a troublé mes sens !
[*ensemble.*]
La Terre frémit, le Ciel gronde,
Des éclairs menaçans
Ont percé la voûte profonde
De ces Astres naissans.
Quel pouvoir éblanle le Monde
Jusqu'en ses fondemens ?
[*On voit descendre un char, sur lequel sont Mercure, la discorde, & Némésis, &c.*]
MERCURE.
Un Héros téméraire a pris le feu céleste ;
Pour expier ce vol audacieux,
Montez, Pandore, au sein des Dieux.
PROMETHÉE.
Tyrans cruels !
PANDORE.
Ordre funeste !
Larmes, que j'ignorais, vous coulez de mes yeux.
MERCURE.
Obéissez, montez aux Cieux.

PANDORE.
Ah! j'étais dans le Ciel en voyant ce que j'aime.
PROMETHÉE.
Cruels, ayez pitié de ma douleur extrême.
PANDORE & PROMETHÉE.
Barbares, arrêtez.
MERCURE.
Venez, montez aux Cieux, partez;
Jupiter commande;
Il faut qu'on se rende
A ses volontés.
Venez, montez aux Cieux, partez.
Vents, obéissez-nous, & déployez vos aîles;
Vents, conduisez Pandore aux voûtes éternelles.
(*Le char disparaît.*)
PROMETHÉE.
On l'enlève, Tyrans jaloux.
Dieux, vous m'arrachez mon partage;
Il était plus divin que vous;
Vous étiez malheureux, vous étiez en courroux
Du bonheur, qui fut mon ouvrage;
Je ne devais qu'à moi ce bonheur précieux;
J'ai fait plus que Jupiter même.
Je me suis fait aimer. J'animais ces beaux yeux.
Ils m'ont dit en s'ouvrant, vous m'aimez, je vous aime.
Elle vivait par moi, je vivais dans son cœur.
Dieu jaloux, respecte nos chaînes.
O Jupiter! ô fureurs inhumaines!
Eternel persécuteur.
De l'infortuné créateur,
Tu sentiras toutes mes peines.
Je braverai ton pouvoir :
Ta foudre épouvantable
Sera moins redoutable
Que mon amour au désespoir.

Fin du second Acte.

ACTE III.

(*Le Théâtre représente le Palais de* Jupiter *brillant d'or & de lumière.*)

JUPITER, MERCURE.

JUPITER.

JE l'ai vû cet objet sur la Terre animé,
Je l'ai vû, j'ai senti des transports qui m'étonnent;
Le Ciel est dans ses yeux, les graces l'environnent;
    Je sens que l'Amour l'a formé.

MERCURE.

Vous régnez, vous plairez, vous la rendrez sensible.
Vous allez éblouïr ses yeux à peine ouverts.

JUPITER.

Non, je ne fus jamais que puissant & terrible.
Je commande à l'Olympe, à la Terre, aux Enfers.
Les cœurs sont à l'Amour. Ah ! que le sort m'outrage !
Quand il donna les Cieux, quand il donna les Mers,
    Quand il divisa l'Univers,
    L'Amour eut le plus beau partage.

MERCURE.

Que craignez-vous ? Pandore à peine a vû le jour,
Et d'elle-même encor à peine a connaissance :
    Aurait-elle senti l'amour
    Dès le moment de sa naissance ?

JUPITER.
L'amour instruit trop aisément.
Que ne peut point Pandore ? Elle est femme, elle
 est belle.
La voilà, jouïssons de son étonnement.
    Retirons-nous pour un moment
Sous les arcs lumineux de la voûte éternelle.
Cieux, enchantez ses yeux, & parlez à son cœur;
Vous déploïez en vain ma gloire & ma splendeur,
    Vous n'avez rien de si beau qu'elle.
            (*Il se retire.*)
PANDORE *seule.*
A peine j'ai goûté l'aurore de la vie,
Mes yeux s'ouvraient au jour, mon cœur à mon
 amant,
    Je n'ai respiré qu'un moment.
Douce félicité, pourquoi m'es-tu ravie ?
    On m'avoit fait craindre la mort.
Je l'ai connuë hélas ! cette mort menaçante.
    N'est-ce pas mourir, quand le sort
    Nous ravit ce qui nous enchante ?
Dieux, rendez-moi la Terre, & mon obscurité,
Ce bocage, où j'ai vû l'amant qui m'a fait naître ?
    Il m'avait deux fois donné l'être.
Je respirais, j'aimais, quelle félicité !
A peine j'ai goûté l'aurore de la vie, &c.
(*Tous les Dieux avec tous leurs attributs entrent*
 sur la scène.)
CHOEUR DES DIEUX.
    Que les astres se réjouïssent,
    Que tous les Dieux applaudissent
        Au Dieu de l'Univers.
    Devant lui les Soleils pâlissent.
NEPTUNE.
    Que le sein des Mers,

OPERA.

PLUTON.
Le fond des Enfers,
CHOEUR DES DIEUX.
Les Mondes divers
Retentissent
D'éternels concerts.
Que les astres, &c.
PANDORE.
Que tout ce que j'entens conspire à m'effrayer !
Je crains, je hais, je fuis cette grandeur suprême.
Qu'il est dur d'entendre louër
Un autre Dieu que ce que j'aime !
LES TROIS GRACES.
Fille du charmant amour,
Régnez dans son Empire ;
La Terre vous désire,
Le Ciel est votre Cour.
PANDORE.
Mes yeux sont offensés du jour qui m'environne,
Rien ne me plait, & tout m'étonne.
Mes déserts avaient plus d'appas.
Disparaissez, ô splendeur infinie ;
Mon amant ne vous voit pas :
(*On entend une symphonie.*)
Cessez, inutile harmonie,
Il ne vous entend pas.
(*Le Chœur recommence. Jupiter sort d'un nuage.*)
JUPITER.
Nouveau charme de la Nature,
Digne d'être éternel,
Vous tenez de la Terre un corps faible & mortel,
Et vous devez cette ame inaltérable & pure
Au feu sacré du Ciel.
C'est pour les Dieux que vous venez de naître
Commencez à jouïr de la Divinité.

Goûtez auprès de votre Maître
L'heureuse immortalité.
PANDORE.
Le néant, d'où je sors à peine,
Est cent fois préférable à ce présent cruel ;
Votre immortalité, sans l'objet qui m'enchaîne,
N'est rien qu'un supplice immortel.
JUPITER.
Quoi ! méconnaissez-vous le Maître du tonnerre ?
Dans les Palais des Dieux regrettez-vous la Terre ?
PANDORE.
La Terre était mon vrai séjour ;
C'est là que j'ai senti l'amour.
JUPITER.
Non, vous n'en connaissez qu'une image infidelle,
Dans un Monde indigne de lui.
Que l'Amour tout entier, que sa flamme éternelle,
Dont vous sentiez une étincelle,
De tous ses traits de feu nous embrase aujourdhui.
PANDORE.
Je les ai tous sentis ; du-moins j'ose le croire ;
Ils ont égalé mes tourmens.
Ah ! vous avez pour vous la grandeur & la gloire ;
Laissez les plaisirs aux amans.
Vous êtes Dieu, l'encens doit vous suffire ;
Vous êtes Dieu, comblez mes vœux.
Consolez tout ce qui respire ;
Un Dieu doit faire des heureux.
JUPITER.
Je veux vous rendre heureuse, & par vous je veux
l'être.
Plaisirs, qui suivez votre Maître,
Ministres plus puissans que tous les autres Dieux,
Déployez vos attraits, enchantez ses beaux yeux.
Plaisirs, vous triomphez dès qu'on peut vous connaître.

OPERA.

(Les Plaisirs dansent autour de Pandore en chantant ce qui suit.)

CHOEUR.

Aimez, aimez, & régnez avec nous ;
Le Dieu des Dieux est seul digne de vous.

UNE VOIX.

Sur la Terre on poursuit avec peine
Des plaisirs l'ombre légère & vaine,
Elle échappe & le dégoût la suit.
Si Zéphyre un moment plaît à Flore,
Il flétrit les fleurs qu'il fait éclorre ;
Un seul jour les forme & les détruit.

CHOEUR.

Aimez, aimez, & régnez avec nous ;
Le Dieu des Dieux est le seul digne de vous.

UNE VOIX.

Les fleurs immortelles
Ne sont qu'en nos champs.
L'amour & le tems
Ici n'ont point d'ailes.

CHOEUR.

Aimez, aimez, & régnez avec nous ;
Le Dieu des Dieux est seul digne de vous.

PANDORE.

Oui, j'aime, oui, doux plaisirs, vous redoublez
ma flâme ;
Mais vous redoublez ma douleur.
Dieux charmans, si c'est vous qui faites le bonheur,
Allez au Maître de mon ame.

JUPITER.

Ciel ! ô Ciel ! quoi mes soins ont ce succès fatal !
Quoi ! j'attendris son ame, & c'est pour mon rival ?

MERCURE [*arrivant sur la scène.*]

Jupiter, arme-toi du foudre ;
Pren tes feux, va réduire en poudre

Tes ennemis audacieux.
Prométhée est armé, les Titans furieux
    Menacent les voûtes des Cieux ;
Ils entâssent des monts la masse épouvantable,
    Déja leur foule impitoyable
      Approche de ces lieux.
        JUPITER.
Je les punirai tous... Seul je suffis contre eux.
        PANDORE.
Quoi, vous le puniriez, vous qui causez sa peine ?
Vous n'êtes qu'un Tyran jaloux & tout-puissant.
Aimez-moi d'un amour encor plus violent,
    Je vous punirai par ma haine.
        JUPITER.
Marchons, & que la foudre éclate devant moi.
        PANDORE.
Cruel ! ayez pitié de mon mortel effroi ;
Jugez de mon amour, puisque je vous implore.
    JUPITER [*à Mercure.*]
Pren soin de conduire Pandore.
    Dieux, que mon cœur est désolé !
J'éprouve les horreurs qui menacent le Monde.
L'Univers reposait dans une paix profonde ;
Une beauté paraît : l'Univers est troublé.
            [*Il sort.*]
    PANDORE *seule.*
O jour de ma naissance ! ô charmes trop funestes !
    Désirs naissans, que vous étiez trompeurs !
Quoi ? la beauté, l'amour, & les faveurs célestes,
    Tous les biens ont fait mes malheurs ?
Amour, qui m'as fait naître, apaise tant d'allarmes ;
    N'es-tu pas Souverain des Dieux ?
      Vien secher mes larmes,
      Enchaîne & désarmes
      La Terre & les Cieux.

Fin du troisième Acte.

ACTE IV.

(*Le Théâtre représente les Titans armés, & des montagnes dans le fond; plusieurs Géans sont sur les montagnes, & entassent des rochers.*)

ENCELADE.

OUI, nos frères & nous, & toute la Nature,
  Ont senti ta cruelle injure.
La terrible vengeance est déja dans nos mains ;
  Vois-tu ces monts pendans en précipices ?
  Vois-tu ces rochers entassés ?
  Ils seront bien-tôt renversés
Sur les barbares Dieux, qui nous ont offensés.
  Nous punirons les injustices
De ces Tyrans jaloux, par nos mains terrassés.

PROMETHÉE.

Terre, contre le Ciel apprends à te défendre.
Trompettes & tambours, organes des combats,
Pour la première fois vos sons se font entendre ;
  Eclatez, guidez nos pas.
      [*On marche au son des trompettes.*]
Le Ciel sera le prix de votre heureux courage.
Amis, je ne prétens que Pandore & sa foi.
  Laissez-moi ce juste partage ;
  Marchez, Titans, & suivez-moi.

PANDORE,
CHOEUR DE TITANS.
Courons aux armes
Contre ces Dieux cruels ;
Répandons les allarmes
Dans les cœurs immortels.
Courons aux armes,
Vengeons l'Univers.
PROMETHÉE.
Le tonnerre en éclats répond à nos trompettes.
(*Un char, qui porte les Dieux, descend sur les montagnes au bruit du tonnerre. Pandore est auprès de Jupiter. Promethée continue.*)
Jupiter quitte ses retraites ;
La foudre a donné le signal :
Commençons ce combat fatal.
[*Les Géans montent.*]
CHOEUR DE NYMPHES *qui bordent le Théâtre.*
Tambours, trompettes & tonnerre,
Dieux & Titans, que faites-vous ?
Vous confondez, par vos terribles coups,
Les Enfers, le Ciel & la Terre.
(*Bruit du tonnerre & des trompettes.*)
LES TITANS.
Cédez, Tyrans de l'Univers ;
Soyez punis de vos fureurs cruelles.
Tombez, tyrans,
LES DIEUX.
Mourez, rebelles.
LES TITANS.
Tombez, descendez dans nos fers.
LES DIEUX.
Précipitez vous aux Enfers.
PANDORE.
Terre, Ciel, ô douleur profonde !
Dieux, Titans, calmez mon effroi.

OPERA.

J'ai causé les malheurs du Monde;
Terre, Ciel, tout périt pour moi.
LES TITANS.
Lançons nos traits.
LES DIEUX.
Frappez, tonnerre.
LES TITANS.
Renversons les Dieux.
LES DIEUX.
Détruisons la Terre.

Ensemble. { Tombez, descendez dans nos fers ;
Précipitez vous aux Enfers.

[*Il se fait un grand silence. Un nuage brillant descend. Le Destin paraît au milieu du nuage.*]
LE DESTIN.
Arrêtez, le Destin, qui vous commande à tous,
Veut suspendre vos coups.

[*Il se fait encor un silence.*]
PROMETHÉE.
Etre inaltérable,
Souverain des Tems,
Dicte à nos Tyrans
Ton ordre irrévocable.
CHOEUR.
O Destin, parle, explique-toi.
Les Dieux fléchiront sous ta loi.

LE DESTIN *au milieu des Dieux, qui se rassemblent autour de lui.*

Cessez, cessez, guerre funeste,
Ce jour forme un autre Univers.
Souverains du séjour céleste,
Rendez Pandore à ses déserts.
Dieux, comblez cet objet de tous vos dons divers.
Titans, qui jusqu'au Ciel avez porté la guerre,

PANDORE,

Malheureux, soyez terrassés ;
A jamais gémissez
Sous ces monts renversés,
Qui vont retomber sur la Terre.

(*Les rochers se détachent & retombent. Le char des Dieux descend sur la Terre. On remet* Pandore *à* Promethée.)

JUPITER.

O Destin, le Maître des Dieux
Est l'esclave de ta puissance.
Eh bien ! sois obéi ; mais que ce jour commence
Le divorce éternel de la Terre & des Cieux.
Némésis, sors des sombres lieux.

[*Némésis sort du fond du Théâtre, & Jupiter continue.*]

Séduis le cœur, trompe les yeux
De la beauté qui m'offense.
Pandore, connai ma vengeance,
Jusques dans mes dons précieux.
Que cet instant commence
Le divorce éternel de la Terre & des Cieux.

Fin du quatriéme Acte.

ACTE V.

(*Le Théâtre représente un bocage, à travers lequel on voit les débris des rochers.*)

PROMETHÉE, PANDORE.

PANDORE, [*tenant la boëte.*]

Eh quoi, vous me quittez, cher amant, que j'adore?
Etes-vous soumis ou vainqueur?

PROMETHÉE.

La victoire est à moi, si vous m'aimez encore.
L'Amour & le Destin parlent en ma faveur.

PANDORE.

Eh quoi, vous me quittez, cher amant, que j'adore?

PROMETHÉE.

Les Titans sont tombés, plaignez leur sort affreux.
Je dois soulager leur chaîne.
Apprenons à la race humaine
A secourir les malheureux.

PANDORE.

Demeurez un moment. Voyez votre victoire.
Ouvrons ce don charmant du Souverain des Dieux.
Ouvrons.

PROMETHÉE.

Que faites-vous? Hélas! daignez me croire.

Je crains tout d'un rival, & ces soins curieux
Sont des piéges nouveaux, que vous tendent les
  Dieux.
PANDORE.
Quoi vous pensez ?....
PROMETHÉE.
      Songez à ma prière ;
Songez à l'intérêt de la Nature entière,
Et du moins attendez mon retour en ces lieux.
PANDORE.
Eh bien, vous le voulez ? il faut vous satisfaire.
Je soumets ma raison ; je ne veux que vous plaire.
Je jure, je promets à mes tendres amours
   De vous croire toujours.
PROMETHÉE.
Vous me le promettez ?
PANDORE.
     J'en jure par vous-même.
On obéit dès que l'on aime.
PROMETHÉE.
C'en est assez, je pars, & je suis rassûré.
  Nymphes des bois, redoublez votre zèle,
Chantez cet Univers détruit & réparé.
   Que tout s'embellisse à son gré,
   Puisque tout est formé pour elle.
      (*Il sort.*)
UNE NYMPHE.
Voici le siécle d'or, voici le tems de plaire.
  Doux loisir ! Ciel pur, heureux jours,
    Tendres amours,
  La Nature est votre mère,
  Comme elle durez toujours.
UNE AUTRE NYMPHE.
  La discorde, la triste guerre
  Ne viendroit plus nous affliger ;

OPERA.

Le bonheur est né sur la Terre ;
Le malheur était étranger.
Les fleurs commencent à paraître ;
Quelle main pourrait les flétrir ?
Les plaisirs s'empressent de naître ;
Quels Tyrans les feraient périr ?

LE CHOEUR repète.

Voici le siécle d'or, &c.

UNE NYMPHE.

Vous voyez l'éloquent Mercure ;
Il est avec Pandore, il confirme en ces lieux,
De la part du Maître des Dieux,
La paix de la Nature.

(Les Nymphes se retirent. Pandore s'avance avec Némésis, qui paraît sous la figure de Mercure.)

NEMESIS.

Je vous l'ai déja dit, Promethée est jaloux ;
Il abuse de sa puissance.

PANDORE.

Il est l'auteur de ma naissance,
Mon Roi, mon amant, mon époux.

NEMESIS.

Il porte à trop d'excès les droits qu'il a sur vous.
Devait-il jamais vous défendre
De voir ce don charmant, que vous tenez des Dieux ?

PANDORE.

Il craint tout ; son amour est tendre,
Et j'aime à complaire à ses vœux.

NEMESIS.

Il en exige trop, adorable Pandore ;
Il n'a point fait pour vous ce que vous méritez.
Il put en vous formant vous donner des beautés,
Dont vous manquez peut-être encore.

PANDORE.
Il m'a fait un cœur tendre, il me charme, il m'adore;
Pouvait-il mieux m'embellir?
NEMESIS.
Vos charmes périront.
PANDORE.
Vous me faites frémir.
NEMESIS.
Cette boëte mystérieuse,
Immortalise la beauté.
Vous serez, en ouvrant ce tréfor enchanté,
Toujours belle, toujours heureuse.
Vous régnerez sur votre époux;
Il sera soumis & facile.
Craignez un Tyran jaloux,
Formez un sujet docile.
PANDORE.
Non, il est mon amant, il doit l'être à jamais;
Il est mon Roi, mon Dieu, pourvû qu'il soit fidelle.
C'est pour l'aimer toujours qu'il faut être immortelle;
C'est pour le mieux charmer, que je veux plus d'attraits.
NEMESIS.
Ah! c'est trop vous en défendre;
Je sers vos tendres amours;
Je ne veux que vous apprendre
A plaire, à bruler toujours.
PANDORE.
Mais n'abusez-vous point de ma faible innocence?
Auriez-vous tant de cruauté?
NEMESIS.
Ah qui pourrait tromper une jeune beauté?
Tout prendrait votre défense.

OPERA.

PANDORE.

Hélas ! je mourrois de douleur,
Si je méritais sa colère,
Si je pouvais déplaire
Au maître de mon cœur.

NEMESIS.

Au nom de la Nature entière,
Au nom de votre époux, rendez vous à ma voix.

PANDORE.

Ce nom emporte, & je vous crois ;
Ouvrons.
(*Elle ouvre la boëte. La nuit se répand sur le Théâtre, & on entend un bruit souterrain.*)
Quelle vapeur épaisse, épouvantable,
M'a dérobé le jour & troublé tous mes sens ?
Dieu trompeur ! Ministre implacable !
Ah quels maux affreux je ressens !
Je me vois punie & coupable !

NEMESIS.

Fuyons de la Terre & des Airs.
Jupiter est vengé, rentrons dans les Enfers.
Nemesis s'abime. Pandore est évanouie sur un lit de gazon.)
PROMETHÉE *arrive du fond du Théâtre.*
O surprise ! ô douleur profonde !
Fatale absence ! horribles changemens !
Quels astres malfaisans
Ont flétri la face du Monde ?
Je ne vois point Pandore, elle ne répond pas
Aux accens de ma voix plaintive.
Pandore ! mais hélas ! de l'infernale rive
Les monstres déchaînés volent dans ces climats.

LES FURIES & LES DEMONS
accourans sur le Théâtre.
Les tems sont remplis ;

PANDORE,
Voici notre Empire;
Tout ce qui respire,
Nous sera soumis.
La triste froidure
Glace de la Nature
Dans les flancs du Nord.
La crainte tremblante,
L'injure arrogante,
Le sombre remord,
La guerre sanglante,
Arbitre du sort;
Toutes les furies
Vont avec transport
Dans ces lieux impies
Apporter la mort.

PROMETHEE.
Quoi ! la mort en ces lieux s'est donc fait un passage ?
Quoi, la Terre a perdu son éternel Printems,
Et ses malheureux habitans
Sont tombés en partage
A la fureur des Dieux, de l'Enfer & du Tems ?
Ces Nymphes de leurs pleurs arrosent ce rivage.
Pandore ! cher objet, ma vie & mon image,
Chef-d'œuvre de mes mains, idole de mon cœur,
Répondez à ma douleur.
Je la vois, de ses sens elle a perdu l'usage.

PANDORE.
Ah ! je suis indigne de vous ;
J'ai perdu l'Univers. J'ai trahi mon époux.
Punissez moi : nos maux sont mon ouvrage.
Frappez !

PROMETHÉE.
Moi la punir !

PANDORE.
Frappez, arrachez-moi

OPERA.

Cette vie odieuſe,
Que vous rendiez heureuſe,
Ce jour que je vous doi.

CHOEUR DE NYMPHES.

Tendre époux, eſſuyez ſes larmes,
Faites grace à tant de beauté ;
L'excès de ſa fragilité,
Ne ſaurait égaler ſes charmes.

PROMETHÉE.

Quoi ! malgré ma prière, & malgré vos ſermens,
Vous avez donc ouvert cette boëte odieuſe ?

PANDORE.

Un Dieu cruel, par ſes enchantemens,
A ſéduit ma raiſon faible & trop curieuſe.
O fatale crédulité !
Tous les maux ſont ſortis de ce don déteſté :
Tous les maux ſont venus de la triſte Pandore.

L'AMOUR deſcendant du Ciel.

Tous les biens ſont à vous, l'amour vous reſte encore.

(*Le Théâtre change, & repréſente le Palais de l'Amour.*)

L'AMOUR continuë.

Je combattrai pour vous le Deſtin rigoureux.
Aux humains j'ai donné l'être ;
Ils ne ſeront point malheureux,
Quand ils n'auront que moi pour Maître.

PANDORE.

Conſolateur charmant, Dieu digne de mes vœux,
Vous, qui vivez dans moi, vous l'ame de mon ame ;
Puniſſez Jupiter en redoublant la flâme,
Dont vous nous embraſez tous deux.

PROMETHÉE & PANDORE.

Le Ciel en vain ſur nous raſſemble

Les maux, la crainte & l'horreur de mourir.
Nous souffrirons ensemble,
Et c'est ne point souffrir.

L'AMOUR.

Descendez, douce espérance,
Venez, désirs flateurs,
Habitez dans tous les cœurs,
Vous ferez leur jouïssance.
Fussiez-vous trompeurs,
C'est vous qu'on implore,
Par vous on jouït,
Au moment qui passe & qui fuit,
Du moment qui n'est pas encore.

PANDORE.

Des destins la chaîne redoutable
Nous entraîne à d'éternels malheurs :
Mais l'espoir à jamais secourable,
De ses mains viendra sécher nos pleurs.

Dans nos maux il sera des délices,
Nous aurons de charmantes erreurs,
Nous serons au bord des précipices,
Mais l'amour les couvrira de fleurs.

Fin du V. Acte & du Tome premier.

www.ingramcontent.com/pod-product-compliance
Lightning Source LLC
Chambersburg PA
CBHW052120230426
43671CB00009B/1056